城市轨道交通
牵引网技术与实践
TECHNOLOGY AND PRACTICE OF URBAN RAIL TRANSIT TRACTION NETWORK

广州地铁集团有限公司
广州地铁设计研究院股份有限公司　组织编写

邹　东　李鲲鹏　编　著

人民交通出版社
北京

内 容 提 要

本书总结了城市轨道交通牵引网系统的建设、运营经验，并结合实际工程案例，对柔性/刚性架空接触网、直流 1.5kV 接触轨、交流 600V 接触轨以及回流与接地等内容，从设计、相关零部件、施工技术与验收要求、运维技术等方面进行了详细介绍。

本书可供城市轨道交通牵引网系统建设、运营人员参考使用，也可供大专院校相关专业的师生参考学习。

图书在版编目（CIP）数据

城市轨道交通牵引网技术与实践 / 邹东，李鲲鹏编著. — 北京：人民交通出版社股份有限公司, 2025.2
ISBN 978-7-114-18416-1

Ⅰ.①城… Ⅱ.①邹… ②李… Ⅲ.①城市铁路—轨道交通—牵引供电系统 Ⅳ.①U239.5

中国版本图书馆 CIP 数据核字（2022）第 258220 号

Chengshi Guidao Jiaotong Qianyinwang Jishu yu Shijian

书　　名：	城市轨道交通牵引网技术与实践
著 作 者：	邹　东　李鲲鹏
责任编辑：	刘彩云　高鸿剑
责任校对：	赵媛媛
责任印制：	张　凯
出版发行：	人民交通出版社
地　　址：	（100011）北京市朝阳区安定门外外馆斜街 3 号
网　　址：	http://www.ccpcl.com.cn
销售电话：	（010）85285857
总 经 销：	人民交通出版社发行部
经　　销：	各地新华书店
印　　刷：	北京建宏印刷有限公司
开　　本：	787×1092　1/16
印　　张：	19.75
字　　数：	414 千
版　　次：	2025 年 2 月　第 1 版
印　　次：	2025 年 2 月　第 1 次印刷
书　　号：	ISBN 978-7-114-18416-1
定　　价：	168.00 元

（有印刷、装订质量问题的图书，由本社负责调换）

序

2021年3月11日,十三届全国人大四次会议通过的《中华人民共和国国民经济和社会发展第十四个五年规划和2035年远景目标纲要》提出,要加快推进城市群都市圈交通一体化,加快城际铁路、市域(郊)铁路建设,构建高速公路环线系统,有序推进城市轨道交通发展;新增城市轨道交通里程3000km,新增城际铁路、市域(郊)铁路里程3000km,基本建成京津冀、长三角、粤港澳大湾区轨道交通网。

城市轨道交通系统作为城市交通的骨干方式,在很大程度上缓解了交通堵塞、环境污染等问题。截至2024年底,我国31个省(自治区、直辖市)和新疆生产建设兵团有54座城市开通运营城市轨道交通线路325条,运营里程10945.6km。

城市轨道交通供电系统通过牵引网为城市轨道交通电动列车提供电能、通过配电网络向所有动力照明设备提供电力,以保证其安全高效地运营服务。供电一旦中断,不仅会造成城市轨道交通运输系统的瘫痪,还会危及乘客生命与财产安全。因此,高度安全可靠且又经济合理的电力供应是城市轨道交通正常运营的重要保证和前提。

广州地铁集团有限公司(以下简称"广州地铁集团")自1997年6月28日1号线首通段开通以来,已建成运营15条地铁,以及广佛线、APM(Automated People Mover System,旅客自动输送系统)线、海珠有轨电车等线路共计693.9km,在建线路包括地铁10号线、12号线等线路(截至2024年底)。广州地铁集团始终坚持安全、便捷、高效、绿色、经济的发展理念,以技术创新推动服务理念的落实,在供电系统的建设运营方面进行了大量的技术创新,包括集中供电方式、直流牵引与动力照明共用配电网络的两级电压配电方式,2号线国内首次采用并实现国产化的刚性架空接触网方式、3号线120km/h刚性架空接触网的研制与应用、4号线国内首次采用的直流1500V接触轨的研发与应用、18/22号线交流25kV 160km/h刚性架空接触网及通向贯通供电系统的研发与应用等,为轨道交通的安全、高效运营作出了贡献。

广州地铁集团及广州地铁设计研究院股份有限公司的工程师们在调研全国各地城市轨道交通供电系统建设运营情况的基础上,结合广州地铁供电系统的建设、运营经验,将呕心沥血的研究与实践成果进行了系统总结,吸收了列车制动能量回馈系统、交流牵引同相贯通供电系统，以及基于云平台、大数据、人工智能的供电设备智能运维系统等轨道交通供电领域的新技术、新装备，形成了覆盖地铁、市域快线等城市轨道交通的牵引供电系统及动力照明供电系统的关键技术领域专著《市域轨道交通供电技术与创新》《城市轨道交通牵引网技术与实践》。这两本专著的贡献在于不失时机地迎接了城市轨道交通及其牵引供电系统发展的挑战，取得了符合我国城市轨道交通牵引供电系统发展要求的成果。这两本专著不仅能够为我国城市轨道交通供电系统安全、高效、经济地建设与运营提供技术支持，较好促进城市轨道交通供电系统建设、运营的良性发展，也能为我国城市轨道交通建设与运营管理人才的培养提供支持。

我相信，无论是在工程应用方面还是在人才培养方面，该两本专著都具有广阔的参考价值。

中国工程院院士

钱清泉

2024 年 8 月

前 言

2019年9月，中共中央、国务院印发了《交通强国建设纲要》，提出要牢牢把握交通"先行官"定位，适度超前，进一步解放思想、开拓进取，推动交通发展由追求速度规模向更加注重质量效益转变，由各种交通方式相对独立发展向更加注重一体化融合发展转变，由依靠传统要素驱动向更加注重创新驱动转变，构建安全、便捷、高效、绿色、经济的现代化综合交通体系，打造一流设施、一流技术、一流管理、一流服务，建成人民满意、保障有力、世界前列的交通强国，为全面建成社会主义现代化强国、实现中华民族伟大复兴中国梦提供坚强支撑。

城市轨道交通是城市公共交通的骨干力量，具有节能、省地、运量大、全天候运行、无污染（或少污染）又安全等特点，属于绿色环保交通体系，特别适合大中城市的发展需求。牵引网系统是城市轨道交通的重要组成部分，主要用于承载和传输电流，为电客车提供动力。为贯彻落实交通强国战略，为我国牵引网系统安全、高效、经济地建设与运营提供技术支持，适应我国牵引网建设与运营管理人才培养的需要，编写人员在总结了牵引网系统的发展经验，吸收了近年牵引网系统智能化、智慧化发展的成果基础上，完成了本书的编写。

本书全面阐述了城市轨道交通牵引网技术，主要内容如下：

第1章为概述，阐述了城市轨道交通的定义、发展历程、分类及其供电系统的特点。

第2章主要介绍了城市轨道交通牵引网的组成、功能要求及选型原则与分析。

第3章～第7章详细阐述了柔性架空接触网、刚性架空接触网、直流1.5kV接触轨、交流600V接触轨、牵引回流与接地系统的设计及相关零部件。

第8章详细阐述了牵引网系统的施工与验收要求。

第9章介绍了牵引网系统的运维检修与典型故障分析等内容。

本书由广州地铁集团有限公司邹东、李鲲鹏编著，西南交通大学吴积钦教授任主审。邹东负责全书的统稿工作。参与本书编写工作的还有靳守杰、黄德亮、代洪宇、冯超、赵云云、林晓鸿、田彩、王秋实。

中国工程院院士钱清泉在繁忙的工作中抽出宝贵时间为本书作序，这不仅体现了他对城市轨道交通牵引网发展的深切关注,也给予了作者极大的鼓舞和勉励。广州地铁设计研究院股份有限公司的同仁专家们为本书的完善提出了宝贵的意见和建议,人民交通出版社为本书的顺利出版提供了强有力的支持。在本书的编写过程中,我们还参考了相关文献和资料,包括网络资源。在此,我们向所有参与编著、审稿、指导和支持的各位同仁,以及所有参考文献与资料的作者,表示衷心的感谢。

  由于时间有限,部分内容不尽完善,书中尚有不足之处,恳切希望同仁和读者不吝赐教,以便进一步修订提高。

作　者
2024 年 10 月

目　录

第 1 章　概述　/ 001

1.1　城市轨道交通定义及分类 …………………………… 003
1.2　城市轨道交通发展历程 ……………………………… 004
1.3　城市轨道交通供电系统概述 ………………………… 006
1.4　受电弓/受电靴简介 …………………………………… 012
1.5　城市轨道交通牵引网发展历程 ……………………… 014

第 2 章　牵引网　/ 019

2.1　牵引网的组成 ………………………………………… 021
2.2　牵引网的功能要求 …………………………………… 028
2.3　牵引网选型 …………………………………………… 034

第 3 章　柔性架空接触网　/ 037

3.1　柔性架空接触网设计 ………………………………… 039
3.2　柔性架空接触网零部件 ……………………………… 073

第 4 章　刚性架空接触网　/ 105

4.1　刚性架空接触网设计 ………………………………… 107
4.2　刚性架空接触网零部件 ……………………………… 122

第 5 章　直流（DC）1.5kV 接触轨　/ 135

5.1　DC1.5kV 接触轨设计 ………………………………………… 137
5.2　DC1.5kV 接触轨零部件 ……………………………………… 145

第 6 章　交流（AC）600V 接触轨　/ 153

6.1　AC600V 接触轨设计 …………………………………………… 155
6.2　AC600V 接触轨零部件 ………………………………………… 158

第 7 章　牵引回流与接地系统　/ 165

7.1　牵引回流网设计 ………………………………………………… 167
7.2　牵引回流网零部件 ……………………………………………… 190

第 8 章　施工与验收　/ 195

8.1　施工准备 ………………………………………………………… 197
8.2　柔性架空接触网施工与验收要求 ……………………………… 199
8.3　刚性架空接触网施工与验收要求 ……………………………… 221
8.4　接触轨施工与验收要求 ………………………………………… 240
8.5　回流与接地系统施工与验收要求 ……………………………… 252

第 9 章　运维技术　/ 257

9.1　接触网（轨）设备检修 ………………………………………… 259
9.2　弓网/靴轨检测 ………………………………………………… 276
9.3　运维典型故障分析 ……………………………………………… 295

参考文献　/307

第 1 章

概 述

1.1　城市轨道交通定义及分类

城市轨道交通是采用轨道结构进行承重和导向的车辆运输系统,依据城市交通总体规划的要求,设置全封闭或部分封闭的专用轨道线路,以列车或单车形式,运送相当规模客流量的一种公共交通方式。城市轨道交通包括地铁、有轨电车、轻轨、单轨、磁悬浮、自动导向轨道、市域快速轨道交通,是城市公共交通的骨干,具有节能、省地、运量大、全天候运行、无污染(或少污染)、安全等特点,属绿色环保交通体系,特别适应于大中型城市。

地铁是一种大运量轨道运输系统,最大单向小时客运量在 3 万人次及以上,采用钢轮钢轨,标准轨距为 1435mm,专用路权,车辆轴重在 14t 及以上,主要在城市地下区间行驶,条件允许时也可采用地面线或者高架线的形式。

有轨电车采用电力驱动,并在轨道上行驶的轻型轨道交通车辆,亦称路面电车,简称电车,属轻轨的一种,列车一般不超过 5 节,在街道行驶,占用道路空间。此外,某些在市区轨道上运行的缆车亦可算作路面电车的一种。有轨电车不会排放废气,是一种无直接污染的环保交通工具。

轻轨是一种中运量轨道运输系统,最大单向小时客运量在 1~3 万人次,采用钢轮钢轨,标准轨距为 1435mm,专用路权,车辆轴重在 14t 及以下,主要在城市地面及高架区间行驶,在城市繁华地段也可进入地下区间行驶。

单轨是一种车辆与特制轨道梁组合成一体运行的中运量轨道运输系统,最大单向小时客运量在 1~3 万人次,专用路权。轨道梁不仅是车辆的承重结构,而且还是车辆运行的导向轨道,特点是使用的轨道只有一条,而非传统铁路的两条路轨。单轨铁路主要分为悬挂式单轨和跨座式单轨两类。悬挂式单轨列车(也称空中轨道列车)悬挂在轨道之下;跨座式单轨列车跨坐在轨道之上,两旁盖过轨道。

磁悬浮是由无接触的电磁悬浮、导向和驱动系统组成的新型交通方式,主要分为超导型和常导型两类。从内部技术而言,两者在系统上存在是利用磁斥力还是利用磁吸力的区别;从外部表象而言,两者存在速度上的区别。超导型磁悬浮列车最高速度可达 500km/h 以上(高速轮轨列车的最高速度一般为 300~350km/h),在 1000~1500km 的距离内可与飞机竞争;而常导型磁悬浮列车最高速度可达 400~500km/h,它的中低速则比较适合城市间的长距离快速运输。

自动导向轨道(APM)是一种无人自动驾驶、立体交叉的大众运输系统(如广州地铁 APM 线),为城市轨道交通线路制式的一种,集合了多种传统城市轨道交通工具特点,其主要特征是列车的微型化。

市域快速轨道交通(又称市域快线)作为城市中心区与郊区、重点城镇之间以及都市圈内部城市之间的一种新兴轨道交通形式,具备快速客流交换、缓解市区客流压力、促进新城发展的功能，具有线路长、速度快、投资少等特点，可实现与国铁的互联互通，增强城市对外辐射能力。市域快线的设计速度一般为 120km/h 及以上，平均旅行速度为 50～60km/h。

1.2 城市轨道交通发展历程

1.2.1 地铁发展历程

1804 年，理查德·特里维西克在英国威尔士发明了第一台能在轨道上前进的蒸汽机车。19 世纪 20 年代，第一条成功运营的蒸汽火车铁路是英格兰的斯托克顿至达灵顿铁路。1860 年，伦敦帕丁顿的法灵顿街和毕晓普路之间建造了长 6km 的地下铁路，1863 年 1 月 10 日全线通车，这是世界上首条地下铁路——伦敦大都会铁路，标志着城市轨道交通的诞生。1863—1899 年，美国、英国、法国、匈牙利、奥地利等 5 个国家的 7 座城市相继修建了地铁。1900—1924 年，欧洲和美洲又有 9 座城市修建了地铁，包括柏林、马德里、费城等城市。1925—1949 年，受第二次世界大战的影响，城市轨道交通建设速度放慢。莫斯科第一条地铁于 1935 年建成通车。1950—1974 年，欧洲、亚洲、美洲有 30 余座城市地铁相继通车。1975—2000 年，又有 30 余座城市地铁相继通车，其中亚洲有 20 余座城市开通了地铁。1999 年统计资料显示，世界上已经有 115 座城市建成了地铁，线路总长度超过了 7000km。

我国首条地铁为北京地铁第一期工程，线路连接西山的卫戍部队驻地和北京站，全长 22.9km，共设有 16 个车站，于 1969 年 10 月建成通车，于 1971 年 1 月开始试运营。

1.2.2 有轨电车发展历程

有轨电车是一种以轨道作为运行线路的城市轨道交通工具，其发展历史可以追溯到 19 世纪。1881 年，维尔纳·冯·西门子在柏林近郊铺设了第一条有轨电车，靠一条轨道通电，另一条轨道作为回路。1888 年，美国弗吉尼亚州里士满也开通有轨电车。20 世纪初，有轨电车开始在欧洲、美洲和亚洲的城市快速发展，成为城市公共交通的主力军。20 世纪 30 年代，由于汽车和地铁等交通工具的出现和发展，有轨电车开始逐渐退出城市公共交通的主流舞台。20 世纪 60 年代，许多城市开始拆除有轨电车，并改为使用汽车作为公共交通工具。20 世纪 70 年代以后，一些城市开始重新启用有轨电车，作为城市公共交通的补充和优化。21 世纪初，有轨电车又开始在一些发展中国家的城市中快速发展，成为城市公共交通的重要组成部分。

有轨电车虽然在城市公共交通中逐渐被取代，但在一些城市中仍然具有不可替代的作用。而随着城市化进程的加速和环保意识的提高，有轨电车未来仍有望得到更广泛的应用和发展。

1.2.3 轻轨发展历程

轻轨是一种相对于传统有轨电车更为现代化、更高速度、更大容量的城市轨道交通系统。20 世纪 70 年代，由于城市交通拥堵和环境污染的问题，轻轨开始在一些欧洲和北美城市中快速发展。20 世纪 80 年代，轻轨开始向亚洲、澳洲等地区扩展，成为城市公共交通的重要组成部分。20 世纪 90 年代，随着城市化进程的加速和城市公共交通需求的增加，轻轨逐渐成为一些城市中重要的交通工具。21 世纪以来，轻轨在一些发展中国家的城市中得到了快速发展，成为城市公共交通发展的重要方向之一。

轻轨作为一种新型的城市轨道交通工具，在城市公共交通中具有越来越重要的地位。轻轨的发展趋势是更加智能化、高效化、环保化和人性化，未来仍有望得到更广泛的应用和发展。

1.2.4 单轨发展历程

1825 年，世界首条载客单轨铁路在英国切森特隆重开通，这是一条由单匹马拉动的单轨。首个蒸汽机牵引的单轨列车在 1876 年美国百年博览会展出，建造在宾夕法尼亚州的费尔蒙特公园，为长约 170m 的高架线路，连接了园艺与农业两个展览馆，被称为"鞍式铁路"。20 世纪初，跨座式单轨逐渐扩展到欧洲和北美洲的一些城市，成为城市公共交通的重要组成部分。20 世纪 70 年代，随着城市化进程的加速和城市公共交通需求的增加，跨座式单轨开始在一些发展中国家的城市中得到快速发展。我国开通的单轨线路包括重庆轨道交通 2 号线与 3 号线、银川云轨 1 号线、芜湖轨道交通 1 号线与 2 号线。

单轨作为一种新型的城市轨道交通形式，在城市公共交通中具有越来越重要的地位。随着技术的不断发展和城市化进程的加速，单轨未来仍有望得到更广泛的应用和发展。

1.2.5 市域快线

市域快线是一种介于传统城市轨道交通和地铁之间的轨道交通系统，其主要特点是在城市中心区域采用地下隧道或高架结构，而在郊区和城市边缘地带则采用地面线，以实现快速、便捷的城市间通勤。20 世纪 60 年代，日本首次提出市域快线的概念，随后在东京和大阪先后建成了"山手线"和"环状线"等市域快线。20 世纪 70 年代，德国、法国、英国等国也开始建设市域快线。我国的市域快线包括北京市郊铁路 S1 线和 S2 线、广州地铁 18 号线与 22 号线等。

市域快线的出现解决了传统轨道交通和地铁无法解决的城市通勤问题，同时也缓解了城市交通拥堵，成为现代城市轨道交通的重要组成部分。

1.2.6 磁悬浮交通发展历程

磁悬浮是一种基于磁力原理实现悬浮的技术，具有运行平稳、高速、低能耗、低噪声等特点，因此被广泛应用于交通运输领域。1922年，德国工程师赫尔曼·肯佩尔（Hermann Kemper）提出了电磁悬浮原理。20世纪70年代，随着工业化国家经济实力不断增强，为提高交通运输能力以适应其经济发展和民生的需要，德国、日本、美国等国家相继开展了磁悬浮运输系统的研发。2001年，中国开始建设第一条商业化磁悬浮线路——上海磁浮快线，该线路于2004年开通运营。目前，磁悬浮技术在世界各地都得到了广泛应用，包括高速列车、城市轨道交通、机场连接线等领域。

截至2024年底，31个省（自治区、直辖市）共有54个城市开通运营城市轨道交通线路325条，运营里程10945.6km。其中，43个城市开通运营地铁、轻轨线路267条，运营里程9477.6km；16个城市开通运营单轨、磁悬浮、市域快速轨道交通线路25条，运营里程970.7km；18个城市开通运营有轨电车、自动导向轨道线路33条，运营里程497.3km。

1.3 城市轨道交通供电系统概述

1.3.1 牵引供电制式

城市轨道交通牵引供电制式包括三方面内容：牵引供电电流制式、电压等级、牵引网授/回流方式。牵引供电制式与车辆的电传动方式、牵引电机工作电压及受电方式密切相关。

1）电流制式

20世纪70年代以前，车辆采用直流馈电方式，具有调速范围大、易于控制、启制动平稳等优点，适用于电阻调速、斩波调速及变频调速等控制方式，绝大多数城市轨道交通牵引供电系统选择直流供电制式。近年来，在借鉴普速铁路、高速铁路发展经验的基础上，部分城市轨道交通线路牵引供电系统也采用了单相工频交流（AC）25kV供电制式。

2）电压等级

目前，国际上城市轨道交通直流供电系统所采用的电压等级有570V、600V、625V、650V、700V、750V、780V、825V、900V、1000V、1200V、1500V、3000V等，发展趋势统一为国际电工委员会IEC标准电压等级：1500V、3000V；国内城市轨道交通直流供电系统的电压等级基本统一为国家标准规定值：750V、1500V。

国际上城市轨道交通交流供电系统的电压等级有三相600V、单相11kV（25Hz、16 2/3Hz）、单相15kV（25Hz、16 2/3Hz）、单相工频25kV；国内城市轨道交通交流供电系统的电压等级一般有三相600V、单相工频25kV。

3）牵引网授/回流方式

城市轨道交通牵引网由接触网与回流网组成。牵引变电所输出的电流经接触网、受电弓、列车、回流网再返回牵引变电所。回流网由走行轨或专用回流轨及回流线组成。

1.3.2 系统组成

城市轨道交通供电系统一般由外部电源、主变电所（电源开闭所）、牵引供电系统、动力照明供电系统（与牵引供电系统合称中压供电网络）、电力监控系统、杂散电流防护系统、防雷与综合接地系统和供电车间等组成。

1）外部电源

城市轨道交通供电系统的外部电源一般取至城市电网。根据不同工程需求，外部电源有交流 10kV、20kV、35kV、66kV、110kV、220kV、330kV 等不同电压等级。外部电源供电方案根据实际情况不同可分为集中供电方式、分散供电方式和混合供电方式。

（1）集中供电方式

集中供电方式需要在城市轨道交通沿线，根据用电容量、供电距离、城市电网现状及发展规划等因素，建设专用的主变电所，经中压环网向牵引变电所、降压变电所供电。主变电所进线电压一般为 110kV 或 220kV，经降压后变成 35（33）kV 或 10kV。城市轨道交通供电系统为一级负荷，主变电所应由两路独立电源供电。集中式供电有利于提高供电的可靠性和灵活性，形成独立的供电体系，便于管理和运营，是目前城市轨道交通供电系统常采用的供电方式。

（2）分散供电方式

分散供电方式不设主变电所，在城市轨道交通沿线由城市电网变电所的 35（33）kV 或 10kV 中压输电线直接向牵引变电所、降压变电所供电并形成环网。分散供电方式要保证每座牵引变电所和降压变电所均获得双路电源，要求城市轨道交通沿线有足够的电源引入点及备用容量，对城市电网要求较高。

（3）混合供电方式

混合供电方式将前两种供电方式结合起来，一般以集中供电方式为主，个别地段引入城市电网电源作为集中供电方式的补充，使供电系统更加完善和可靠。

城市轨道交通作为城市电网的特殊用户，用电范围多在 10～30km 之间。供电方式的选择应根据城市轨道交通路网规划、城市电网构成特点、工程实际情况综合分析确定。

2）主变电所及电源开闭所

主变电所是将来自于城市电网高电压等级电源降压并配电给中压供电网络或直接为设备供应电力的设施。

电源开闭所是将来自于城市电网同电压等级电源配电给中压供电网络或直接为设备供应电力的设施。

3）中压供电网络

通过中压电缆，纵向把上级主变电所和下级牵引变电所、降压变电所连接起来，横向把全线的各个牵引变电所、降压变电所连接起来，便形成了中压供电网络。

根据网络功能的不同,为牵引变电所供电的中压供电网络称为牵引供电网络,为降压变电所供电的中压供电网络称为动力照明网络。

中压供电网络不是供电系统中独立的子系统,但却是供电系统设计的核心内容。它的设计牵涉外部电源方案、主变电所的位置及数量、牵引变电所及降压变电所的位置与数量、牵引变电所与降压变电所的主接线等问题。

中压网络有两大属性:一是电压等级,二是构成形式。我国现行中压配电标准电压等级有66kV、35kV、20kV、10kV。对于集中供电方式,牵引网络和动力照明网络可以采用相对独立的形式,即牵引动力照明独立网络,也可以共用同一个中压网络,即牵引动力照明混合网络。对于分散供电方式,采用牵引动力照明混合网络。牵引动力照明独立网络的特点为牵引网络与动力照明网络,两者相对独立、相互影响较小。牵引动力照明混合网络的特点为供电系统的整体性比较好,设备布置可以统筹考虑。牵引网络与动力照明网络,可以采用同一个电压等级,也可以采用两个不同电压等级。

4)牵引供电系统

牵引供电系统是将城市电网电能经降压整流(或仅降压)后向列车供电的系统,牵引供电系统由牵引变电所与牵引网组成。

根据牵引变电所出线端电流性质,牵引供电系统分为直流牵引供电系统与交流牵引供电系统。按照向列车提供的电流性质,牵引供电系统分为直流制和交流制,交流制又分工频单相交流制和低频单相交流制。工频指工业标准频率,即50Hz或6Hz;低频指低于工业标准频率的频率,应用最多的频率为50Hz的1/3。牵引供电系统是由牵引变电所—馈电线—牵引网—列车—钢轨—回流联接—(牵引变电所)接地网组成的闭合回路。

(1)牵引变电所

直流牵引供电系统中,牵引变电所是为列车提供直流牵引电源而对进线侧电源进行降压、整流的场所。列车通过接触网获取直流牵引电源,而主变电所输出的是35(33)kV或10kV的交流电,因此需通过牵引变电所将35(33)kV或10kV交流电降压、整流转换成适合列车使用的直流电源。为确保列车的可靠供电,牵引变电所采用双边供电的方式,即相邻两变电所同时向区间列车供电。当其中一座牵引变电所解列时,相邻变电所通过闭合联络隔离开关实现越区供电。

交流牵引供电系统中,主变电所常与牵引变电所合建,将110(220)kV进线电压转换成35(33)kV、27.5kV,通过开闭所经馈线上网,或直接经馈线上网。

(2)牵引网

城市轨道交通牵引网由接触网与回流网组成。接触网按照授流方式分为架空接触网和接触轨,架空接触网又分为柔性架空接触网和刚性架空接触网。接触轨分为上接触式、下接触式和侧接触式。架空接触网通过受电弓对列车进行授流,接触轨则采用受电靴对列车进行授流。接触网是无备用的系统,对系统可靠性要求高。

正线牵引回流系统由钢轨、负回流电缆、上下行均流电缆组成，车场牵引回流系统由钢轨、负回流电缆、均流电缆以及单向导通装置组成。交流制式的回流系统，还包括回流线、吸上线等。直流牵引供电方式下，一部分牵引回流泄漏到道床及其周围土壤介质中形成杂散电流，杂散电流的存在使得车站周围的埋地金属管道、通信电缆外皮以及车站和区间隧道主体结构中的钢筋发生电化学腐蚀，这种电化学腐蚀不仅能缩短金属管线的使用寿命，还会降低车站钢筋混凝土主体结构的强度和耐久性，甚至酿成灾难性事故。

5）动力照明系统

动力照明系统是从中压供电网络或城市电网接收电能，经变压、配电网络为城市轨道交通运营服务设施（如照明、通风、空调、给排水、通信、信号、防灾报警、自动扶梯等）提供电能的系统。该系统包括降压变电所、配电及控制装置、电线电缆、照明设备等。降压变电所将中压电源降为低压 380/220V 后，经配电及控制装置、电线电缆向动力、照明设备供应电能。

6）电力监控系统

电力监控系统（PSCADA）对电力设备的运行状态、运行参数进行实时监控，实现对电力设备"五遥"（遥测、遥信、遥控、遥调、遥视）的管理功能，使电力行业机房监控实现无人或少人值守，为机房的高效管理和安全运营提供有力的保证。

电力监控系统将各种先进信息技术集于一体，实现了对变电系统的数据收集和储存、故障的分析和诊断以及系统的修复与维护等功能。

1.3.3 系统特点

1）地铁、轻轨供电系统

地铁（图 1-1）、轻轨采用 A、B、C、L 等车型，其供电系统采用直流（DC）750V 或 DC1.5kV 电压等级，通过受电弓或受电靴受流，通常具有以下特点：

（1）集中式、分散式、混合式外电源方案均可采用。

（2）主变电所及电源开闭所考虑轨道交通线网电力资源共享。

（3）中压供电网络采用双环网方案。

（4）牵引供电电压主要采用 DC1.5kV，高架或地面线路宜采用接触轨授流方式，地下线路宜采用刚性架空接触网授流方式，回流方式一般采用走行轨或专用回流轨（导体）。

2）单轨交通供电系统

单轨交通采用跨座式车辆（图 1-2）、悬吊式车辆等车型，列车沿轨道梁或悬吊梁行驶，其供电系统以架空线路为主，采用 DC750V 或 DC1.5kV 电压等级，通过受电靴受流、专用回流靴回流，通常具有以下特点：

（1）集中式、分散式、混合式外电源方案均可采用。

（2）主变电所及电源开闭所考虑轨道交通线网电力资源共享。

（3）中压供电网络采用双环网方案。

（4）牵引供电电压采用DC750V或DC1.5kV，需经综合技术经济比较后确定；采用接触轨授流方式，专用回流轨回流，杂散电流可忽略。

（5）车站以地面或高架为主，动力照明电力负荷较小。

图1-1　地铁列车　　　　　　　图1-2　跨座式单轨列车

3）有轨电车供电系统

有轨电车（图1-3）以地面线路为主，其供电系统采用DC750V电压等级，受电弓受流，通常具有以下特点：

（1）外电源方案采用分散式。

（2）电源开闭所考虑轨道交通线网电力资源共享。

（3）牵引供电电压采用DC750V，架空接触网授流，走行轨回流。

（4）车站以地面或高架为主，动力照明电力负荷较小。

4）磁悬浮交通供电系统

（1）中低速磁悬浮交通供电系统

中低速磁悬浮（图1-4）列车沿轨道梁行驶，其供电系统以架空线路为主，采用DC750V或DC1.5kV电压等级，通过受电靴受流、专用回流靴回流，通常具有以下特点：

图1-3　有轨电车　　　　　　　图1-4　中低速磁悬浮列车

①集中式、分散式、混合式外电源方案均可采用。

②主变电所及电源开闭所考虑轨道交通线网电力资源共享。

③中压供电网络采用双环网方案。

④牵引供电电压采用DC750V或DC1.5kV，需经综合技术经济比较后确定，采用接触轨授流，专用回流轨回流，杂散电流可忽略。

⑤车站以地面或高架为主，动力照明电力负荷较小。

（2）高速磁悬浮交通供电系统

高速磁悬浮列车（图1-5）沿轨道梁行驶，其供电系统以架空线路为主，通过电磁感应授流，通常具有以下特点：

①集中式、分散式、混合式外电源方案均可采用。

②主变电所及电源开闭所考虑轨道交通线网电力资源共享。

③中压供电网络采用双环网方案。

④车站以地面或高架为主，动力照明电力负荷较小。

5）市域快线供电系统

市域快线（图1-6）采用市域A、B、D等车型，其供电系统采用DC1.5kV或AC25kV电压等级，通过受电弓或受电靴受流，通常具有以下特点：

（1）集中式、分散式、混合式外电源方案均可采用。

（2）主变电所及电源开闭所考虑轨道交通线网电力资源共享。

（3）中压供电网络采用双环网方案。

（4）牵引供电电压采用DC1.5kV或单相工频AC25kV，需经综合技术经济比较后确定；如采用DC1.5kV牵引电压，授流方式采用架空接触网或接触轨，回流方式采用走行轨或专用回流轨，需经综合技术经济比较后确定；如采用AC25kV牵引电压，授流方式应采用架空接触网，地下线路宜采用刚性架空接触网，带回流线的走行轨回流方式。

图1-5　高速磁悬浮列车　　　　图1-6　市域快线列车

6）APM供电系统

APM（图1-7）采用胶轮—自动导向制式车辆，列车沿混凝土轨道行驶、沿中部轨道梁导向，其供电系统采用AC600V或DC750V电压等级，利用受电靴受流、专用回流靴回流，通常具备以下特点：

（1）分散式外电源方案。

（2）电源开闭所考虑轨道交通线网电力资源共享。

（3）中压供电网络采用环网方案。

（4）牵引供电电压采用AC600V或DC750V电压等级，采用接触轨授流，专用回流轨回流，杂散电流可忽略。

图 1-7 APM 列车

1.4 受电弓/受电靴简介

1.4.1 受电弓

受电弓是安装在列车上的一种从一根或多根接触线上集取电流的专用设备，由弓头、框架、底架和传动系统等部分组成，其几何形状可以改变。

运行中的受电弓全部或部分带电，用于建立接触网与电气列车电气设备间的电接触，实现列车所需电能的集流和传输。

受电弓的形式繁多，按照传动系统的工作方式，可分为弹簧操作式受电弓（图 1-8）和非弹簧操作式受电弓（图 1-9）；按臂杆的结构形式，可分为单臂受电弓（图 1-8、图 1-9）和双臂受电弓（图 1-10、图 1-11）。受电弓还可按照运行的速度、使用的场合以及受电弓框架的层数进行分类。

图 1-8 弹簧操作式单臂受电弓

图 1-9 非弹簧操作式单臂受电弓

图 1-10 四腕菱形双臂受电弓

图 1-11 二腕臂菱形双臂受电弓

受电弓的结构依赖于列车的运行速度、负荷大小、接触网的状况，一般由弓头、框架、底架和传动系统四个部分组成。SSS400＋型受电弓如图1-12所示。

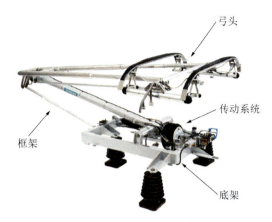

图1-12　SSS400＋型受电弓

（1）弓头

弓头是受电弓的重要组成部分，主要由滑板、弓角和弓头支持装置等部分组成。滑板与接触线直接接触，工作条件恶劣，会受到机械摩擦、电气磨损、机械冲击以及强热流侵蚀，容易磨损，其质量应尽可能小，以便实现最佳的动态性能；弓角的主要作用是使弓头顺利通过接触网线岔，常采用绝缘材料制作；弓头支持装置是影响受电弓性能的重要部件之一，除牢靠、轻量外，还必须使滑板和接触线有平稳的接触。

自动降弓装置（ADD）应能探测滑板损伤，在滑板失效时，ADD应立即降下受电弓，避免受损的受电弓继续运行。

（2）框架

框架一般分成上、下两部分，中间用铰链连接。在铰链上方的部分称为上框架，在铰链下方的部分称为下框架。框架大体上分为单臂框架、双层框架、四（二）腕菱形双臂框架、四腕交叉形双臂框架。目前，国内城市轨道交通所采用受电弓框架一般均为单臂框架。

（3）底架

底架是固定受电弓框架的底座，安装在受电弓支持绝缘子上。通常要求底架有较强的刚性，以免在搬运和安装过程中使框架歪扭，进而影响受电弓的性能。底架通常采用三个或四个支持绝缘子固定在车顶。

（4）传动系统

传动系统用于升起或降下受电弓。传动系统主要分为弹簧操作式和非弹簧操作式两大类。弹簧操作式受电弓设有升弓弹簧和降弓弹簧，升弓弹簧用于克服受电弓可动部分的自重、摩擦阻力和产生静态接触力，降弓弹簧用于产生降弓所需的力。弹簧操作式以外的传动系统称为非弹簧操作式传动系统。以DSA250型受电弓为例，其受电弓的升、降动作主要通过空气回路进行控制，以压缩空气进入气囊作为动力，带动一系列的结构运动实现升、降弓操作。

为了阻止受电弓在车辆运行时从落弓位置升起,传动系统应能在弓头上施加足够的落弓保持力。受电弓的静态接触力应满足静态取流要求,AC25kV 供电制式取 60～90N,DC3kV 供电制式取 90～120N,DC1.5kV 供电制式取 70～140N。受电弓在两个运行方向的平均抬升力应该相等且只随速度变化略有增加,平均抬升力应能防止燃弧,同时应使接触线抬升、磨耗保持最小。

与此同时,由于运行中的受电弓是一个振动系统,其频域动态视在质量应在小范围内,且不应有明显凸出的峰值。

1.4.2 受电靴

受流器又称受电靴,是安装于列车转向架上的取流装置。受电靴主要由滑块、受流摆臂、绝缘支架组装(受流器安装座)和电路组装组成,绝缘支架与转向架之间通过螺栓机械连接,滑块电流通过电缆进入熔断器箱,实现列车主电路供电。

受电靴的结构形式多样,按靴轨接触方向分类,有上接触式、下接触式、侧部接触式。其通用结构为滑板、托架、摆臂、驱动弹簧、绝缘支架、取流电缆和熔断器。

受电靴在使用中具有三种空间姿态,分别为脱靴位置、工作位置和止动位置。脱靴位置的受电靴处于不工作状态;当受电靴处于工作状态时,与接触轨接触时为工作位置,离开接触轨处于断轨区时为止动位置。

受电靴的结构虽然多种,但按照驱动方式,可分为拉伸弹簧驱动(图 1-13)和扭转弹簧驱动(图 1-14)两类。这两种驱动方式均为摆臂提供一定的扭矩,进而转化为靴轨接触点的接触力。

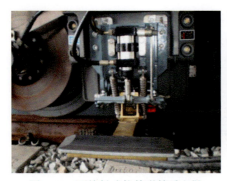
图 1-13 下接触式拉伸弹簧受电靴

图 1-14 上接触式扭转弹簧受电靴

1.5 城市轨道交通牵引网发展历程

从 19 世纪 70 年代到 20 世纪初,以电能的突破、应用以及内燃机的出现为标志,在德国和美国发生了世界近代史上的第二次技术革命。1879 年,德国工程师维尔纳·冯·西门子在柏林的博览会上首次尝试使用电力牵引驱动轨道车辆（图 1-15），并于 1881 年在柏林近郊铺设第一条电车轨道。由于电车轨道采用一条轨道通电，另一条轨道作回路的方式传输电能，当马匹穿越轨道时，若同时接触电压为 180V 的双轨，容易遭受电击而造成事故。显然，这种通过两根轨道传输电能的方法在技术上是不适宜的，也是危险的，供电电压较高时尤其如此。西门子采用了在轨道上方架设两条接触线的方法，并在接触线上悬挂双接触电车排，由与电车相连的软电缆拖曳。但电车排经常脱轨，对商业运行来说，这种集电系统不太可靠。

1889 年，德国西门子（SIEMENS）公司的工程师首次提出采用如图 1-16 所示的弓状集电器，该集电器使电流从轨道上方的单根接触线供给牵引单元并经轨道返回。这种集电系统不仅是运行授流技术的重大突破，而且也是现代弓网系统的雏形。

图 1-15　世界上第一台电力机车

图 1-16　车辆通过弓状集电器获取电能

1888 年，在美国弗吉尼亚州里士满市，世界上第一条有轨电车线路投入运营（图 1-17），标志着有轨电车作为客运交通投入使用，该电车采用 DC600V 架空线路供电。

有轨电车也是我国最早出现的城市轨道交通系统。1899 年，德国西门子公司在北京修建有轨电车，连接郊区的马家堡火车站与永定门，全长 7.5km（图 1-18）。1904 年香港开通有轨电车，此后设有租界或成为通商口岸的各个城市相继开通有轨电车，天津、上海先后于 1906 年、1908 年开通。

图 1-17　世界上第一条有轨电车

图 1-18　中国第一条有轨电车线路

就牵引网形式而言，在国内外 100 多个城市修建的城市轨道交通中，架空接触网和接触轨均有大量运用。德国在 20 世纪 60 年代之前多采用接触轨进行授电，之后则主要采用架空接触网的授电方式；法国地铁多为 90 年前建设的，授电方式多采用接触轨，之后新建的快速线（RER）则采用架空接触网授电方式；日本接触网的形式较多，除采用架空接触网和接触轨进行授电外，还采用独轨和四轨的授电方式；北美地区则以接触轨为主要授电方式。

从我国城市轨道交通的发展史看，20 世纪 70～20 世纪 80 年代建成的北京、天津地铁采用 DC750V 接触轨进行授电，而在 20 世纪 90 年代建设的上海地铁 1 号线、2 号线，广州地铁 1 号线以及深圳地铁一期工程，均采用 DC1.5kV 柔性架空接触网进行授电。随着刚性架空接触网技术的引入和钢铝复合轨的应用，这两种形式的接触网在我国城市轨道交通多条线路中得到应用，其中广州地铁 2 号线是国内首条采用刚性架空接触网的地铁线路，广州地铁 4 号线是国内首条采用钢铝复合轨且供电制式为 DC1.5kV 的地铁线路。国内城市轨道交通牵引网发展里程碑见表 1-1。

国内城市轨道交通牵引网发展里程碑　　　　表 1-1

地铁线路	开通时间	牵引网形式	备注
北京地铁一期工程	1969 年 9 月	DC750V 上接触式接触轨	国内首条采用接触轨供电的地铁线路
香港地铁观塘线	1979 年 10 月	DC1.5kV 柔性架空接触网	国内首条采用柔性架空接触网的地铁线路
北京地铁 2 号线	1981 年 9 月	DC750V 上接触式接触轨	
天津地铁 1 号线	1984 年 12 月	DC750V 上接触式接触轨	
上海地铁 1 号线	1993 年 5 月	DC1.5kV 柔性架空接触网	
广州地铁 1 号线	1997 年 6 月	DC1.5kV 柔性架空接触网	
广州地铁 2 号线	2002 年 12 月	DC1.5kV 刚性架空接触网	国内首条采用刚性架空接触网的线路
上海磁悬浮示范运营线	2002 年 12 月	DC1.5kV 侧接触式接触轨	世界上第一条商业化运营的磁悬浮磁悬浮列车示范线
广州地铁 3 号线	2005 年 12 月	DC1.5kV 刚性架空接触网	国内首条 120km/h 快速刚性架空接触网地铁线路
广州地铁 4 号线	2005 年 12 月	DC1.5kV 下接触式接触轨	国内首条采用 DC1.5kV 接触轨的地铁线路
广州地铁 APM 线	2010 年 11 月	AC600V 侧接触式接触轨	国内首条全地下 APM 线
长沙磁悬浮快线	2016 年 5 月	DC1.5kV 侧接触式接触轨	国内首条拥有完全自主知识产权的中低速磁悬浮铁路
北京地铁大兴机场线	2019 年 9 月	AC25kV 刚性架空接触网（地下段） AC25kV 柔性架空接触网（地上段）	国内首条 160km/h 高速刚性架空接触网地铁线路
广州地铁 18 号线	2021 年 9 月	AC25kV 刚性架空接触网	国内首条 160km/h 全地下高速刚性架空接触网地铁线路

纵观国内外城市轨道交通接触网形式的选择，无论是采用架空接触网还是采用接触轨，一定程度上取决于城市轨道交通的总体规划和运营方式的一致性。

目前，国内城市轨道交通接触网应用电压等级分为 DC750V、DC1.5kV、AC600V、AC25kV 四种。接触网类型有柔性架空接触网、刚性架空接触网、接触轨，在我国城市轨道交通领域均有较多应用，具有成熟的建设及运营经验。DC750V 供电制式接触轨主要应用于北京、天津等城市早期地铁线路中，AC600V 供电制式接触轨主要运用于 APM 线路，AC25kV 供电制式柔/刚性架空接触网主要运用于市域快线，DC1.5kV 供电制式柔/刚性架空接触网、接触轨则广泛运用于地铁线路中。

第 2 章

牵 引 网

牵引网由接触网系统与回流网系统组成。接触网系统是从变电所向电力牵引单元提供电能的支持网络，根据接触导体是否带张力分为架空接触网系统和接触轨系统（图2-1）。回流网系统为牵引电流提供回流至牵引变电所的路径。

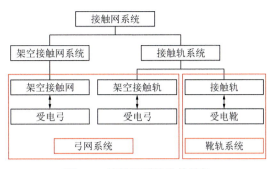

图 2-1　接触网系统总体结构

架空接触网系统利用架空接触网向电力牵引单元供应电能，其位于车辆上部限界的上方或侧面，并经由车顶受电弓向车辆提供电能，又称柔性架空接触网。接触轨系统利用一个导体轨集电，分为架空接触轨和接触轨，架空接触轨位于车辆上部限界的上方或侧面，并经由车顶受电弓向车辆提供电能，又称刚性架空接触网；接触轨是利用刚性材料制造的接触网，通过绝缘子对地绝缘，并经由受电靴向车辆提供电能，位于走行轨附近，又称第三轨。接触网/接触轨不仅为输电线路，同时也是受电弓/受电靴取流的机械滑道。

回流网系统包括直流牵引回流网系统和交流牵引回流网系统。直流牵引回流网系统主要由钢轨、均回流电缆、钢轨电位限制装置、单向导通装置、排流柜及道床、隧道结构钢筋等组成，交流牵引回流网系统主要由钢轨、吸上线、回流线、回流电缆等组成。

2.1　牵引网的组成

2.1.1　柔性架空接触网

柔性架空接触网广泛用于城市轨道交通高架段及车场。

1）系统组成

柔性架空接触网一般由接触悬挂、支持与定位装置、支柱与基础以及为保障接触网安全和供电安全而增加的电气辅助设施四大部分组成，如图2-2所示。

接触悬挂由接触线、承力索、架空地线、吊弦、补偿器及相关连接零件组成，通过支持装置架设在支柱上。

支持装置用于支持接触悬挂，并将接触悬挂机械负荷传递给支柱。其结构形式有腕臂式（图2-3）、软横跨式

图 2-2　柔性架空接触网组成

(图2-4)、硬横跨式(图2-5)。腕臂式结构在接触网中应用最为广泛,通常由棒式绝缘子(或悬式绝缘子串)、平腕臂(或水平拉杆)、斜腕臂及相关连接零部件等组成。

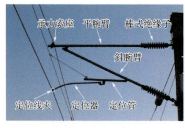

图2-3 腕臂式结构　　图2-4 软横跨式结构　　图2-5 硬横跨式结构

定位装置(图2-6)通常由定位管、定位器、定位线夹及零部件组成,用于对接触线进行横向定位,保证接触线定位在受电弓滑板工作范围内,使受电弓滑板均匀磨耗,并将接触线水平机械荷载传递给支持装置。

图2-6 定位装置

支柱用于承受接触悬挂、支持与定位装置全部的机械荷载,并保证接触线在规定的高度。支柱按照材质主要分为预应力钢筋混凝土支柱(图2-7、图2-8)和钢柱两大类。其中,钢柱根据结构形式主要分为格构式钢支柱(图2-9)、圆形钢支柱(图2-10)、H形钢支柱(图2-11)。

图2-7 H形预应力钢筋混凝土支柱　　图2-8 圆形预应力钢筋混凝土支柱

图2-9 格构式钢支柱　　图2-10 圆形钢支柱　　图2-11 H型钢支柱

基础用于承载支柱荷载，并保证支柱的稳定性。钢柱需固定于由钢筋混凝土制作的基础上，预应力钢筋混凝土支柱一部分埋入地下起到基础的作用。基础制作如图 2-12 所示。

图 2-12　基础制作

电气辅助设施包括附加导线、防雷与接地、标识等设施和设备（图 2-13），主要用于提高接触网的安全性和供电的灵活性。

2）特点

柔性架空接触网设置在线路顶部，人员不能轻易接触，电气安全性比较好，紧急情况下便于人员疏散。与接触轨相比，柔性架空接触网不受线路道岔、线间距的影响，接触网沿线路完全贯通，没有电气断口，不存在岔区可能短时掉电的情况，接触网弹性较好，能够应用于较高速度的线路。

图 2-13　电气辅助设施

但柔性架空接触网需较大的张力、结构较复杂、连接金具类型和数量多，日常的维护工作量相对较大，且在发生断线故障时系统的抢修和恢复时间较长，一般需要配备专门的检修设施和维护队伍，与刚性架空接触网和接触轨相比可靠性稍差。在地面或高架线路，柔性架空接触网景观效果较差。

2.1.2　刚性架空接触网

刚性架空接触网主要用于隧道内的悬挂安装，盖下车场也有少量应用。

1）系统组成

刚性架空接触网主要由汇流排、线材、支持和定位装置、膨胀元件、分段绝缘器、中心锚结等组成，如图 2-14 所示。

汇流排是刚性架空接触网的主要部件，主要包括汇流排、汇流排中间接头、汇流排终端、切槽镶嵌式刚柔过渡结构本体、汇流排防护套等。汇流排按截面分为π形和 T 形汇流排，国内一般采用π形汇流排（图 2-15）。

图 2-14　刚性架空接触网

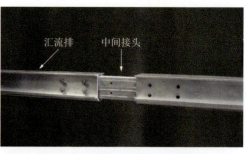
图 2-15　π形汇流排及中间接头

　　线材主要包括接触线和架空地线，交流供电制式系统还包括回流线等。汇流排由于本体可以承载电流，故取消柔性悬挂中的承力索和辅助馈线，使接触网的结构变得简单紧凑，可极大方便运营管理和维修。

　　支持和定位装置用于悬挂固定汇流排，分为垂直悬吊式悬挂装置（图 2-16）和水平悬臂式悬挂装置（图 2-17）。垂直悬吊式悬挂装置形式较多，主要由槽钢、针式绝缘子及配套紧固件等组成，水平悬臂式悬挂装置由吊柱、棒式绝缘子、旋转底座、定位线夹连接板及配套紧固件等组成。垂直悬挂式悬挂装置会出现汇流排卡滞现象，而水平悬臂式悬挂装置有效地解决了该问题。

图 2-16　垂直悬吊式悬挂装置

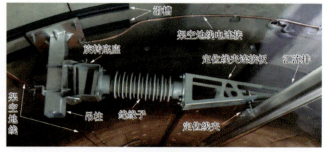
图 2-17　水平悬臂式悬挂装置

　　膨胀元件用于刚性架空接触网贯通式锚段关节处，补偿因热胀冷缩带来的汇流排伸缩量，并实现受电弓在锚段关节处的平滑过渡。

　　分段绝缘器是接触网进行电分段时采用的一种绝缘设备，对设备两端接触网进行电气隔离，并保证受电弓平滑通过。

　　刚性架空接触网中心锚结（图 2-18）通常设置在定位点处，由于刚性架空接触网接触线断线概率极低，所以主要起到防窜作用。

　　刚性架空接触网主要有两种绝缘子，一种用于定位悬挂，安装在槽钢和定位线夹之间；另外一种用于中心锚结下锚。

　　目前，架空接触网系统的零部件及设备已经全部实现了国产化。

图 2-18　中心锚结

2）特点

刚性架空接触网可承载的载流量大，不需另设辅助导线；取消了补偿装置，结构简单紧凑零部件少，节省安装空间；故障率低，免维护性高。刚性架空接触网一次投资造价略高于柔性架空接触网。刚性架空接触网设置在线路顶部，人员不能轻易接触，电气安全性比较好，紧急情况下也便于人员疏散。与接触轨相比，刚性架空接触网不受线路道岔、线间距的影响，接触网沿线路完全贯通，没有电气断口，不存在岔区可能短时掉电的情况。刚性架空接触网在对隧道建筑影响、工程总造价、运营维护工作量等方面具有一定的技术经济优势。如今刚性架空悬挂装置已经成为国内地铁地下区段接触网悬挂所广泛采用的形式。

2.1.3 接触轨

接触轨可用于隧道、高架与地面线路，车场内也可以采用接触轨，适用范围较广。

1）系统组成

接触轨系统主要由钢铝复合轨、绝缘支架、端部弯头、绝缘防护罩、鱼尾板、膨胀接头、中心锚结及电缆连接板等部件组成，如图 2-19 所示。

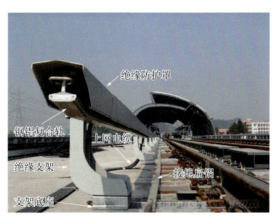

图 2-19　接触轨

钢铝复合轨作为导电轨安装在绝缘支座上，钢铝复合轨之间用鱼尾板机械连接，在道岔、平交道口、轨旁的紧急出口、电气分段点等需要断开接触轨的地方，安装端部弯头，用于引导受电靴可靠接触或平稳离开接触轨授流面。绝缘支座用于支撑并固定接触轨，分为钢支架＋绝缘子式与整体绝缘式。

两锚段之间安装膨胀接头，以补偿接触轨由于温度变化引起的纵向伸缩。一般于锚段的中部安装中心锚结，防止接触轨向两端不均匀窜动。为保证整个系统的安全，接触轨轨上一般安装有绝缘防护罩。

接触轨系统根据接触轨授流面的朝向不同，主要分为上接触授流、下接触授流及侧面接触授流三种授流方式。接触轨的授流面向上，受电靴通过下压力取流即称之为上接触授流；接触轨的授流面向下，受电靴通过上抬力取流则称之为下接触授流；侧接触授流是指受电靴通过侧向压力取流。北京和天津早期地铁采用上接触授流方式，近年来新建接触轨授流地铁线路均采用下接触授流方式。侧接触授流方式则在国内很少见，主要运用于跨座式单轨、APM 线、磁悬浮。三种授流方式安装分别如图 2-20～图 2-22 所示。

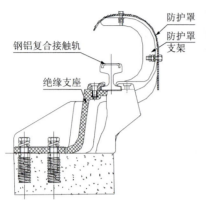

图 2-20　上接触授流

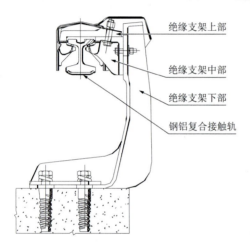

图 2-21　下接触授流

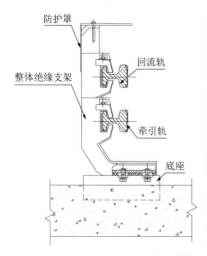

图 2-22　侧接触授流

2）特点

接触轨沿线路布置，每 4～5m 设一处支撑，结构简单，安装方便，可靠性高，几乎免维护。接触轨铺设在走行轨旁，安装位置低，对城市景观基本没有影响。

由于接触轨铺设在走行轨旁，人员容易靠近和接触，危险性相对较高，紧急情况下也不利于人员的疏散；且接触轨受线路道岔、线间距的影响，在布置时需要设置接触轨断口，受电靴通过时会受到一定冲击，靴轨受流质量较差。

2.1.4 回流网

1）直流牵引回流网系统

城市轨道交通直流牵引供电系统中，普遍采用钢轨（走行轨）回流的供电方式。由于钢轨对地过渡电阻的存在，导致小部分牵引回流由钢轨泄漏进入至道床，通过道床流向结构钢筋等区域，并回流至道床，最终流入钢轨返回牵引变电所，此部分不直接通过钢轨回流的电流称为杂散电流。为了减少杂散电流造成的电化学腐蚀等影响，城市轨道交通牵引供电系统回流网显得十分重要。正线牵引回流系统由钢轨、均回流电缆、上下行均流电缆组成，车场牵引回流系统由钢轨、均回流电缆、均流电缆以及单向导通装置组成。

对于正线牵引回流系统，各车站两端上下行钢轨间按照一定间距设置均流电缆，在牵引所站设有负回流电缆的一端，上下行钢轨间不再设均流电缆；在上下行区间联络通道处设置上下行均流电缆；在单洞双线以及无联络通道高架区间，一般每隔约 500m 设置一处上下行钢轨间均流电缆。

对于车场牵引回流系统，在正线与车场线路之间、检修库与库外线路之间、静调库与库外线路之间、停车列检库库尾、电化线路与非电化线路之间，均设置轨道绝缘结。在正线与停车场线路之间，停车场内检修库、车场的检修库与库外线路之间，静调库与库外线路之间，装设单向导通装置。典型区间牵引回流系统如图 2-23 所示。

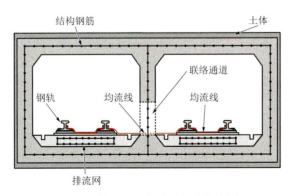

图 2-23 典型区间牵引回流系统示意图

2）交流牵引回流网系统

交流牵引供电系统利用钢轨作为回流轨，由于钢轨与大地无法完全绝缘，钢轨、大地均作为牵引回流路径；回流线将钢轨、大地中的牵引回流引入牵引变电所的牵引变压器。

交流牵引供电系统中，我国现行的供电方式为单边供电，按牵引网设备类型，可分为直接供电（DF）、带回流线的直接供电（DN）、吸流变压器供电（BT）、自耦变压器供电（AT）和同轴电缆力电缆供电（CC）等方式。

直接供电方式的系统结构简单，钢轨和大地均作为牵引电流回流媒介，但钢轨和大地中的电流较大，对邻近通信线路存在干扰。在直接供电方式的基础上增设回流线与吸上线，能有效降低钢轨电位，对通信干扰有较好的抑制作用，其效果与回流线的布置方式、根数，吸上线的间隔及有无串联补偿有关，是一种应用较为广泛的供电方式。

为了进一步减小钢轨与大地中的电流，在带回流线的直接供电方式中的回流线上串接吸流变压器，牵引回流主要经由回流线流回牵引变电所。但吸流变压器供电方式增加了接触网复杂性，提高造价，且牵引网阻抗变大，接触网末端电压压降大，供电臂长度减小，约为直接供电方式的3/4。因此，吸流变压器供电方式近年来在新建线路已不再采用。

自耦变压器供电方式是为提高供电质量和减少对通信的干扰而采用的一种设有自耦变压器的供电方式，由自耦变压器、正馈线、接触网、保护线和钢轨组成。绝大部分牵引电流经正馈线返回牵引变电所，钢轨对地的泄漏电流极少，钢轨对地电位降低。接触网中电流与正馈线电流大小相等、方向相反，能大大减少牵引负荷对通信线路的干扰。

2.2 牵引网的功能要求

2.2.1 电气特性

1）温升

受电弓—接触网/受电靴—接触轨系统（简称弓网/靴轨系统）的基本功能是传载电流，弓网/靴轨系统本身需满足电力负载的要求。

弓网/靴轨系统温升取决于负载电流、载流状态下的热效应、环境温度和日光照射等因素，直接影响了导线和设备的选型及平面布置。弓网/靴轨系统的良好集流性能取决于很多因素，诸如列车运行速度、接触网结构、电接触性能等。其中，弓网系统的电接触性能要求弓网系统应满足不出现过热的条件。列车的滑板数目、接触线与滑板的材料、弓网接触力及列车运行速度是影响接触点最大取流量的关键因素。

弓网/靴轨相对静止时，接触点处的静态接触电阻为：

$$R_c = \frac{\rho_1 + \rho_2}{4} \cdot \sqrt{\frac{\pi H}{F}} \qquad (2-1)$$

式中：R_c——接触电阻（Ω）；

ρ_1、ρ_2——分别为滑板与接触材料的电阻率（Ω·m）；

F——弓网/靴轨接触力（N）；

H——滑板与接触线中相对较软材料的接触硬度（N/m²）。

由式(2-1)可知，接触力对弓网接触电阻有直接影响。

2）绝缘要求

接触网属于高电压设备，带电体与非带电体之间必须做好电气绝缘。接触网通常采用空气绝缘间隙和绝缘子实现电气绝缘。

接触网带电体与接地体（包括大型建筑物、机车车辆、阔大货物等）之间或带电体之间的空气绝缘距离称为绝缘间隙。绝缘间隙是接触网绝缘配合的重要内容。若绝缘间隙取值过大，则必会提高电气设备的耐压等级及水平，造成投资过大；若绝缘间隙取值过小，则又会招致绝缘间隙击穿的情况，造成不稳定运行。确定合理的绝缘间隙，应考虑接触网的工作电压和其他影响空气击穿的因素。

爬电距离是指沿绝缘表面测得的两个导电零部件之间或导电零部件与设备防护界面之间的最短路径，也称"爬距"。AC25kV供电制式下，接触网爬电距离不应小于1400mm；DC1.5kV供电制式下，接触网爬电距离不应小于250mm。

接触网采用直流供电制式时，《地铁设计规范》（GB 50157—2013）对接触网绝缘水平做了如下规定：接触网带电部分和混凝土结构体、轨旁设备、车体之间的最小净距，应符合表2-1的规定。

接触网带电部分和混凝土结构体、轨旁设备、车体之间的最小净距（单位：mm）　　表2-1

标称电压	静态	动态	绝对最小动态
DC1.5kV	150	100	60
DC750V	25	25	25

接触网采用AC25kV供电制式时，《铁路电力牵引供电设计规范》（TB 10009—2016）对接触网绝缘水平做了如下规定：

（1）接触网的爬电距离不应小于1400mm。V形天窗区段，上下行正线间分段绝缘子串的绝缘爬电距离可增大为1600mm，车站上下行正线间绝缘子串宜分段设置。

（2）接触网的空气绝缘间隙应符合表2-2的规定。

（3）双线区段上下行接触网带电体间的距离，正常情况下不应小于2000mm，困难情况时不应小于1600mm。

空气绝缘间隙值（单位：mm）　　表2-2

适用范围	正常值（大于或等于）	困难值（大于或等于）
25kV带电体距固定接地体间隙	300	240
25kV带电体距机车车辆间隙	350	—
受电弓振动至极限位置和导线被抬起的最高位置距接地体的瞬间间隙	200	160
25kV带电体距跨线建筑物底部的静态间隙	500	300

续上表

适用范围		正常值 （大于或等于）	困难值 （大于或等于）
绝缘锚段关节两接触悬挂间的间隙		450	300
分相锚段关节两接触悬挂间的间隙	120°相位，相间电压 43.3kV	400	—
	180°相位，相间电压 50kV	540	—
带电绝缘子接地侧裙边距接地体间隙	瓷及钢化玻璃绝缘子	100	75
	合成材料绝缘元件	50	—

静态值一般大于动态值，是因为在动态值的基础上，静态值考虑了过电压等情况，而"动态"和"静态"情况下的不同绝缘间隙值由概率决定。

在可能发生雷电过电压的区段，一般而言，雷电电压值会远远超过正常值，绝缘间隙无法满足雷电冲击，所以应另设避雷器或其他措施。

2.2.2 弓网燃弧指标

多数情况下，滑板和接触线/钢铝复合轨脱离机械接触时，供给滑板和接触线/钢铝复合轨离线间隙的电流和电压分别大于生弧电流和生弧电压，弓网/靴轨系统会不可避免地产生电弧。当滑板和接触线/钢铝复合轨恢复良好接触后，电弧随即熄灭。

滑动过程中产生电火花的现象较电弧产生更加普遍，当滑板的集流量及弓网/靴轨接触电阻均比较大时，弓网系统的电火花现象会显著许多，但此时滑板和接触线/钢铝复合轨之间并未出现机械脱离或接触力不足的情况。燃弧指标应满足：

①燃弧次数应小于 1 次/160m；

②最大燃弧时间为 100ms。

燃弧率 NQ 的计算公式为：

$$NQ = \frac{\sum t_{arc}}{t_{total}} \times 100\% < 0.1\% \tag{2-2}$$

式中：t_{arc}——持续大于 5ms 的燃弧的持续时间；

t_{total}——测量电流超过标称电流 30%的时间。

2.2.3 机械特性

受电弓和接触网（受电靴和接触轨）两个振动子系统通过接触点耦合在一起，并组成一个新的振动系统。两个振动子系统通过弓网/靴轨接触力连接，接触力的大小能直接反映两个子系统接触的松紧程度。

弓网/靴轨系统相互作用与受电弓的运行速度密切相关，且随着运行速度的增加，空气动力也会参与其中。

为保证向列车连续不间断地供电，受电弓和接触网（受电靴和接触轨）必须一致保持机械接触，维持恰到好处的机械接触是获得良好电接触的前提。根据标准要求，弓网系统接触力的仿真值或测量值不应超过表2-3所给出的范围。

接触力取值范围　　　　　　　　　　　　　　　表2-3

电流制式	列车速度（km/h）	接触力（N） 最大	接触力（N） 最小
交流	≤200	300	0
交流	>200	350	0
直流	≤200	300	0
直流	>200	400	0

注：对于刚性架空接触网，分段绝缘器或者锚段关节处，最大接触力可增加50N。

当接触力被用于定义受流时，平均接触力和接触力的标准偏差是受流质量额定准则。平均接触力加上3倍标准偏差应不大于表2-3中的最大值，平均接触力减去3倍标准偏差应大于0。

对于任意受电弓，包括列车上多个受电弓同时工作的场合，弓网系统平均接触力的取值范围应满足表2-4的要求。

弓网系统平均接触力取值范围　　　　　　　　　　表2-4

接触力（N）	AC $v≤200$km/h	AC $v>200$km/h	DC1.5kV $v≤200$km/h	DC1.5kV $v>200$km/h	DC3kV $v≤200$km/h	DC3kV $v>200$km/h
$F_{m,max}$	$0.00047v^2+90$	$0.00097v^2+70$	$0.00097v^2+140$	$0.00228v^2+90$	$0.00097v^2+110$	
$F_{m,max}$（横截面<55m²，隧道内）	$0.00047(1.25v)^2+90$	$0.00097(1.25v)^2+70$	$0.00097(1.25v)^2+140$	$0.00228(1.25v)^2+90$	$0.00097(1.25v)^2+110$	
$F_{m,min}$	$0.00047v^2+60$		$0.00112v^2+70$		$0.00072v^2+90$	
σ_{max}	$0.3F_m$					

注：目前尚无靴轨系统相关对应标准。

此外，机械特性指标还有垂向加速度，即硬点，指受电弓/受电靴在行进状态中的垂向最大加速度，应小于490m/s²（50g）。垂向加速度过大，碳滑板的损坏风险会增加。

2.2.4　几何特性

为了保证列车运行安全，无论是静态还是动态过程中，都需要确保受电弓/受电靴和接触网/接触轨处在合理的空间几何位置中，满足一定的几何特征值。

1）接触线/接触轨高度

接触线/接触轨高度指接触线/接触轨接触面距离轨面的高度，应根据车型、隧道净空、受电弓/受电靴的工作高度和接触线/汇流排/接触轨的弛度综合确定。

直流牵引供电系统中，接触线距轨面的高度应结合列车高度、隧道直径、受电弓工作范围及道床高度等因素综合确定。地上线路接触线距轨面的高度宜为 4600mm，困难地段不应低于 4400mm，车辆基地的地上线路接触线距轨面高度宜为 5000mm；隧道内接触线距轨面的高度不应小于 4040mm，在条件允许的情况下，接触线距轨面的高度可适当增加。而接触轨的工作高度应配合受电靴的工作高度，接触轨授流面距离轨平面的高度一般取 200mm。

交流牵引供电系统中，接触线的高度一般取 5300mm。接触线/接触轨高度的设置需保证受电弓/受电靴在任意工况下均满足绝缘间隙的要求。

2）坡度

接触线/接触轨高度出现变化就会形成坡度。坡度是指在两相邻定点处，接触线/接触轨高度之差与跨距的比值。

如果由于现场情况接触线/接触轨的高度需要变化（例如桥梁），接触线/接触轨的坡度应尽可能地小。随着运行速度的增加，坡度变化越小越好。刚性架空接触网刚度大，对坡度的要求高，应不超过表 2-5 的规定值，柔性架空接触网坡度要求见表 2-6。

刚性架空接触网坡度　　　　　　　　　　表 2-5

速度（km/h）	最大坡度（‰）	坡度变化最大值（‰）
≤120	1	1
>120	0.5	0.25

柔性架空接触网坡度　　　　　　　　　　表 2-6

速度（km/h）	最大坡度（‰）	坡度变化最大值（‰）
50	25	25
100	6	3
120	4	2
160	3.3	1.7
200	2	1

接触轨通过绝缘支架安装于轨道道床，一般不存在坡度变化。

3）拉出值

（1）架空接触网

为使受电弓滑板磨耗均匀，在定位点处保证接触线与受电弓滑板中心有一定的偏移量，接触线相对受电弓滑板中心线的偏移量即为拉出值。

柔性架空接触网采用"之"字形平面布置实现受电弓滑板的均匀磨耗。而由于汇流排刚度较大，刚性架空接触网无法实现柔性接触悬挂"之"字形平面布置，刚性架空接触网单个锚段主要以正弦波形以及类"之"字形平面布置。

拉出值的取值是由受电弓滑板的有效工作宽度决定的，取值应小于滑板工作宽度的 1/2，同时考虑受电弓动态包络线及一定的安全余量（一般为 50mm），通常取为 250mm、

300mm。当锚段长度较小时，拉出值应根据全线拉出值斜率一致的原则取合适的值。

刚性架空接触网在道岔区采用无交叉式的非绝缘锚段关节过渡方式。渡线接触网锚段与正线接触网锚段在道岔过渡区通过一定的横向距离平行架设，从而形成一个锚段关节。为防止受电弓通过道岔时发生打弓、钻弓等现象，无论受电弓由正线进入渡线或由渡线进入正线，在始触区范围内都要将正线和渡线上的汇流排布置在受电弓的同一侧，实现平稳过渡。

（2）接触轨

钢铝复合轨中心至轨道中心的距离，由车辆宽度、受电靴滑板尺寸和隧道限界综合确定。

为保证列车安全通过道岔区段，接触轨需设置断轨，断轨的布置应保证车辆受电靴的有效受流，不能出现受流盲区。断轨布置的原则为：正线（直股）接触轨不能侵入岔线的设备限界，岔线（侧股）接触轨不能侵入正线的设备限界。断轨的具体布置方案主要由道岔区限界加宽要求、线间距大小、道岔型号、道岔转辙机位置等确定。断轨间采用电缆连接实现电气连续性。

4）锚段关节/断轨设置

在区间或站场上，为满足供电和机械方面的要求，接触网/接触轨分成若干一定长度且相互独立的分段，这种独立的分段称为锚段，两个相邻锚段衔接部分称为锚段关节。

锚段的设置具有限制事故范围、调节和补偿刚性架空接触网/接触轨的热应力形变、与隔离开关的配合、实现接触网不同供电方式及接触网设备分段检修等功能。锚段关节的作用是保证受电弓平滑地由一个锚段过渡到另一个锚段，且保证受电弓良好受流。锚段关节分为绝缘锚段关节和非绝缘锚段关节。绝缘/非绝缘锚段关节由平行布置的两汇流排组成，当列车行驶速度大于120km/h时，非绝缘锚段关节还可由膨胀接头过渡。

一条线路的接触网/接触轨由若干个锚段组成，从降低投资以及减小关节对弓网关系影响的角度出发，接触网/接触轨应尽量采用较长的锚段。锚段长度应根据环境温度、载流温升、材料线膨胀系数、关节伸缩要求等因素确定。

通常，当刚性架空接触网采用垂直悬挂式时，锚段长度一般为200～250m，最大锚段长度不超过300m。采用水平腕臂悬挂式时，由于汇流排不存在卡滞的情况，若锚段关节采用膨胀接头，则最大锚段长度可取624m；若采用断口式关节，则最大锚段长度可取504m。通常接触轨在隧道内一个锚段长度为90m左右，隧道外露天环境下一个锚段长度取75m左右，距隧道口500m范围内应按露天环境考虑锚段长度。

由于全线接触轨中心线与线路中心线距离一致，通常采用断轨的方式实现接触轨的电气分段。在人防门、防淹门、道岔及车站接触轨换边布置等特殊区段，可利用电缆将两断轨连接实现供电的连续性。

2.2.5 导电体材料特性

1）接触线

作为受电弓的滑道并传输电流，接触线通常采用铜及铜合金接触线，应兼顾机械、电气、材料等方面的要求。接触线应具有抗拉强度高、电阻系数低、耐热性能好、耐磨性能好、制造长度长的综合特性。铜及铜合金接触线性能可参照《电气化铁路用铜及铜合金接触线》（TB/T 2809—2017）的规定。

2）绞线

城市轨道交通接触网系统中，绞线用于悬挂和张拉，并作为导线使用，包括承力索、软横跨定位索/吊索、架空地线、回流线、吊弦及电连接等。绞线通常采用铜合金绞线，应具有抗拉强度高、电阻系数低、耐热性能好、耐腐蚀性能好、制造长度长的综合特性。铜合金绞线性能可参照《电气化铁路用铜及铜合金绞线》（TB/T 3111—2017）的规定。

3）汇流排

汇流排由热处理状态为 T6 的 6101B 铝合金制成，作为架空刚性架空接触网主要的载流通道及接触线的夹持部件，汇流排应兼顾机械、电气、材料等方面的要求，应具有载流能力强，散热性能好，拉伸强度、屈服强度、伸长率、硬度等机械性能优良的特点。汇流排性能可参照《电气化铁路刚性悬挂接触网汇流排及零部件》（TB/T 3252—2022）的规定。

4）钢铝复合轨

钢铝复合轨是用于城市轨道交通的导电装置，由接触面的不锈钢带与轨本体的铝合金型材复合成的一个整体。作为接触轨系统中的载流体及受电靴机械滑道，钢铝复合轨应兼顾机械、电气、材料等方面的要求，应具有电阻系数低、耐磨性能好、耐电化学腐蚀性好、综合力学性能优良、钢铝热膨胀特性相匹配等综合特性。钢铝复合轨性能可参照《城市轨道交通钢铝复合导电轨技术要求》（CJ/T 414—2012）的规定。

2.3 牵引网选型

2.3.1 选型原则

城市轨道交通线路牵引网形式的选择，应从城市规划、景观布局、城市既有轨道交通技术状况、安全防范、经济投资、运营方式以及线路特征、全寿命周期成本等多方面进行考虑，选择适合城市轨道交通线路的牵引网。

牵引网选型应遵循的原则如下：

（1）牵引网系统应具备安全、可靠的性能，满足列车最高行驶速度的运营要求。

（2）牵引网系统应持续地向列车提供电能且具有良好的弓网/靴轨关系。

（3）牵引网系统应满足列车在地下隧道、地面上的运行要求，能保证在当地气候环境条件下正常运行。

（4）牵引网悬挂形式应结构简单，满足隧道净空的安装要求。

（5）牵引网设备及零部件应具有耐腐蚀性好、寿命长、少维修的特点，关键零部件采用强度高、性能好的金属零件。

（6）牵引网设备除与列车有相互作用的设备外，在任何情况下不得侵入设备限界，以确保行车安全。

（7）在达到各项技术要求的同时应充分考虑城市的景观协调。

2.3.2 选型分析

1）运行安全性

在运行安全性方面，架空接触网悬挂安装在车辆上方，带电体远离人群，发生触电事件的可能性小，安全性高；接触轨沿轨道敷设，安装在轨道旁，当轨道旁边有人行走或检修时，发生触电事件的可能性较大，但通过北京、广州、武汉、天津等地接触轨的运行经验来看，在采取必要的安全措施并加强管理情况下，接触轨的安全性也是可以得到保证的。

2）运行可靠性

刚性架空接触网的接触线卡在汇流排内，由于汇流排和接触线无轴向力，断排或断线概率极小，运行可靠性较高。柔性架空接触网由于结构比较复杂，有可能出现钻弓、烧融、不均匀磨耗以及受电弓故障造成的断线故障，所以柔性架空接触网的可靠性稍低。但从国内外运营经验来看，其可靠性还是能够满足列车的安全运行的要求。而接触轨结构简单，基本免维护，本身可靠性较高。

就接触网本身来说，在地下区段架空刚性悬挂与接触轨其运行可靠性是基本相同的。二者主要的区别在于地面或高架区段，架空柔性悬挂由于悬挂线索较多及需要补偿装置等原因，其可靠性在相同条件下比接触轨要低些，但同样能够满足列车运行可靠性的要求。

第 3 章

柔性架空接触网

3.1 柔性架空接触网设计

3.1.1 相关设计标准

（1）《地铁设计规范》（GB 50157）；
（2）《城市轨道交通工程项目规范》（GB 55033）；
（3）《城市轨道交通直流牵引供电系统》（GB/T 10411）；
（4）《铁路电力牵引供电设计规范》（TB 10009）；
（5）《电气化铁路接触网零部件技术条件》（TB/T 2073）；
（6）《电气化铁路接触网零部件试验方法》（TB/T 2074）；
（7）《电气化铁路用铜及铜合金接触线》（TB/T 2809）；
（8）《钢结构设计标准》（GB 50017）；
（9）《建筑结构荷载规范》（GB 50009）。

3.1.2 柔性架空接触网设计计算

1）简单悬挂设计计算

在两点间悬挂一根固定截面的线索，线索在自重和附加负载的作用下，自然形成一条导曲线，导曲线最低点到两悬挂点间的铅垂距离称为弛度。弛度的大小与悬挂点间的距离和线索所受张力的大小有关，且弛度对弓网动态相互作用将产生直接影响。

两悬挂点等高称为等高悬挂（图3-1），两悬挂点不等高则称为不等高悬挂（图3-2）。等高悬挂仅有一个弛度f，不等高悬挂有两个弛度f_1和f_2。不等高悬挂的弛度也可以用斜弛度f'来表示，它是两悬挂点连线与平行于该连线且与导曲线相切的直线之间的铅垂距离。当线索、跨距、张力均相同时，不等高悬挂的斜弛度和等高悬挂的弛度相等。

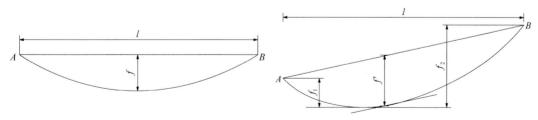

图3-1 等高悬挂及其弛度示意图　　图3-2 不等高悬挂及其弛度示意图

（1）等高悬挂线索弛度和张力计算

在接触线、承力索等线材悬挂计算中，由于线材截面远远小于其长度，材料刚度的影响微乎其微，可以近似地将接触线与承力索看作理想的软线，忽略其刚度。另外，线材的自重负载其实是沿导线长度均匀分布的，但接触线承力索张力通常取值较大，线材弛度较小，可以认为线材自重负载沿跨距均匀分布。

在以上假设基础上对架空导线进行受力分析，如图3-3所示。A、B分别为导线的悬挂点，l为跨距，f为弛度，F_A、F_B分别为悬挂点的垂直分力，T_A、T_B分别为两悬挂点的水平分力，R_A、R_B分别为两悬挂点的合力。

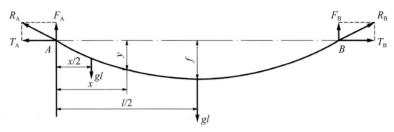

图3-3　简单悬挂受力分析图

由架空导线的力学平衡方程$\sum F_x = 0$、$\sum F_y = 0$和力矩平衡方程$\sum M = 0$可得其曲线方程：

$$y = \frac{gx(l-x)}{2T} \tag{3-1}$$

当$x = l/2$时，$y = y_{\max} = f$，弛度为：

$$f = \frac{gl^2}{8T} \tag{3-2}$$

由式(3-2)可得简单悬挂的水平张力计算式为：

$$T = \frac{gl^2}{8f} \tag{3-3}$$

将式(3-3)代入式(3-1)中可得架空导线曲线方程的另外一种表达形式：

$$y = \frac{4fx(l-x)}{l^2} \tag{3-4}$$

在以上假设条件下，等高悬挂时接触线曲线方程是抛物线方程。在水平均匀分布自重负载下，简单悬挂接触线呈抛物线形状。悬挂线索的张力是沿着线索的切线方向，由于弛度的存在，导致线索的张力并不是常数。在悬挂线索上任取一点（图3-4），结合图3-3与式(3-4)可得该点处倾角的正切为：

$$\tan\theta = \frac{\mathrm{d}y}{\mathrm{d}x} = \frac{4f}{l} - \frac{8fx}{l^2} \tag{3-5}$$

则该点线索张力R为：

$$R = T\sqrt{1 + \tan^2\theta} \tag{3-6}$$

由式(3-5)与式(3-6)可知，两端悬挂点的张力具有最大值，跨距中点处的张力具有最小值。为了充分利用接触线的许可张力及利于受电弓高速受流，要求简单悬挂有较小的弛度。而$4f/l$是一个很小的数，实际工程中通常将其忽略不计。因此，在以上条件下，认为悬挂线索在整个跨距内的张力等于水平张力。

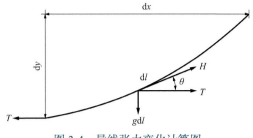

图 3-4 导线张力变化计算图

（2）等高悬挂线索长度计算

架设好的接触线由于在任何温度下均会有弛度，则其实际长度将大于跨距长度。从节约材料和成本的角度出发，应对架空导线的实际长度进行精确计算。

由图 3-4 可得：

$$dl = \sqrt{dx^2 + dy^2} = \sqrt{1 + \left(\frac{dy}{dx}\right)^2} \cdot dx \tag{3-7}$$

由式(3-5)可知：

$$dy = \frac{4f(l-2x)}{l^2} dx \tag{3-8}$$

将式(3-8)代入式(3-7)化简整理得：

$$dl = \sqrt{1 + \frac{16f^2(l-2x)^2}{l^4}} \cdot dx \tag{3-9}$$

采用高斯二项式定理将式(3-9)展开，取前两项得：

$$dl = \left[1 + \frac{8f^2(l-2x)^2}{l^4}\right] dx \tag{3-10}$$

对 dl 在 $(0, l/2)$ 范围内积分，得到半跨内导线长度，所得结果乘以 2 得到一跨内导线长度为：

$$L = l + \frac{8f^2}{3l} \tag{3-11}$$

式中：L——线索实际长度（m）；

f——线索的弛度（m）；

l——两悬挂点间的距离（m）。

（3）不等高悬挂线索弛度和张力计算

当支柱高度不同或线路有坡度时，会导致两悬挂点高度不一样。不等高悬挂的弛度计算有分解法和斜弛度法。分解法将不等高悬挂从悬挂最低点一分为二，将不等高悬挂看成两个等高悬挂各取一半的叠加，然后应用等高悬挂弛度计算方法计算不等高悬挂的弛度；斜弛度法是直接求不等高悬挂的斜弛度。以下采用分解法对不等高悬挂线索弛度进行计算，不等高悬挂受力分析如图 3-5 所示。

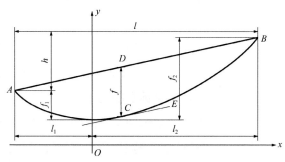

图 3-5 不等高悬挂受力分析图

在图 3-5 中，O 点左侧部分是跨距为 $2l_1$ 等高悬挂的一半，弛度为 f_1，由式(3-2)可得：

$$f_1 = \frac{gl_1^2}{2T} \tag{3-12}$$

同理可得 O 点右侧部分弛度 f_2 为：

$$f_2 = \frac{gl_2^2}{2T} \tag{3-13}$$

两悬挂点高差为：

$$h = f_2 - f_1 = \frac{gl}{2T}(l_2 - l_1) \tag{3-14}$$

又因为 $l = l_1 + l_2$，则有：

$$\begin{cases} l_1 = \dfrac{l}{2} - \dfrac{Th}{gl} \\ l_2 = \dfrac{l}{2} + \dfrac{Th}{gl} \end{cases} \tag{3-15}$$

将式(3-15)代入式(3-12)和式(3-13)，化简可得：

$$f_1 = f\left(1 - \frac{h}{4f}\right)^2 \tag{3-16}$$

$$f_2 = f\left(1 + \frac{h}{4f}\right)^2 \tag{3-17}$$

而采用斜弛度法可直接计算出斜弛度，可以发现不等高悬挂的斜弛度在线索、张力、跨距相同时等于等高悬挂的弛度。

（4）不等高悬挂张力差

当采用不等高悬挂时，悬挂线索在悬挂点处的张力将产生差异，如图 3-5 所示。为了研究问题，将坐标原点 O 取于 B 点。根据任意点 D 列出力矩平衡方程，可得：

$$y = \frac{h}{l}x + \frac{1}{T}\left(\frac{1}{2}glx - \frac{g}{2}x^2\right) \tag{3-18}$$

由于不等高悬挂斜弛度与相同悬挂条件下等高悬挂弛度相等，将式(3-2)代入式(3-18)得到不等高悬挂的曲线方程为：

$$y = \frac{h}{l}x + \frac{4F \cdot x(l-x)}{l^2} \tag{3-19}$$

由式(3-19)可得任意点D倾角的正切为：

$$\tan\theta = \frac{dy}{dx} = \frac{h}{l} + \frac{4F}{l} - 8F\frac{x}{l^2} \tag{3-20}$$

则线索在任意点处的实际张力为：

$$R = \frac{T}{\cos\theta} = T\sqrt{1+\tan^2\theta} = T\sqrt{1+\left(\frac{h}{l}+\frac{4F}{l}-8F\frac{x}{l^2}\right)^2} \tag{3-21}$$

将$x=l$和$x=0$分别代入式(3-21)，可得线索在两悬挂点处实际张力分别为：

$$\begin{cases} R_A = T\sqrt{1+\left(\frac{h}{l}-\frac{4F}{l}\right)^2} \\ R_B = T\sqrt{1+\left(\frac{h}{l}+\frac{4F}{l}\right)^2} \end{cases} \tag{3-22}$$

由式(3-22)可知，不等高悬挂两悬挂点之间存在张力差，且随两悬挂点高差呈正相关。当两悬挂点高差达到一定值时，低悬挂点处的合力方向将向上，该向上的合力称为上拔力。经相关推导，简单悬挂低悬挂点产生上拔力的条件为：

$$4f < h \tag{3-23}$$

此时悬挂线索的最低点不在跨距内，低悬挂点将产生上拔力。

对于链形悬挂，上拔力产生的条件为：

$$l < \sqrt{\frac{2Z_x h}{W_x}} \tag{3-24}$$

式中：h——悬挂点高差（m）；

l——跨距（m）；

Z_x——链形悬挂换算张力（kN）；

W_x——链形悬挂换算负载（kN/m）。

低悬挂点处的上拔力对接触网支持结构的稳定极为不利。若验算出现上拔力，可通过增大跨距或降低两悬挂点高差来予以消除。

（5）不等高悬挂线索长度计算

若已知不等高悬挂跨距l，斜弛度f以及高差h时，将式(3-19)代入式(3-7)，并求积分可得线索实际长度为：

$$L = l + \frac{8f^2}{3l} + \frac{h^2}{2l} \tag{3-25}$$

若已知悬挂线索的最大弛度分别为f_1和f_2，由悬挂最低点到两悬挂点水平距离分别为l_1和l_2，则线索实际长度为：

$$L = l + \frac{2}{3}\left(\frac{f_1^2}{l_1} + \frac{f_2^2}{l_2}\right) \tag{3-26}$$

以上计算均在接触线自重负载沿跨距均匀分布的前提下采用抛物线法得出，在弛度不大于跨距10%时，所得计算结果和实际误差很小，否则应采用悬链线法进行相关公式推导。

2）简单链形悬挂设计计算

在城市轨道交通中，采用柔性架空接触网的正线通常采用全补偿简单链形悬挂。接触网采用链形悬挂时，弓网动态相互作用性能更优，有利于列车的高速行驶。

由于链形悬挂中承力索、接触线和吊弦三者间存在非常复杂的力学关系，为了简化分析，对链形悬挂理论分析模型做如下假设：

①接触悬挂中不考虑集中荷载，负荷沿跨距均匀分布。

②接触线和承力索在锚段两端均为硬锚。

③风对接触线带来的水平负载全部由定位器传给支柱，不考虑其对承力索的影响，且吊弦仅将接触线的垂直负载传给承力索。

④由于定位点与相邻第一根吊弦点较近，忽略其弛度变化量，首末两根吊弦间的接触线平行升降。

在以上假设的基础上，可作出半个跨距链形悬挂计算模型，如图3-6所示。

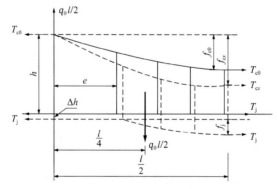

图3-6 链形悬挂简化计算模型

（1）链形悬挂结构系数

当温度变化后，链形悬挂承力索的弛度会发生变化，假设承力索弛度变化前后分别为f_{c0}和f_{cx}，则承力索弛度变化所带来接触线弛度变化量为：

$$f = \varphi(f_{cx} - f_{c0}) \tag{3-27}$$

其中，φ为链形悬挂结构系数，其表达式为：

$$\varphi = \frac{(l-2e)^2}{l^2} \tag{3-28}$$

式中：l——跨距长度（m）；

e——链形悬挂中第一根吊弦距离定位点的水平距离（m）。

接触线的弛度为：

$$f = (f_{cx} - f_{c0}) - \Delta h \tag{3-29}$$

将式(3-27)代入式(3-29)可得接触线在定位点处高差Δh为：

$$\Delta h = (1 - \varphi)(f_{cx} - f_{c0}) \tag{3-30}$$

链形悬挂结构系数具有重要的理论意义和工程意义，表明了定位点附近第一吊弦位置与跨距的关系，反映了接触线弛度受承力索弛度变化量的影响程度。工程实际中，可通过改变结构系数来调整链形悬挂的结构特性，改变承力索对接触线弛度的影响程度。

（2）链形悬挂的弛度计算

以图3-6为例进行分析，以承力索悬挂点为中心列力矩平衡方程：

$$T_{cx}f_{cx} - \frac{q_x l^2}{8} + T_j(h + f) - T_j h = 0 \tag{3-31}$$

将式(3-27)代入式(3-31)，消去f后整理得：

$$f_{cx}(T_{cx} + T_j\varphi) = \frac{l^2}{8}\left(q_x + q_0 \frac{\varphi T_j}{T_{c0}}\right) \tag{3-32}$$

式中：f_{cx}——承力索弛度（m）；

T_{cx}——任意温度时，承力索张力（kN）；

T_{c0}——接触线无弛度时，承力索张力（kN）；

q_x——任意温度时，链形悬挂合成负载（kN/m）；

q_0——接触线无弛度时，链形悬挂合成负载（kN/m）；

T_j——接触线张力（kN）。

为便于计算，令：

$$W_x = q_x + q_0 \frac{\varphi T_j}{T_{c0}} \tag{3-33}$$

$$Z_x = T_{cx} + \varphi T_j \tag{3-34}$$

式中：W_x——链形悬挂的换算负载（kN/m）；

Z_x——链形悬挂的换算张力（kN）。

则式(3-30)可改写为：

$$f_{cx} = \frac{W_x l^2}{8Z_x} \tag{3-35}$$

接触线处于无弛度状态时，$T_{cx} = T_{c0}$，代入式(3-30)并化简整理得接触线无弛度时承力索的弛度为：

$$f_{c0} = \frac{q_0 l^2}{8T_{c0}} \tag{3-36}$$

（3）半补偿链形悬挂安装曲线

①半补偿链形悬挂的状态方程：由于半补偿链形悬挂中，接触线张力不受温度的影响，

且引入了换算张力和换算负载的概念，整个链形悬挂相当于只有一条承力索的简单悬挂，只分析承力索张力与温度之间的对应关系。由推导简单悬挂状态方程的方法可得半补偿简单链形悬挂状态方程见式(3-37)。式中凡是已知的起始情况，符号字母的下标均用"1"表示，凡是待求情况，符号下标均用"x"表示。

$$\frac{W_x^2 l_D^2}{24 Z_x^2} - \frac{W_1^2 l_D^2}{24 Z_1^2} = \alpha(t_x - t_1) + \frac{Z_x - Z_1}{ES} \tag{3-37}$$

式中：E——承力索的弹性模量（MPa）；
　　　α——承力索的线膨胀系数（1/℃）；
　　　S——承力索的横截面积（mm²）；
　　　t——温度（℃）；
　　　W——线索单位长度负载（N/m）；
　　　Z——线索的张力（kN）；
　　　l_D——当量跨距（m）。

因 $Z_1 = T_{c1} + \varphi T_j, Z_x = T_{cx} + \varphi T_j$，故 $Z_x - Z_1 = T_{cx} - T_{c1}$。将 t_x 移到等号左边，整理后得：

$$t_x = \left(t_1 - \frac{W_1^2 l_D^2}{24\alpha Z_1^2} + \frac{T_{C1}}{\alpha ES} \right) + \frac{W_x^2 l_D^2}{24\alpha Z_x^2} - \frac{T_{cx}}{\alpha ES} \tag{3-38}$$

② 起始条件的确定：由于链形悬挂较简单悬挂而言增加了承力索和吊弦，其单位负载增大了许多，承力索张力的大小主要取决于单位负载量，临界跨距作为状态方程的起始条件的判据已经不再合理。因此，引入临界负载作为链形悬挂状态方程起始条件的判据，临界负载 q_{lj} 是承力索在覆冰或者最低温度时，张力达到最大值时的假设合成负载。

根据临界负载的定义，取最低温 t_{min} 为起始状态，最大覆冰为待求状态（用下标"b"表示覆冰），则有：

$$\begin{cases} t_1 = t_{min} \\ W_1 = W_{tmin} = q_0 \left(1 + \frac{\varphi T_j}{T_{c0}} \right) \\ Z_1 = Z_{tmin} = T_{cmax} + \varphi T_j \end{cases} \tag{3-39}$$

$$\begin{cases} t_x = t_b \\ W_x = W_b = q_{lj} + q_0 \frac{\varphi T_j}{T_{c0}} \\ Z_x = Z_b = T_{cmax} + \varphi T_j \end{cases} \tag{3-40}$$

其中，$T_{cb} = T_{ctmin} = T_{cmax}, Z_b = Z_{tmin} = Z_{max}$。

代入状态方程后得：

$$q_{lj} = -q_0 \frac{\varphi T_j}{T_{c0}} + \sqrt{\frac{24\alpha Z_{max}^2 (t_b - t_{min})}{l_D^2} + W_{tmin}^2} \tag{3-41}$$

由上式计算出临界负载 q_{lj} 后，将 q_{lj} 与链形悬挂最大合成负载 q_{max} 相比较，以此判定状态方程的起始条件：当$q_{max} < q_{lj}$时，选最低温度t_{min}作为起始状态；当$q_{max} > q_{lj}$时，选取最大的附加负载作为起始条件，若覆冰时附加负载最大，则选取t_b作为起始状态，若最大风时附加负载最大，则选取最大风速时的温度t_{vmax}作为起始状态；当$q_{max} = q_{lj}$时，任选最低温度t_{min}或者最大附加负载t_b、t_{vmax}作为起始状态。

③T_{c0}值的计算：在计算临界负载q_{lj}时，接触线无弛度时承力索张力T_{c0}还属于未知数，利用状态方程确定起始条件前必须先确定T_{c0}的值。计算T_{c0}值有经验取值法、渐进法以及状态方程法三种方法。

a.经验取值法：若某接触网工程精度要求不高，可采用经验取值法确定T_{c0}的值。

$$T_{c0} = \eta T_{cmax} \tag{3-42}$$

式中：η——经验系数，采用铜承力索时取为0.75，采用钢承力索时取为0.8；

T_{cmax}——承力索最大允许使用张力（kN）。

由经验取值法计算出的T_{c0}值，存在2%以内的误差。

b.渐进法：状态方程中，将最低温度或者覆冰时对应的状态为起始状态，以接触线无弛度时的状态为待求状态，可写出t_0与T_{c0}的对应关系。

若选取最低温状态为起始条件，则有：

$$\begin{cases} t_1 = t_{min}, \ W_1 = q_0\left(1 + \dfrac{\varphi T_j}{T_{c0}}\right), \ Z_1 = Z_{max} = T_{cmax} + \varphi T_j \\ t_x = t_0, \ W_x = q_0 + q_0\dfrac{\varphi T_j}{T_{c0}}, \ Z_x = T_{c0} + \varphi T_j \end{cases} \tag{3-43}$$

若选取覆冰状态为起始条件，则有：

$$\begin{cases} t_1 = t_b, \ W_1 = q_b + q_0\dfrac{\varphi T_j}{T_{c0}}, \ Z_1 = Z_{max} = T_{cmax} + \varphi T_j \\ t_x = t_0, \ W_x = q_0 + q_0\dfrac{\varphi T_j}{T_{c0}}, \ Z_x = T_{c0} + \varphi T_j \end{cases} \tag{3-44}$$

将上述条件代入状态方程得到t_0与T_{c0}的对应关系式。通过假设T_{c0}的值求得对应的t_0值，将求得的t_0值与已知t_0值相比较，重复该步骤，直到t_0计算结果与已知的t_0值相等或者非常接近为止。然后将求得的T_{c0}值代入状态方程，可求出临界负载q_{lj}。

最后需对所假设的起始条件进行校验。当假设最低温度为起始状态时，若$q_{max} < q_{lj}$，表明假定的起始条件正确，计算结果与假设条件吻合，T_{c0}值计算有效；当假设覆冰为起始状态时，若$q_{max} > q_{lj}$，T_{c0}值计算有效。若假设起始状态不满足对应的条件，则应重新假设起始条件进行计算。

c.状态方程法：将最低温状态作为起始条件，接触线无弛度时状态为待求状态，将相关表达式代入式(3-35)，得一个关于T_{c0}的三次方程。

$$T_{c0}^3 + AT_{c0}^2 + BT_{c0} + C = 0 \tag{3-45}$$

其中：
$$\begin{cases} A = \alpha ES(t_0 - t_1) + \dfrac{q_1^2 l_D^2 ES}{24(T_{cmax} + \varphi T_j)^2} - T_{cmax} \\ B = \dfrac{q_1 q_0 \varphi T_j l_D^2 ES}{12(T_{cmax} + \varphi T_j)^2} \\ C = \dfrac{q_0^2 l_D^2 ES}{24}\left[\dfrac{\varphi^2 T_j^2}{(T_{cmax} + \varphi T_j)^2} - 1\right] \end{cases}$$

通过求解该三次方程，可得T_{c0}精确解。

④起始条件校验：由于状态方程的起始条件是通过比较临界负载与链形悬挂的最大合成负载得到的，为了确保接触网在最恶劣气象条件下的可靠性，必须考虑承力索所有可能产生最大张力的情况，应对所得起始条件进行相应的校验。

a. 当起始条件为最低温度时，应对最大风速以及覆冰状态时的承力索张力进行校验；

b. 当起始条件为覆冰时，应对最大风速状态下承力索张力进行校验；

c. 当起始条件为最大风速时，应对覆冰状态下承力索张力进行校验；

d. 若在最低温条件下，悬挂线索无附加负载，则不用进行相关校验。

若校验所得承力索最大张力在某种情况下超过了最大许用张力，则应重新选择起始条件。

⑤安装曲线的绘制：半补偿链形悬挂中，承力索的张力和弛度均会受到温度的影响，接触线的张力不随温度发生变化，但弛度和在定位点的高度受承力索的影响。承力索应进行张力—温度和弛度—温度安装曲线的计算，考虑到施工实际情况，还应对有载和无载承力索的张力以及弛度进行研究。

a. 有载承力索的张力—温度曲线：可由链形悬挂状态方程式(3-36)绘制。

b. 有载承力索的弛度—温度曲线：将不同张力T_{cx}所对应的t_x值同时代入式(3-30)可得对应的弛度f_{cx}，进而绘制弛度—温度曲线。其中t_0、T_{c0}对应的点是必算点，该点对应弛度为f_{c0}。

c. 无载承力索的张力—温度曲线：将接触线无弛度时的状态作为起始状态，承力索在温度t_0时的状态作为待求状态。

$$\begin{cases} t_1 = t_0, \ q_{c1} = q_0, \ T_{c1} = T_{c0} \\ t_x = t_0, \ q_x = g_c, \ T_{cx} = T_{cw0} \end{cases} \tag{3-46}$$

将上述条件代入状态方程(3-36)，可得无载承力索的状态方程：

$$t_0 = \left(t_0 - \dfrac{q_0^2 l_D^2}{24\alpha T_{c0}^2} + \dfrac{T_{c0}}{\alpha ES}\right) + \dfrac{g_c^2 l_D^2}{24 T_{cw0}^2} - \dfrac{T_{cw0}}{\alpha ES} \tag{3-47}$$

式(3-47)可求出无载承力索在t_0时的张力T_{cw0}，将其与无载承力索在t_0时的单位负载一

起作为起始条件,将无载承力索在任意温度下的状态作为待求条件,代入状态方程,得:

$$t_x = \left(t_0 - \frac{g_c^2 l_D^2}{24\alpha T_{cw0}^2} + \frac{T_{cw0}}{\alpha ES}\right) + \frac{g_{cx}^2 l_D^2}{24\alpha T_{cwx}^2} - \frac{T_{cwx}}{\alpha ES} \tag{3-48}$$

以上式中:T_{cw0}——无载承力索在t_0时的张力(kN);

T_{cwx}——无载承力索在任意温度时的张力(kN);

g_c——无载承力索在t_0时的单位负载(kN/m);

g_{cx}——无载承力索在任意温度时的单位负载(kN/m)。

由式(3-45)可绘制无载承力索张力—温度曲线。

d. 无载承力索的弛度—温度曲线可结合$F_{cwx} = (g_c l_i^2)/(8T_{cwz})$与式(3-45)绘制。

e. 接触线弛度—温度曲线可在承力索弛度—温度曲线的基础上绘制而成。

f. 定位点处接触线高度变化曲线可在承力索弛度—温度曲线的基础上绘制而成。

(4)全补偿链形悬挂安装曲线

全补偿链形悬挂接触线和承力索的张力均不受温度的影响。由状态方程可知,当承力索和接触线的张力不变时,承力索的弛度可认为与温度无关。但是存在附加负载比如冰负载时,承力索张力虽然不发生变化,但是弛度会发生变化。因此全补偿链形悬挂主要考虑负载对线索弛度的影响。

① 无附加负载时承力索弛度:无附加负载作用时,接触线处于无弛度状态,此时承力索弛度计算式见式(3-49)。

$$f_{c0} = \frac{W_0 l_i^2}{8Z} = \frac{q_0 l_i^2}{8T_c} \tag{3-49}$$

式中:W_0——无附加负载时的换算负载(kN/m),$W_0 = q_0\left(1 + \frac{\varphi T_j}{T_c}\right)$;

Z——换算张力(kN),$Z = T_c + \varphi T_j$;

T_c——承力索补偿张力(kN);

T_j——接触线补偿张力(kN);

l_i——跨距(m);

q_0——无附加负载时的单位合成负载(kN/m)。

② 有附加负载时承力索弛度:附加负载主要指风负载和覆冰负载,风负载主要使线索产生横向偏移,覆冰负载时线索产生垂向位移,因此主要考虑覆冰负载对承力索所产生的弛度影响。

$$F_{cb} = \frac{W_b l_i^2}{8Z} \tag{3-50}$$

式中:W_b——覆冰时悬挂的换算负载(kN/m),$W_b = q_b + q_0\frac{\varphi T_j}{T_c}$;

q_b——覆冰时的单位合成负载（kN/m）。

③接触线的弛度和定位点高度变化曲线：接触线的高度和弛度会受到承力索弛度的影响，承力索覆冰后忽略风负载对接触线的影响，根据式(3-20)可得式(3-51)和式(3-52)。

$$\Delta h = (1-\varphi)\frac{(g_{cb}+g_{jb})l^2}{8(T_c+\varphi T_j)} \tag{3-51}$$

$$f = \varphi\frac{(g_{cb}+g_{jb})l^2}{8(T_c+\varphi T_j)} \tag{3-52}$$

式中：g_{cb}——承力索单位冰负载（kN/m）；

g_{jb}——接触线单位冰负载（kN/m）。

3）接触线受风偏移及跨距长度计算

跨距是两个相邻悬挂点间的距离，跨距的取值与接触网的自振频率、受电弓自振频率以及列车运行速度间存在某些关系。跨距的取值涉及经济技术两个方面，仅从经济方面考察投资的跨距为经济跨距，保证弓网良好授流的跨距为技术跨距，通常经济跨距大于技术跨距。

合理的跨距取值是弓网授流理论和接触网工程设计的重要内容之一。跨距的确定通常应从接触悬挂的类型、线材、接触线承力索张力及拉出值、基本运行时风速大小、受电弓弓头尺寸及列车横向偏移等方面进行综合考虑。

正常情况下，应考虑预期车辆运行和给定最大风偏后，选用能确保接触线不离开受电弓滑板有效工作范围的跨距，该跨距称为最大许可跨距。为保证接触线不超过受电弓滑板允许的工作范围，应对最大许可跨距进行风偏移校验。

目前尚未掌握接触网线索受到风吹后的运动规律，为了简化计算，假设跨距两端牢固固定，即不考虑补偿器的补偿作用，同时认为在受风以后，导线内的张力变大，而不考虑张力变大后导线的弹性伸长。基于以上假设，可得出架空导线的风偏移计算模型，如图3-7所示。

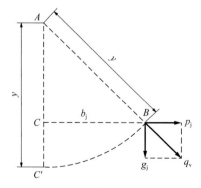

图3-7 悬挂线索风偏移计算模型

图 3-7 表示的是简单悬挂接触线在跨距内任一点受水平风载的横断面，接触线在水平风负载p_j和垂直负载g_j以及悬挂点支持力作用下，由C点移动到B点，并在B点处于平衡状态。根据相似三角形定理，有：

$$\frac{b_j}{y} = \frac{p_j}{q_v} \tag{3-53}$$

式中：b_j——水平偏移值（m）；

p_j——接触线水平风负载（N/m）；

q_v——接触线合成风负载（N/m）。

由导曲线方程(3-1)可得：

$$y = \frac{q_v x(l-x)}{2T_j} \tag{3-54}$$

将上式代入式(3-53)，当$x = l/2$时，最大水平偏移值为：

$$b_{jmax} = \frac{p_j l^2}{8T_j} \tag{3-55}$$

（1）简单悬挂受风偏移和最大允许跨距

在直线区段，导线任一点相对于受电弓中心的偏移由两部分组成，一部分由"之"字值贡献，另外一部分由风负载贡献。

①等"之"字值布置接触线受风偏移：直线区段接触线等"之"字值布置如图 3-8 所示。

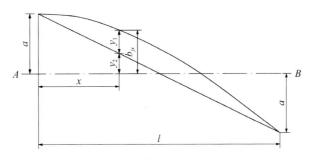

图 3-8 直线区段等"之"字值风偏分析

接触线跨中任一点相对于受电弓中心偏移值b_{jx}由y_1和y_2组成，y_1是基本风偏，y_2是"之"字布置带来的偏移，即：

$$b_{jx} = y_1 + y_2 = \frac{p_j x(l-x)}{2T_j} + \frac{a(l-2x)}{l} \tag{3-56}$$

令$\frac{d(b_{jx})}{dx} = 0$，求得：

$$x = \frac{l}{2} - \frac{2aT_j}{p_j l} \tag{3-57}$$

将式(3-57)代入式(3-56)，化简整理得：

$$b_{j\max} = \frac{p_j l^2}{8T_j} + \frac{2a^2 T_j}{p_j l^2} \tag{3-58}$$

若考虑支柱受风负载后的挠度变化，即接触线水平面处支柱的受风偏移为γ_j，则接触线的最大风偏移值为：

$$b_{j\max} = \frac{p_j l^2}{8T_j} + \frac{2a^2 T_j}{p_j l^2} + \gamma_j \tag{3-59}$$

接触线处于最大风偏移值时对应的跨距即为最大许可跨距，由式(3-59)可直接求得最大许可跨距$l_{\max}$为：

$$l_{\max} = 2\sqrt{\frac{T_j}{p_j}\left[(b_{j\max} - \gamma_j) + \sqrt{(b_{j\max} - \gamma_j)^2 - a^2}\right]} \tag{3-60}$$

以上式中：p_j——接触线单位风负载（N/m）；

l——跨距（m）；

T_j——接触线补偿张力（N）；

γ_j——定位点支柱受风偏移（m），一般情况下钢筋混凝土支柱取 0.02m，钢支柱取 0.03m，H 形钢支柱取 0.05m；

a——拉出值（mm）。

②不等"之"字值布置接触线受风偏移：直线区段接触线不等"之"字值布置如图 3-9 所示。

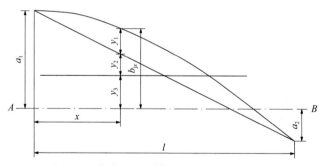

图 3-9 直线区段不等"之"字值风偏分析

接触线跨中任一点相对于受电弓中心偏移值b_{jx}由y_1、y_2以及y_3组成，其中y_1和y_2意义同等"之"字值布置，y_3是两定位点"之"字值的绝对值差，即：

$$b_{jx} = y_1 + y_2 + y_3 = \frac{p_j x(l-x)}{2T_j} + \frac{(a_1 + a_2)(l - 2x)}{2l} + \frac{a_1 - a_2}{2} \tag{3-61}$$

令$\frac{d(b_{jx})}{dx} = 0$，求得x后代入式(3-61)，并考虑支柱受风偏移，得接触线最大受风偏移为：

$$b_{j\max} = \frac{p_j l^2}{8T_j} + \frac{(a_1 + a_2)^2 T_j}{2p_j l^2} + \frac{a_1 - a_2}{2} + \gamma_j \tag{3-62}$$

由式(3-62)可直接求得最大许可跨距：

$$l_{\max} = 2\sqrt{\frac{T_j}{p_j}\left[(b_{j\max} - \gamma_j) + \sqrt{(b_{j\max} - \gamma_j)^2 - \left(\frac{a_1 + a_2}{2}\right)^2}\right]} \tag{3-63}$$

③圆曲线区段接触线受风偏移：接触线在曲线区段上布置成割线的形式，受到风负载作用后，接触线相对于受电弓中心偏移如图3-10所示。

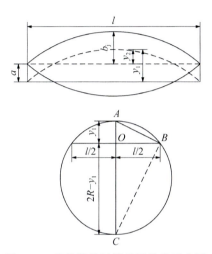

图 3-10　曲线段接触线受风偏移示意图

由图 3-10 可知，$\triangle AOB \sim \triangle BOC$，可得：

$$y_1 \cdot (2R - y_1) = l^2/4 \tag{3-64}$$

由于 $2R \gg y_1$，所以可得：

$$y_1 \approx \frac{l^2}{8R} \tag{3-65}$$

无风时，接触线相对于受电弓中心的偏移值为：

$$y_2 = y_1 - a = \frac{l^2}{8R} - a \tag{3-66}$$

有风时，接触线相对于受电弓中心的偏移值为：

$$b_j = \frac{p_j l^2}{8T_j} \pm y_2 \tag{3-67}$$

式(3-67)中，当风吹向曲线内侧时取"+"，接触线与受电弓相离，此时出现最不利情况；当风吹向曲线外侧时取"−"，接触线与受电弓相割。

在最不利情况下同时考虑支柱受风偏移，接触线相对于受电弓最大偏移值为：

$$b_{j\max} = \frac{p_j l^2}{8T_j} + \frac{l^2}{8R} - a + \gamma_j \tag{3-68}$$

根据式(3-68)，解出曲线区段上的最大许可跨距值为：

$$l_{\max} = 2\sqrt{\frac{2T_j}{p_j + \frac{T_j}{R}}(b_{jx} - \gamma_j + a)} \qquad (3\text{-}69)$$

（2）链形悬挂受风偏移和最大允许跨距

链形悬挂接触线的受风偏移取决于许多因素，主要取决于链形悬挂的结构形式、线材参数、接触线和承力索的受力状态、风负载以及接触线拉出值等。然而链形悬挂在风负载作用下是处于动态的，而且承力索和接触线是通过吊弦相互作用的，要精确计算其动态下的相互作用是困难的。

我国主要利用当量理论法和平均法对链形悬挂受风偏移进行计算。当量理论计算公式的意义是：把链形悬挂接触线和承力索通过吊弦的连接看成是一个整体，当量地认为是一个简单悬挂。在计算公式中，仅在简单悬挂风偏移计算公式中的 p_j 旁乘以一个当量系数 m（m 值小于 1）。考虑到吊弦对接触线的偏移施加了一个与风向相反的作用力，链形悬挂的接触线的风偏移比简单悬挂风偏移要小。经过大量计算确定采用铜接触线时，m 取 0.9。

链形悬挂接触线受风偏移当量理论计算公式为：

①直线区段，等"之"字值布置接触线最大风偏移和最大可能跨距为：

$$b_{j\max} = \frac{mp_j l^2}{8T_j} + \frac{2a^2 T_j}{mp_j l^2} + \gamma_j \qquad (3\text{-}70)$$

$$l_{\max} = 2\sqrt{\frac{T_j}{mp_j}\left[(b_{j\max} - \gamma_j) + \sqrt{(b_{j\max} - \gamma_j)^2 - a^2}\right]} \qquad (3\text{-}71)$$

②直线区段，不等"之"字值布置接触线最大风偏移和最大可能跨距为：

$$b_{j\max} = \frac{mp_j l^2}{8T_j} + \frac{(a_1 + a_2)^2 T_j}{2mp_j l^2} + \frac{a_1 - a_2}{2} + \gamma_j \qquad (3\text{-}72)$$

$$l_{\max} = 2\sqrt{\frac{T_j}{mp_j}\left[(b_{j\max} - \gamma_j) + \sqrt{(b_{j\max} - \gamma_j)^2 - \left(\frac{a_1 + a_2}{2}\right)^2}\right]} \qquad (3\text{-}73)$$

③曲线区段接触线最大风偏移和最大可能跨距为：

$$b_{j\max} = \frac{mp_j l^2}{8T_j} + \frac{l^2}{8R} - a + \gamma_j \qquad (3\text{-}74)$$

$$l_{\max} = 2\sqrt{\frac{2T_j}{mp_j + \frac{T_j}{R}}(b_{jx} - \gamma_j + a)} \qquad (3\text{-}75)$$

接触网跨距除根据风偏移计算确定外，还应考虑接触线弛度、接触悬挂弹性等因素。全补偿链形悬挂最大跨距一般不大于 50m，弹性补偿简单悬挂最大跨距一般不大于 45m。

4）支柱荷载计算

支柱的负载是支柱在工作状态下所承受的垂直负载和水平负载的统称。支柱负载越大，支柱基底面所受的弯矩也越大。支柱的负载计算就是计算基底面可能出现的最大弯矩值，其目的是根据计算结果来选择适当容量的支柱。

支柱的最大弯矩，除了与支柱所在的位置、支柱类型、接触悬挂类型、线索悬挂高度、支柱跨距及支柱侧面限界有关外，还与计算气象条件有直接关系。最大弯矩可能出现在最大风速、最大附加负载或最低温度时。在计算最大弯矩时，一般应对三种气象条件进行计算，取其中最大值作为选择支柱容量的依据。一般来说，支柱的最大计算弯矩多发生在最大风速及最大覆冰负载时。

（1）垂直负载

①悬挂结构自重负载Q_0：悬挂结构自重包括支持装置、定位装置、绝缘部件及其他相应悬挂零件的重量。在覆冰时，还应包括冰重。

②链形悬挂自重负载Q_g：链形悬挂自重包括承力索及接触线的重量；在覆冰时，还应包括覆冰负载。

$$Q_g = nq_0 l + ng_{b0} l \tag{3-76}$$

式中：n——悬挂数目；

q_0——链形悬挂单位长度自重负载（kN/m）；

g_{b0}——链形悬挂单位长度覆冰负载（kN/m）；

l——跨距长度（m）。

（2）水平负载

①支柱本身风负载

$$P = 0.615 \times 10^{-3} K \cdot v^2 \cdot S_Z \tag{3-77}$$

式中：S_Z——支柱受风面积（m²）；

v——设计计算风速（m/s）；

K——风载体型系数，与支柱的形状有关。

②线索传给支柱的风负载：线索传给支柱的风负载包括接触线风负载p_j，承力索风负载p_c以附加导线风负载p_f。计算公式见式(3-78)。

$$P = 0.615 \times 10^{-6} K\alpha v^2 dl \tag{3-78}$$

式中：l——跨距长度(m)，其实际长度为支柱所在两侧跨距长度的一半，为简化计算，在直线区段取跨距最大值，在曲线区段取最大跨距允许值；

d——线索直径（mm）；

α——风速不均匀系数，按表3-1取值；

K——风载体型系数，按表3-2取值。

风速不均匀系数 α　　　　表3-1

计算风速（m/s）	≤20	20～30	31～35	≥35
α	1.00	0.85	0.75	0.70

风载体型系数 K 表 3-2

项次	类别	断面类型	体型系数K
1	混凝土支柱	环形断面	0.6
2		矩形或工字形断面	1.3
3	实腹式钢柱	环形断面	0.9
4		H 形断面	1.3
5	格构式钢柱	由角钢组成的矩形断面	$\phi \cdot 1.3 \cdot (1+\eta)$
6		由钢管组成的矩形断面	0.8
7	格构式横梁	由角钢组成的矩形断面	$\phi \cdot 1.3 \cdot (1+\eta)$
8		由钢管组成的三角形断面	0.58
9	线索	链形悬挂	1.25
10		简单悬挂	1.2

注：η 为空间桁架背风面的风载降低系数，ϕ 为桁架挡风系数。

③曲线形成的水平分力：如图 3-11 所示，在曲线区段线索呈折线布置，在支柱点处因线索改变方向而产生指向曲线内侧的水平分力 P_R，通常简称为曲线水平分力；在图 3-11 中，线索张力为 T，线路半径为 R，定位点 A 点拉出值为 a，相邻跨跨距为 l_1、l_2。

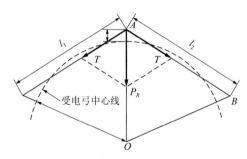

图 3-11 曲线形成的水平分力

$$\frac{AD}{AC} = \frac{AB}{OB} \tag{3-79}$$

即：

$$\frac{P_R}{T} = \frac{l}{R+a} \approx \frac{1}{R} \tag{3-80}$$

所以因曲线形成的水平分力为：

$$P_R = T\frac{l}{R} \tag{3-81}$$

当支柱两侧跨距值不相等时，则：

$$P_R = T\left(\frac{l_1}{2R} + \frac{l_2}{2R}\right) \tag{3-82}$$

④ "之"字值形成的水平分力：直线区段的接触线采用之字形布置方式，因而会产生水平分力，简称"之"字力，如图 3-12 所示。

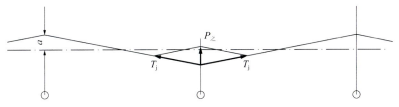

图 3-12　接触线之字形布置

由图 3-12 可知，接触线和线路轴心线的夹角α很小，所以 $\sin\alpha \approx \tan\alpha$，$\tan\alpha$ 为：

$$\tan\alpha = \frac{a}{l/2} = \frac{2a}{l} \tag{3-83}$$

在支柱两侧的跨距，均以最大跨距考虑，对支柱形成的"之"字力为：

$$P_之 = \pm 2T_j \sin\alpha = \pm 4T_j \frac{a}{l} \tag{3-84}$$

⑤下锚分力：接触线或承力索下锚时，下锚支由于改变方向，将对转换柱产生水平分力。同侧下锚、异侧下锚、非绝缘转换柱下锚、绝缘转换柱下锚，下锚分力的计算方法不同。

a. 直线区段上的下锚水平分力：直线上转换支柱的下锚水平分力如图 3-13 所示。由于直线区段上跨距很大，定位点与下锚柱之间横向距离 $B_1(B_2)$ 值相对很小，其锚支水平分力 R_M 可以用求"之"字水平力的方法确定。

$$R_M = \pm T \tan\alpha = \pm T \frac{B}{l} \tag{3-85}$$

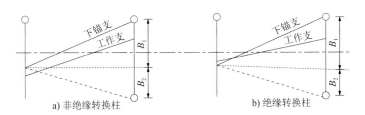

图 3-13　下锚支的水平分力

若为同侧下锚，转换支柱所受的下锚水平分力为：

$$R_{M1} = -T \frac{B_1}{l} \tag{3-86}$$

若为异侧下锚，转换支柱所受的下锚水平分力为：

$$R_{M2} = T \frac{B_2}{l} \tag{3-87}$$

式(3-86)与式(3-87)中，B_1 及 B_2 的取值视锚段关节的类型而异。

对于非绝缘转换支柱：

$$B_1 = CX + \frac{1}{2}A + 0.2, \quad B_2 = CX + \frac{1}{2}A - 0.2 \tag{3-88}$$

对于绝缘转换支柱：

$$B_1 = CX + \frac{1}{2}A + 0.8, \quad B_2 = CX + \frac{1}{2}A - 0.8 \tag{3-89}$$

式中：CX——支柱侧面限界（m）；

A——锚柱地面处的宽度（m）。

b. 曲线区段上下锚支的水平分力：在曲线区段上，转换支柱下锚的受力情况如图 3-14 所示。下锚支的水平分力由左侧下锚支因曲线产生的水平分力 P'_{R1}、左侧工作支因曲线产生的水平分力 P_{R1}；右侧工作支因曲线产生的水平分力 P_{R2}；右侧下锚支因曲线及下锚产生的水平分力 P_M 组成。

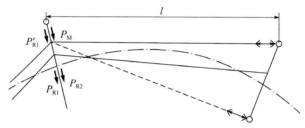

图 3-14　曲线区段下锚支的水平分力

接触线和承力索在曲线区段下锚时，锚支对垂直于线路方向所造成的水平分力 P_M，与曲线半径及锚柱相对于线路的位置有关，如图 3-15 所示。假设 x 为接触悬挂因曲线而造成的偏移值，见图 3-15a）；b 为接触悬挂因下锚而造成的偏移值、B 为接触悬挂因下锚及曲线同时造成的偏移值，分别见图 3-15b）、c），则有 $B = x \pm b$。

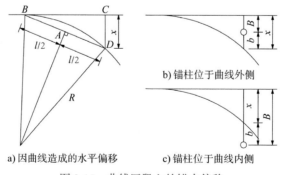

a) 因曲线造成的水平偏移
b) 锚柱位于曲线外侧
c) 锚柱位于曲线内侧

图 3-15　曲线区段上的锚支偏移

由图 3-15a）可知：

$$\frac{CD}{DB} = \frac{AB}{OB} \tag{3-90}$$

即：

$$\frac{x}{l} = \frac{l/2}{R}, \quad x = \frac{l^2}{2R} \tag{3-91}$$

则：

$$B = \frac{l^2}{2R} \pm b \tag{3-92}$$

参考直线区段上下锚支分力公式 $P_M = T \cdot (B/L)$，并考虑锚柱在曲线内、外侧的位置，将曲线区段上的 B 值代入式(3-86)和式(3-87)，得：

$$P_M = T\left(\frac{l}{2R} \pm \frac{b}{l}\right) \tag{3-93}$$

式(3-93)中，"−"表示转换支柱和锚柱同时位于曲线侧的情况；"+"表示因下锚而产生水平力与曲线力方向相一致。

图3-14所示的 P_{R1} 和 P_{R2} 完全是因为曲线而产生的水平曲线力，由式(3-82)决定。此时转换支柱所受的总水平力为：

$$P_{RM} = P_{R1} + P'_{R1} + P_{R2} + P_M = \frac{l+l'}{R} \pm \frac{b}{l} \tag{3-94}$$

由于中间柱、转换柱以及锚柱的悬挂数量不一样，力的作用点也有所差异，即受力情况也会有所差异，但各类支柱负载计算的方法基本相同。为了经济合理地使用支柱，支柱容量应和所受负载相匹配。同时，支柱所受负载还和气象条件有关。

进行支柱负载计算时，通常先假定一个已知的支柱类型，然后根据支柱悬挂和气象条件进行各力的分析计算。找出各力的力臂关系，求出各力对支柱地面处的力矩之和，则此总力矩即为选择支容量的依据。为了计算准确无误，以便选择适当容量的支柱，计算时应注意以下几点：

在计算悬挂零件时，各种零件（包括U形吊环、耳环、绝缘子及各种线夹）的重量应参考装配图逐一进行计算；在支柱上若挂有回流线或其他辅助线索时，其负载可以单独计算，最后在各类支柱（中间支柱、中心支柱、转换支柱等）上附加这一负载力矩，即得支柱的总弯矩值；在计算支柱负载时，各部尺寸应力求准确，以免造成过大误差；在计算布置曲线内侧的支柱时，应恰当选择吹风的方向，使计算结果为支柱处于最危险的情况；有特殊装配的各类支柱，例如安装有吸流变压器的支柱，应按其实际情况进行计算。

一条线路在气象条件确定以后，其各类支柱及在各种曲线半径上的弯矩值计算是较为复杂的，为了方便起见，可列表计算。

5）锚段长度计算

划分锚段的主要依据是在气象条件发生变化时，接触线内所产生的张力增量不超过规定值。因此，锚段长度必须进行相应的计算进行确定。

线索受温度变化的影响会产生伸缩，这种伸缩位移将导致吊弦、腕臂、定位器等偏离其最佳空间位置，从而在定位线夹、吊弦线夹、承力索安装底座两边产生张力差。张力差的存在会增加线索、支柱、支持结构、零件的机械负载，增大接触悬挂弹性的差异，影响受电弓运行的平稳性和受流质量，因此，设计规范规定承力索和接触线的张力差应控制在补偿张力的10%以内。

（1）导线张力差分析与计算

①吊弦偏斜引起的接触线张力差分析

在链形悬挂中，接触线由于温度变化而伸长（缩短），而承力索几乎不发生纵向位移，故接触线与承力索之间的吊弦将发生偏移，吊弦偏移将造成接触线内的张力变化。其中，半补偿链形悬挂吊弦偏移最为严重。由于实际的悬挂结构情况复杂，为构建吊弦张力差分析计算模型，特作如下假设：

锚段内各跨距长度相同；锚段内吊弦长度相同，为各实际吊弦长度在跨距内的平均值；吊弦重量均匀分布在跨距内，悬挂无集中荷载，也不考虑附加负载的影响；接触线和承力索吊弦线夹不发生滑动。

在以上假设条件下，绘出吊弦张力差分析计算模型，如图3-16所示。取距中心锚结n跨的跨距作为研究对象，由于采用了平均吊弦的概念，所以一跨内的所有吊弦的偏移量相同、受力相同，可将其归算为一根吊弦，并对此吊弦进行受力分析。图3-16中，θ_n表示吊弦在跨距内的平均偏斜角、C_x表示吊弦的平均长度、P_n表示吊弦偏移对接触线产生的平均拉力、g_j表示接触线单位自重、T_{jn}表示距中心锚结n跨支柱点处接触线张力。

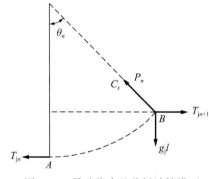

图 3-16 吊弦张力差分析计算模型

由图 3-16 可知：

$$T_{jn} + P_n \sin \theta_n - T_{jn+1} = 0 \tag{3-95}$$

$$P_n \cos \theta_n - g_j l = 0 \tag{3-96}$$

将式(3-95)代入式(3-96)，化简得：

$$\Delta T_{jn} = T_{jn} - T_{hn+1} = -g_j l \cdot \tan \theta_n \tag{3-97}$$

已知：

$$\tan\theta_n = \frac{n \cdot \Delta l}{\sqrt{C_x^2 - (n \cdot \Delta l)^2}} \tag{3-98}$$

将式(3-98)代入式(3-97)得:

$$\Delta T_{jn} = -g_j l \cdot \frac{n \cdot \Delta l}{\sqrt{C_x^2 - (n \cdot \Delta l)^2}} \tag{3-99}$$

式中：Δl——一个跨距内接触线的伸长量（m）；

ΔT_{jn}——距中心锚结 n 跨处因吊弦倾斜产生的张力增量（kN）。

规范规定吊弦偏移最大值不得超过吊弦长度的 1/3，故吊弦偏移对吊弦长度而言是一个"小"量，可做近似处理，即：

$$\sqrt{C_x^2 - (n \cdot \Delta l)^2} \approx C_x \tag{3-100}$$

因此，第 n 跨吊弦偏斜所引起的张力差可表示为:

$$\Delta T_{jn} = -g_j l \cdot \frac{n \cdot \Delta l}{C_x} \tag{3-101}$$

设从中心锚结到补偿器处的半锚段内有 m 个跨距，则半锚段内因吊弦偏斜所引起的张力变化总量 ΔT_{jd} 为:

$$\Delta T_{jd} = \sum_{n=1}^{m} \Delta T_{jn} = -\sum_{n=1}^{m} \frac{ng_j l \cdot \Delta l}{C_x} = \frac{-m(m+1)g_j l \cdot \Delta l}{2C_x} \tag{3-102}$$

若只考虑温度引起的接触线伸缩量，则接触线在一个跨距内的实际位移量应为温度变化引起的长度变化量 $\alpha \cdot l \cdot \Delta t$ 和消耗于弛度上的长度 λ 之差，即:

$$\Delta l = \alpha \cdot l \cdot \Delta t - \lambda \tag{3-103}$$

由 $L = l + 8f^2/3l$ 可推得 $\lambda = 8(f_{tx}^2 - f_{td}^2)/3l$，可知 λ 是一个很小的数，往往不计其影响。

令 $\lambda = 0$，将式(3-103)代入式(3-102)，并注意到 $L = ml$，化简整理得：

$$\Delta T_{jd} = \frac{-L(L+l) \cdot g_j \cdot \alpha \cdot \Delta t}{2C_x} = \frac{-L(L+l) \cdot g_j \cdot \alpha \cdot \Delta t}{2(C_{min} + F_0/3)} = \frac{-L(L+l) \cdot g_j \cdot \alpha \cdot \Delta t}{2(h - 2F_0/3)} \tag{3-104}$$

式中：ΔT_{jd}——吊弦偏斜所引起的接触线张力增量（kN）；

L——半锚段长度（m）；

l——跨距长度（m）；

g_j——接触线单位自重（kN/m）；

α——接触线的线膨胀系数（1/℃）；

Δt——平均温度与计算温度之差（℃）；

C_{min}——最短吊弦长度（m）；

h——接触悬挂的结构高度（m）；

F_0——接触线无弛度时，承力索的弛度（m）。

若考虑线索的弹性伸长，则吊弦引起的张力增量ΔT_{jd}为：

$$\Delta T_{jd} = \frac{-\alpha \cdot \Delta t \cdot L(L+l)g_j}{2C_x + \dfrac{2L(L+l)g_j}{3ES}} \tag{3-105}$$

式中：E——接触线弹性模量（GPa）；

S——接触线横截面积（mm²）。

②腕臂与定位器的偏转量计算：定位器在温度变化时也会因为接触线的伸长或缩短而沿接触线发生偏转，偏转角度过大会使定位器承受较大的张力分量，不利于弓网受流且危及相关零部件的寿命。因此，定位器的偏转方向和偏转量应符合要求。

为保证在计算最高温度和计算最低温度范围内腕臂和定位器具有合理的偏移方向和偏转量，必须对腕臂和定位器随温度变化所产生的位移进行分析，并根据各类线索的线膨胀系数和弹性特性计算绘制出腕臂（定位器）安装曲线。腕臂（定位器）安装曲线的计算式为：

$$\Delta a = \frac{T}{E}\left(\frac{1}{S} - \frac{1}{S_0}\right)x + \alpha x \cdot \Delta t \tag{3-106}$$

$$\Delta a = \theta \cdot x + \alpha \cdot x \cdot \Delta t \tag{3-107}$$

式中：Δa——距中心锚结距离为x处的承力索或接触线的位移量（mm）；

T——承力索或接触网的补偿张力（kN）；

S_0——新线横截面面积（mm²）；

S——导线发生伸缩后的实际面积（mm²）；

x——腕臂（定位器）安装位置距中心锚结的距离（mm）；

θ——新线延伸率。

由式(3-107)可见，距离中心锚结越远，腕臂和定位器的偏移量越大，因此，要控制腕臂或者定位器的偏移量，主要控制所研究锚段的长度。同时，腕臂和定位器所允许的偏移量与线路条件和腕臂或定位器的长度有关，腕臂和定位器越长，在偏移相同位移的情况下，其形成的张力差越小。

③定位器偏移引起的接触线张力差分析：直线区段上，由于定位器对接触线张力变化影响较小，可以忽略。曲线区段上，定位器处于受拉状态，定位器偏移将带来较大的张力差，曲线区段定位器偏移后的受力如图3-17所示，其中φ_n为定位器位移偏角，d为定位器长度，R为曲线半径。

在图3-17a）中，虚线表示定位器处于正常位置，此时定位器只承受接触线张力的曲线分力。实线表示定位器发生偏移后的位置，定位点在纵向发生的位移Δa与横向发生的位移δ关系如下：

$$\delta = d - \sqrt{d^2 - \Delta a^2} \tag{3-108}$$

由图 3-17a）可列出力学平衡方程：

$$\sum F_y = 0, \quad p_n \cos\varphi_n - T_{jn+1} \cos\alpha + T_{jn} \cos\alpha = 0 \tag{3-109}$$

$$\sum F_x = 0, \quad p_n \sin\varphi_n - T_{jn+1} \sin\alpha + T_{jn} \sin\alpha = 0 \tag{3-110}$$

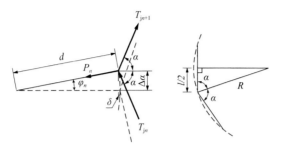

a) 因温度变化定位器形成的偏移　　b) 曲线区段悬挂平面图

图 3-17 定位器偏斜后的受力分析

将式(3-109)与式(3-110)整理得：

$$T_{jn} = \frac{\tan\alpha - \tan\varphi_n}{\tan\alpha + \tan\varphi_n} \cdot T_{j(n+1)} \tag{3-111}$$

又因为：

$$\tan\alpha \approx \frac{R}{l/2} = \frac{2R}{l} \tag{3-112}$$

由图 3-17a）可知：

$$\tan\varphi_n \approx \sin\varphi_n = \frac{n \cdot \Delta l}{d} \tag{3-113}$$

将式(3-112)和式(3-113)代入式(3-111)，化简整理后得：

$$T_{jn} = T_{j(n+1)} \cdot \left(1 - \frac{nl\Delta l}{2Rd}\right) \bigg/ \left(1 + \frac{nl\Delta l}{2Rd}\right) \tag{3-114}$$

设半锚段内有m个跨距，则有$m-1$个定位点，可依据式(3-114)写出$T_{j1} \sim T_{j(m-1)}$的表达式，将其逐一相加，由于它们都是递归的，所以彼此相加后得：

$$T_{j1} = T_{jm} \cdot \left[1 - \frac{m(m-1)l\Delta l}{4Rd}\right] \bigg/ \left[1 + \frac{m(m-1)l\Delta l}{4Rd}\right] \tag{3-115}$$

因为$\Delta T_{jw} = T_{j1} - T_{jm}$，$\Delta l = l\alpha\Delta t$，$ml = L$，故可求出：

$$\Delta T_{jw} = \frac{-\Delta t\alpha L(L-l)}{2Rd + 0.5\Delta t\alpha L(L-l)} T_{jmax} \tag{3-116}$$

式中：T_{jmax}——接触线许用张力（kN），如考虑吊弦张力差，可取为$T_{jmax} + 2\Delta T_{jd}/3$；

ΔT_{jw}——因温度变化，定位器偏移所引起的接触线张力差（kN）；

d——定位器长度（mm）；

a——拉出值（mm）。

式(3-116)适用于曲线区段只考虑温度变化引起的定位器偏移造成的张力差计算。

将 $\tan\alpha = l/2a$、$\tan\varphi_n = n\Delta l/d$ 代入式(3-111)并化简,可得直线区段定位器全部受拉时造成的张力差计算式为:

$$\Delta T_{\text{jw}} = \frac{-\Delta t\alpha L(L-l)}{\frac{l^2}{2a}d + 0.5\Delta t\alpha L(L-l)} \tag{3-117}$$

④典型悬挂的张力差计算

a. 简单悬挂张力差计算:由于简单悬挂没有吊弦,计算接触线张力差时只考虑定位器的影响,并考虑接触线弹性变形所引起的导线伸缩,其张力差计算式见式(3-118)。

$$\Delta T_{\text{j}} = \frac{\Delta T_{\text{jw}}}{1 - \frac{2\Delta T_{\text{jw}}}{3ES\alpha\Delta t}} \tag{3-118}$$

式中:ΔT_{j}——简单悬挂接触线的张力差(kN)。

b. 半补偿链形悬挂张力差计算:半补偿链形悬挂接触线张力差由吊弦偏移和定位器偏移引起的张力差两部分组成,如再将接触线弹性变形考虑在内,则半锚段内接触线张力差计算式见式(3-119)。

$$\Delta T_{\text{j}} = \frac{\Delta T_{\text{jw}} + \Delta T_{\text{jd}}}{1 - \frac{2\Delta T_{\text{jw}} + 2\Delta T_{\text{jd}}}{3ES\alpha\Delta t}} \tag{3-119}$$

式中:ΔT_{j}——半锚段内接触线因温度和弹性变化所引起的总张力差(kN);

ΔT_{jd}——吊弦偏移所引起的张力差(kN)。

c. 全补偿链形悬挂张力差分析:在全补偿链形悬挂中,承力索和接触线均会产生张力差。接触线的张力差计算与半补偿接触线张力差计算式完全相同,只是在计算吊弦偏移所引起的张力差时,需注意承力索和接触线的线膨胀系数的差异。如果承力索和接触线的材质不同,则承力索和接触线因温度变化所发生的位移量不同,吊弦的偏移量见式(3-120)。

$$\Delta l = (\alpha_{\text{j}} - \alpha_{\text{c}}) \cdot \Delta t \cdot l \tag{3-120}$$

式中:α_{j}、α_{c}——分别为接触线和承力索线胀系数(1/℃)。

承力索张力差则可参考定位器偏移张力差的计算方法,即:

$$\Delta T_{\text{cq}} = \frac{\Delta T_{\text{cw}}}{1 - \frac{2\Delta T_{\text{cw}}}{3ES\alpha\Delta t}} \tag{3-121}$$

式中:ΔT_{cq}——全补偿链形悬挂承力索的张力差(kN);

ΔT_{cw}——只考虑温度变化引起的承力索张力差(kN),由式(3-122)计算。

在直线区段,由于承力索沿线路中心布置,因平腕臂发生偏转所引起的张力差很小,可不用考虑。在曲线区段,平腕臂随温度变化发生偏转所引起的导线张力差的计算方法与定位器偏转所引起张力差的计算方法相同，其计算式可写为：

$$\Delta T_{\mathrm{cw}} = \frac{-\Delta t \alpha L(L-l)}{2Rd + 0.5\Delta t \alpha L(L-l)} T_{\mathrm{cmax}} \tag{3-122}$$

式中：ΔT_{cw}——温度变化时，平腕臂偏转所引起的张力差（kN）；

T_{cmax}——承力索补偿张力（kN）。

（2）锚段长度确定

锚段长度对接触网工程的投资和技术性能有重要影响。锚段长度越长，在一定公里数内的锚段数就越小，锚段关节也就越少，工程投资就越低，弓网受流薄弱点就减少。但锚段长度过大，也会导致导线位移和张力差偏大、补偿装置可能失去补偿作用、事故范围影响变大、供电灵活性较差等问题。同样，锚段长度越短，在一定公里数内的锚段数就越多，锚段关节也就越多，一方面使工程投资增加，另一方面使接触网结构变得复杂，影响弓网运行安全的隐患增加。因此，合理地选择锚段长度是接触网设计的一个重要内容。一般来说，选择锚段长度应综合考虑以下因素：

①气象因素，如最高温度，最低温度，吊弦、定位器和腕臂处于最佳位置时的温度，最大风速，覆冰情况等；②补偿张力的大小及导线张力差；③接触线在定位点的纵向位移和横向位移，纵向位移使线夹两边产生张力差，进而导致线夹承受较大的剪切应力，横向位移使接触线拉出值产生变化；④补偿装置的结构形式、有效工作范围和补偿效率；⑤导线的架设高度、抗拉强度、弹性系数和横截面积；⑥锚段关节的结构形式，两悬挂间的空气绝缘间隙及所允许的偏移值；⑦线路条件。

上述七大因素可归结为张力差、设备、结构三类，这三类因素是选择锚段长度的主要依据。在曲线区段，以张力差为确定依据；在直线区段，以结构和设备为确定依据。因为直线区段的导线伸缩引起的张力差较小，特别是全补偿链形悬挂，如果仍以张力差为依据，则锚段长度偏长，可能导致补偿装置失效，绝缘锚段关节两组悬挂的空气间隙不达标。

3.1.3 柔性架空接触网设计方法

1）设计范围

柔性架空接触网的设计范围主要包括技术标准和系统方案、接触网平面设计、装配设计、结构设计，以及与其他相关专业的接口配合设计及工程量统计等。

2）设计接口

（1）与牵引供电专业的接口

牵引供电专业负责确定接触网系统的载流量、载流回路构成及电缆选择等。接触网专业负责向牵引供电专业提供接触网电气参数。接触网系统的安装设计由接触网专业完成。

（2）与变电所专业的接口

接触网专业与变电所专业的接口分界在上网隔离开关的进线端子。接触网专业负责自上网隔离开关馈至接触网侧的设计；变电所专业负责自变电所至上网隔离开关进线侧的设计。接触网与变电所综合接地网之间的接口在变电所设备接地主母排。接触网专业负责将架空地线引至变电所接地母排接线端子的设计；变电所专业负责预留接触网接地端子的设计。

（3）与电力监控专业的接口

接触网专业负责电动隔离开关操作机构的安装设计，以及向电力监控专业提出监控要求；电力监控专业负责上网电动隔离开关以及联络开关的遥控、遥信等功能的接线设计。

（4）与杂散电流腐蚀防护专业的接口

接触网专业负责牵引接触网和相关设备的设计；杂散电流腐蚀防护专业负责钢轨间的回流电缆、均流线及相关设备的设计。正线钢轨轨缝、车场钢轨轨缝连续线由杂散电流腐蚀防护专业负责设计。接触网专业负责确定正线与车辆段线路之间接触网电分段的位置，并与杂散电流腐蚀防护专业协商确定正线与车辆段线路之间钢轨绝缘节的位置。

（5）与动力照明专业的接口

接触网专业负责向动力照明专业提出车辆段、停车场车库内静调电源柜及带电显示装置用电需求及位置，动力照明专业负责配电箱至静调电源柜及带电显示装置电缆敷设及电缆敷设路径的设计。

（6）与土建相关专业的接口

①在设有牵引变电所或设有存车线、停车线等辅助线的车站，建筑专业负责按接触网要求预留上网电动隔离开关的安装空间。②地下车站结构专业负责按接触网专业要求进行轨行区上方的结构风管设计。③地下区间结构专业需提供典型隧道区间结构断面图，接触网专业需提供对地下区间结构安装要求的资料。④在隧道口以及过渡段处，土建结构专业负责为接触网预留支柱基础、下锚锚环及防雷接地端子等。⑤在高架区间，高架结构专业负责按照接触网的要求预留支柱基础、拉线基础以及防雷接地端子。⑥在高架车站，车站结构或者雨棚专业负责按照接触网的要求进行支柱基础或合架安装的预留设计。

（7）与人防专业的接口

人防专业按接触网专业要求预留架空地线过人防门的孔洞。

（8）与限界专业的接口

限界专业负责各类限界的制定和建筑限界范围内各类设备、管线空间位置的协调；接触网专业负责确定接触网设施占用空间，并规定接触网带电体对其他各类管线的安全距离。

（9）与车辆专业的接口

①接触网专业负责向车辆专业提供有关接触网技术参数等资料；车辆专业负责向接触网专业提供受电弓、车辆的有关尺寸、动态包络线等资料。②车辆专业负责提出车辆运营维修工作对接触网隔离开关设施的配置要求和车库内特殊供电方式的技术要求。③接触网专业负责接触网和相关设备的选型安装及与车辆运营维修工作的适配性。

（10）与行车专业的接口

行车专业负责规定正常运行和事故状态降级运行模式下的行车交路；接触网专业负责接触网电气分段和隔离开关布置，合理地满足各类运营模式要求。

（11）与车辆段及停车场相关专业的接口

①车辆段及停车场内的库房建筑结构专业负责按接触网的要求进行接触悬挂、架空地线、隔离开关安装等预埋件的设计。②车辆段内的站场专业负责按接触网的要求协调支柱基础与各种管线之间的位置关系。③车辆段工艺专业负责向接触网专业提出电化范围、接触线导高、洗车工艺等要求。④接触网专业负责为静调库、定临修库内的静调电源提供DC1.5kV电源。

3）主要设计原则

接触网系统是供电系统中一个极其重要的组成部分，由于接触网是没有备用设备的供电装置，因此接触网的安全可靠是保证列车安全运营的必要条件。接触网系统应满足以下设计原则：

（1）接触网系统应满足本工程运营初期、近期与远期的行车要求，在特定的气候环境条件、线路条件和行车条件下安全可靠地向列车提供电能。

（2）接触网系统应能够满足列车最高行车速度的要求，使受电弓与接触网之间的动态作用控制在允许范围内，并保证受电弓取流质量。

（3）除与机车车辆有相互作用的接触网设施外，在任何情况下，接触网设备不得侵入设备限界，以确保行车安全。

（4）接触网悬挂方式应力求结构简单、安全、可靠、稳定性好，便于安装、维修。

（5）接触网零部件及设备应具有技术先进、经济合理、耐腐蚀性好、寿命长、少维修的特点，关键受力件采用强度高、性能好的模锻或精密铸造有色金属零件。

（6）接触网系统的设备及零部件在其寿命周期内的投资及运行维护费用应尽量低。

（7）在满足技术要求的前提下，接触网各零部件应尽量采用国产设备。

（8）接触网系统的绝缘距离应符合国家标准的要求。

（9）接触网载流总截面应满足供电区段远期运营高峰小时最大持续载流量的要求。

（10）接触网系统应架设全线贯通的架空地线，所有与接触网带电部分通过绝缘隔离的金属部分皆连接至架空地线。

（11）采用安全可靠的防护措施，在满足功能要求和维护、检修等工作需求的前提下，保证工作人员的人身安全。

（12）在达到各项技术要求的同时，接触网系统设计应考虑与城市周围景观的协调，减少对环境的影响。

（13）在设计时应综合考虑对线网规划中其他线路的预留设计。

4）设计方案

广州地铁 1 号线隧道净空低且最高运行速度只有 80km/h，全线引进了国外全套的简单链形悬挂接触网系统。本节以广州地铁 1 号线为例对柔性架空接触网设计方案进行介绍。

（1）气象条件

①气温：广州地铁 1 号线采用如下气温数值进行设计。

a. 户外环境温度变化范围：−5～+40℃，在 1m/s 的风速下，太阳辐射能为 1.05mW/mm²。

b. 隧道内环境温度变化范围：+10～+35℃。邻近隧道口的 500m 范围内的隧道采用户外环境温度变化范围。

c. 隧道内列车停车时车顶空调冷凝器周围温度为 55℃。

②风速：广州地铁 1 号线隧道内接触网设备风速条件见表 3-3。

广州地铁 1 号线隧道内接触网设备风速条件　　　　表 3-3

风速条件	风速（m/s）
通风设备引起的沿线路方向的风（包括列车行驶产生的风）	2
列车行驶产生的沿线路方向的风	20
横穿线路的空气幕	30
安装在线路上方的推力风机产生的沿线路方向的风	35

户外接触网设备应保证风速达 33.7m/s 时能正常运行，因此采用如下风速设计：

a. 当任何方向风速达 35m/s 时，接触网应满足规定的安全系数并能正常运行。

b. 结构间距按 30m/s 风速设计。

c. 在台风情况（非运行条件），当风速达 60m/s 时，接触网设备应保持完好，不发生破坏或永久变形。

作用在任何点风载按式(3-123)计算：

$$p = 0.613 v_S^2 C_t \tag{3-123}$$

式中：p——风载（N/m²）；

v_S——设计风速（m/s），包括基本风速 v、地形影响系数 S_1、地面粗糙度与高度系数 S_2、统计系数 S_3 四项修正系数；

C_t——风载系数。

（2）车辆及受电弓

广州地铁 1 号线车辆受电弓参数见表 3-4。

广州地铁 1 号线车辆受电弓参数　　　　表 3-4

参数	参数范围（N）
静态调节范围	60～150
静态设定值	120±5
动态值	180

因车辆动态特性和线路误差造成的受电弓相对于线路中心的横向偏移值为：隧道内直线段为±99mm，距轨面4040mm；隧道内300m半径曲线段为±201mm，距轨面4040mm；户外直线段为±130mm，距轨面5000mm；户外150mm半径曲线段为±290mm，距轨面5000mm；户外300mm半径曲线段为±255mm，距轨面5000mm。

受电弓弓头特性包括：碳滑板宽度为800mm；在车辆摆动情况下，接触线最大允许滑动范围为±500mm；受电弓弓头全宽为1550mm。

地铁列车以每6节车为一列编组，有两台受电弓，两受电弓间距约60m。一台受电弓从双接触线上的最大取流量：持续值为1400A、5min为2500A、停车时为150A。

（3）跨距

柔性悬挂的跨距应根据其悬挂类型、线路曲线半径、受电弓工作宽度、接触线的风偏值等因素确定。相邻两跨距之比不宜大于1.5∶1，车场咽喉区等困难地段不宜大于2.0∶1。不同曲线半径跨距选用值参考表3-5。广州地铁1号线隧道内跨距可达20m，隧道外跨距不超过50m。

柔性悬挂最大跨距选用表 表3-5

简单链形悬挂					
曲线半径（m）	150	200	250～300	400	500～800	≥900
跨距（m）	20	25	30	35	40	45
弹性简单悬挂					
曲线半径（m）	150	200	250～300	400	≥500	
跨距（m）	20	25	30	35	40	

（4）接触线高度

接触线高度为接触线底座到两钢轨平面的垂直距离。接触线高度要求根据现行《地铁设计规范》（GB 50157—2013）及《城市轨道交通架空接触网技术标准》（CJJ/T 288—2018）要求，地上线路接触线距轨面的高度宜为4600mm，困难地段不应低于4400mm；车辆基地的地上线路接触线距轨面高度宜为5000mm。广州地铁1号线正线的接触线高度见表3-6。

接触线高度（单位：mm） 表3-6

户外正线	5000（最小）
隧道内	4040（一般最小）
	4000（特殊区段最小）
车辆段	5350（悬挂点）
	5000（任意点最小）

（5）锚段长度

柔性悬挂锚段长度根据运行环境温度变化范围、导体载流温升、导体温度膨胀系数、补偿装置的补偿范围、导线张力增量等因素确定，一般不大于1500m。当锚段长度大于或等于750m时，在锚段两端分别设置张力自动补偿下锚装置，并在锚段中部设置中心锚结。当锚段长度小于750m时，在锚段的一端设置张力自动补偿下锚装置，在另一端设置无补偿下锚。辅助馈线、架空地线及回流线的锚段长度不宜大于2000m。在曲线、高差悬殊、跨距相差悬殊的区段可适当缩小。

广州地铁1号线隧道内和隧道外锚段长度均按中心锚结到张力补偿装置的最大距离为750m设计。

（6）拉出值

柔性悬挂采用"之"字形布置方式，直线区段拉出值一般为±200mm，曲线区段则根据曲线半径及跨距值确定，但拉出值的绝对值不得超过250mm。广州地铁1号线采用双接触线，拉出值指线路中心到远离线路中心的那根接触线中心线的距离。两根接触线中心线的间距约为40mm，接触线在直线区段拉出值不大于200mm，在曲线区段拉出值不大于250mm。

（7）锚段关节

接触线悬挂中的承力索和接触线在延续到一定长度后，为了满足机械受力方面的要求及方便施工，必须分成一个个相互独立的线段，这些相互独立的线段即为接触网的机械分段，进行机械分段的段称为锚段，相邻两个锚段的衔接区段称为锚段关节。

锚段划分的优点包括：缩小事故范围，当某一锚段发生事故时，当前锚段不影响另一个锚段的接触悬挂；便于在锚段的两端设张力自动补偿装置，以调整接触线和承力索的张力与弛度；便于供电分段，配合隔离开关的使用，容易满足接触网的供电方式和接触网设备分段检修的需要，缩小停电检修的范围。

根据锚段关节中间的电气关系，锚段关节可分为绝缘锚段关节和非绝缘锚段关节。仅起机械分段作用的称为非绝缘锚段关节，该处相邻的两个锚段采用电连接将工作支和非工作支连接起来，保证电流通过，两锚段在电气上是连通的；不仅起机械分段作用，同时又起电分段作用的锚段关节，称为绝缘锚段关节。

根据锚段关节所占用的跨距数，可分为三跨（图3-18）、四跨（图3-19）、五跨锚段关节。承力索和接触线在两转换柱之间的跨距中心处过渡，过渡处两接触线等高。广州地铁1号线柔性架空接触网锚段关节采用三跨锚段关节，绝缘锚段关节采用四跨锚段关节。

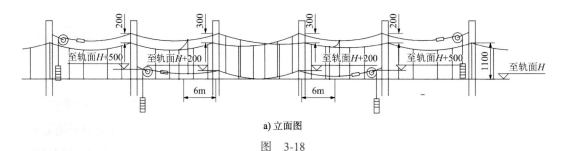

a) 立面图

图 3-18

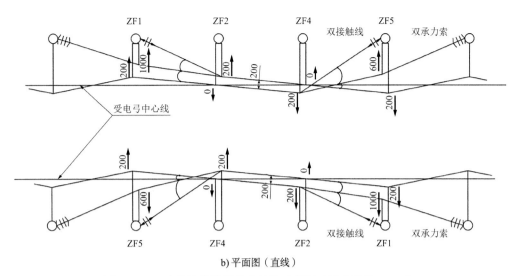

b) 平面图（直线）

图 3-18 三跨非绝缘锚段关节结构示意图（尺寸单位：mm）

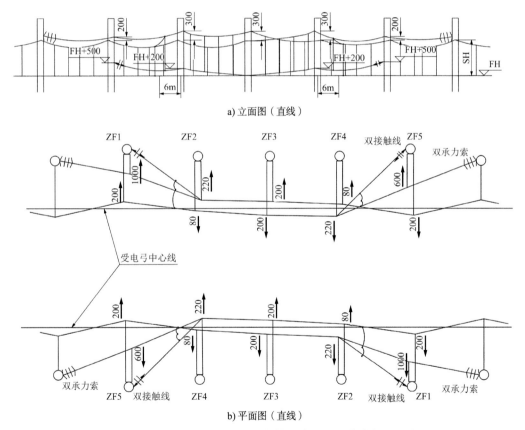

图 3-19 四跨非绝缘锚段关节结构示意图（尺寸单位：mm）

注：SH 为结构高度，FH 为导高。

在两转换柱之间，两接触线在水平面上的投影平行，相距 200mm；转换柱处非工作支接触线比工作支接触线抬高 150～200mm，下锚柱处非工作支比工作支抬高 500mm；下锚支偏离原方向的水平角度不得大于 6°，困难情况不得大于 10°；两转换柱与锚柱间，在距转换柱约 6m 处应分别加设一组电连接。

（8）悬挂方案

①支柱及门形架：接触网支柱通常采用热浸镀锌的圆锥形钢柱，这种支柱外形尺寸较小，景观效果好，制造、安装调整方便。门形架是通常由热浸镀锌的圆锥形钢柱、圆钢管组成。这种门形架结构景观效果好，制造方便，如图 3-20 所示。

图 3-20　接触网门形架

广州地铁 1 号线地面区段的单腕臂支撑采用环形混凝土柱，在多股道地区的软横跨结构，矩形断面采用锥形桁架钢柱。

②悬挂支持结构：正线高架区间的支持结构采用旋转平腕臂结构，高架车站的接触网支持结构视具体雨棚结构或车站结构专业提供条件而定。车辆段出入段线及试车线接触网支持装置一般采用绝缘旋转平腕臂结构。在库房外当接触悬挂跨越多股道时，支持结构采用带横索的门形架结构或在梁柱间设置定位绳安装方式。在没有高作业平台的停车列检库内，接触悬挂采用在梁柱间设置定位绳安装方式。在有高作业平台的月修库内，接触悬挂采用吊索形式。

广州地铁 1 号线隧道内接触网悬挂采用低结构高度的弓形腕臂安装形式分别如图 3-21 与图 3-22 所示。

（9）绝缘距离要求

空气绝缘间隙及安装距离要求根据《地铁设计规范》（GB 50157—2013）及《城市轨道交通架空接触网技术标准》（CJJ/T 288—2018）要求，接触网带电部分和混凝土结构体、车体之间的最小净距见表 2-1。爬电距离不宜小于 250mm，沿海城市爬电距离不宜小于 400mm。

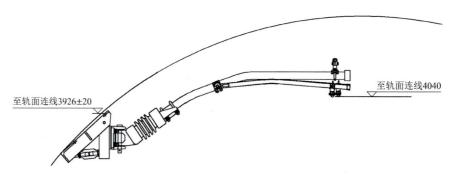

图 3-21　圆形及马蹄形隧道接触网安装图（尺寸单位：mm）

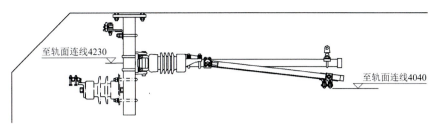

图 3-22 矩形隧道接触网安装图（尺寸单位：mm）

（10）供电分段原则

正线接触网电分段应与牵引变电所布置相结合，既满足正常运行，又要考虑到牵引变电所解列时越区供电的运行要求。正线在有牵引变电所车站的进站端设电分段，电分段采用绝缘锚段关节型式。正线间渡线、折返线设电分段、区间存车线设电分段，电分段采用分段绝缘器。

车辆段、停车场的出入线与正线之间设置电分段，电分段采用分段绝缘器。车辆段、停车场各供电分区之间设电分段，电分段采用分段绝缘器。车辆段、停车场的停车列检库、静调库、月修库、不落轮镟库入口及洗车库两端均设电分段，电分段采用分段绝缘器。

库房内停两列车位的库线，库中要设电分段，电分段采用分段绝缘器。

（11）特殊区段接触网设置方案

防淹门系统是必不可少的防灾设备，当城市轨道交通以地下线路穿越河流或者湖泊等水域时，应考虑在进出水域两端的车站端部与隧道接口处设置防淹门系统，当隧道因意外事故破裂后，防淹门系统能封堵隧道，防止江水进入车站。

防淹门分为升降式闸门和平开式闸门两种。广州地铁 1 号线防淹门位于珠江隧道两边的每一股线路上，每座防淹门由两扇合叶门组成。承力索和接触线采用设置短锚段的方式直接通过防淹门，采用非绝缘锚段关节形式。辅助馈线和架空地线在防淹门两侧下锚，采用电缆穿过防淹门的方式保持电气连续性。

3.2 柔性架空接触网零部件

3.2.1 接触网线索

（1）接触线

接触线是架空接触网中的载流体，并作为受电弓取流的机械滑道。接触线种类较多，按材质可分为铜接触线、铜合金接触线（图 3-23）、铝包钢接触线及铜包钢接触线。

铜材料具有较好的导电性能和耐腐蚀性能，是理想的导电材料，但机械强度偏低，当温度超过 150℃后，抗拉强度下降很快。为了增加铜接触线的抗拉强度，通常采用增大导线横截面、冷作强化生产工艺以及采用合金技术。

在纯铜中添加适当的其他元素，不仅可以提高接触线的机械强度，还能提高其耐热性能，但会导致铜合金接触线的导电率降低。铜（Cu）、铜银（CuAg）、铜锡（CuSn）、铜镁（CuMg）接触线的抗拉强度依次提高，但导电性能却依次下降。

接触线产品型号按铜及其合金元素类别、抗拉强度等级及标称截面积分类，采用图 3-24 所示形式表示。其中，材料表示为：铜—T、铜银合金—TA、铜锡合金—TS、铜镁合金—TM、铜铬锆合金—TCZ。强度等级表示为：铜、铜银合金、铜铬锆合金：省略；铜锡合金、铜镁合金：低—（省略）、中—M、高—H。规格为接触线标称截面积，单位为 mm^2。例如，CTA120 表示 120mm^2 铜银合金接触线，CTMH150 表示 150mm^2 高强度铜镁合金接触线。

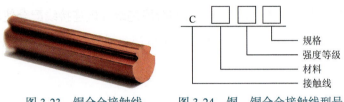

图 3-23　铜合金接触线　　图 3-24　铜、铜合金接触线型号

铜和铜合金接触线的横截面、识别沟槽、悬吊沟槽如图 3-25 所示。识别沟槽用于区别不同类型铜合金接触线，铜接触线不做识别沟槽。悬吊沟槽是为了便于安装接触线的线夹，同时又不影响受电弓取流。

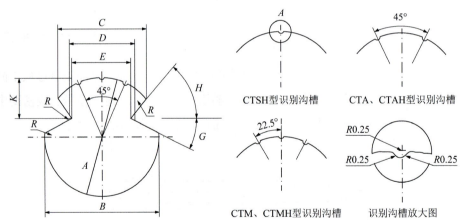

图 3-25　铜和铜合金接触线线材的截面形状及合金识别沟槽（尺寸单位：mm）

A-截面直径（高度）；B-截面宽度；C-头部宽度；D-（沟）槽底间距；E-（沟）槽尖间距；G-下斜角；H-上斜角；K-头部高度；R-圆角半径

《电气化铁路用铜及铜合金接触线》（TB/T 2809）对电气化铁路用铜及铜合金接触线产品的术语和定义、产品分类、技术要求、检验方法、检验规则、包装及标志和储运等方面进行了详细介绍。

（2）绞线

接触网系统中，绞线常用于悬挂和张拉，并兼做导线使用。接触网系统各种线材中，除了接触线，承力索、架空地线、避雷线、电连接线、定位绳等均采用绞线。当承力索载流时，绞线能起到降低接触网阻抗的作用。

绞线按线材可分为铜绞线、铜合金绞线（图3-26）、热浸镀锌钢绞线、不锈钢绞线、铝包钢绞线、铝芯钢绞线等。铜合金绞线具有较好的机电特性和抗腐蚀能力，在接触网系统中应用广泛。

铜及铜合金绞线按铜及其合金元素类别、抗拉强度等级分类，各类中按截面积又有不同规格。产品型号采用图3-27所示形式表示。其中，材质表示为：铜—T、铜镁合金—TM、铜铬锆—TCZ。抗拉强度（MPa）及导电率（IACS）等级表示为：520MPa、62%IACS，铜铬锆及铜绞线—省略；620MPa、62%IACS—M；520MPa、75%IACS—H。规格为绞线标称截面积，单位为 mm^2。

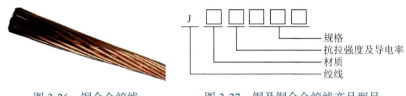

图3-26　铜合金绞线　　图3-27　铜及铜合金绞线产品型号

《电气化铁路用铜及铜合金绞线》（TB/T 3111）对电气化铁路用圆线同心层绞、复绞铜及铜合金绞线的术语和定义、产品分类、材料、技术要求、检验方法、检验规则、包装及标志和储运等方面进行了详细介绍。

（3）吊弦

吊弦用于将接触线吊挂在承力索上，将接触线的自重及附加负载传递到承力索上。吊弦是柔性架空接触网重要组成部件之一，可通过调节吊弦长度保证接触线距轨面处于合适的工作高度。吊弦增加了接触线悬挂点，提高了一跨内接触线的弹性，有利于提高受电弓的取流质量。整体吊弦与刚性吊弦在接触网上的布置分别如图3-28与图3-29所示。

根据吊弦的结构形式，吊弦可分为环节吊弦（图3-30）和整体吊弦（图3-31）；根据吊弦线夹与承力索之间能否相对移动，吊弦分为固定吊弦和滑动吊弦。环节吊弦由镀锌铁丝手工制作，制作方便，价格较低，但是长度不能精确控制，且容易烧损和生锈，现已经被整体吊弦取代。整体吊弦由接触线吊弦线夹、承力索吊弦线夹、心形环、压接管、连接线夹、吊弦线等组成（图3-32）。

整体吊弦有如下优点：采用导流式悬吊结构，避免了环节吊弦产生的磨损和烧蚀等情况；耐腐蚀、寿命长，适合机械化批量生产，减少现场作业；便于精确控制长度，精确调节接触线高度。

整体吊弦分为载流和非载流两类。载流吊弦的承力索吊弦线夹由铜合金制作，吊弦作为承力索和接触线之间的电气通路，允许小电流从吊弦上通过；非载流吊弦的承力索吊弦线夹采用绝缘材料制作，不允许电流通过。

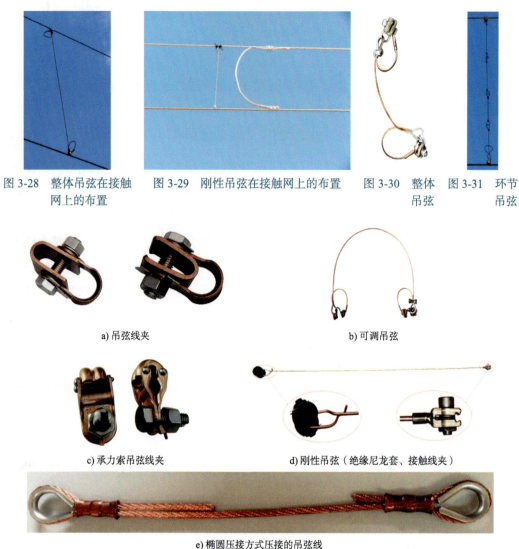

图 3-28 整体吊弦在接触网上的布置　　图 3-29 刚性吊弦在接触网上的布置　　图 3-30 整体吊弦　　图 3-31 环节吊弦

a) 吊弦线夹

b) 可调吊弦

c) 承力索吊弦线夹

d) 刚性吊弦（绝缘尼龙套、接触线夹）

e) 椭圆压接方式压接的吊弦线

图 3-32　整体吊弦主要零件图

广州地铁 1 号线单根吊弦通过双接触线线夹悬吊两根接触线。双接触线线夹采用铜合金制造，并配有铜或不锈钢衬垫。由于结构高度不同，采用了三种不同类型的吊弦。标准的吊弦采用 10mm² 的软青铜绞线，端头用套管卡住。结构高度大于 196mm 时，采用标准吊弦，通过磨损鞍套的方式保护承力索不受机械磨损，并防止产生火花。当结构高度小于 196mm 而大于 80mm 时，采用减少高度的吊弦。双接触线线夹也可作为具有 60mm 固定结构高度的吊弦使用。

3.2.2　支柱与基础

1）支柱

支柱是柔性架空接触网悬挂的重要部件，用以承受接触悬挂、支持和定位装置的全部负荷。近年来随着城市轨道交通在城市公共交通中起到越来越重要的作用，城市轨道交通建设也日益获得各方面的关注，由于架空接触网系统在高架桥区段所处的醒目位置，人们对其与土建结构以及周边环境趋于融合协调一致的要求也越来越高。

支柱按照制造材料可分为钢支柱和预应力混凝土柱两大类。钢支柱具有重量轻、容量大、耐碰撞、运输及安装方便等优点，但其造价高且需采用热浸镀锌提高防腐蚀性能。钢支柱按结构分类主要有格构式、钢管柱、H形钢支柱等形式。格构式钢支柱容量跨度范围大，应用场合广，常应用于软硬横跨中；钢管柱又分为等径钢管柱（图3-33）和锥形钢管柱（图3-34），具有结构简单、外形轻盈、线条流畅、景观效果好等优点，支柱的本体受力无方向性要求，且其抗弯及抗扭强度和刚度较大，作为锚柱时可不打拉线；H形钢支柱（图3-35）上下截面一致，装配简单，外形美观，其抗弯强度和刚度较大，但抗扭强度和刚度较小。

图3-33　等径钢管柱

图3-34　锥形钢管柱

图3-35　H形钢柱

预应力混凝土支柱按外形可分为横腹杆式（图3-36）、环形等径以及锥形截面圆形支柱三种。横腹杆式支柱能更好地利用高强度钢筋，便于检修人员上下作业，但生产制造复杂，在运输过程中容易损坏；环形等径或锥形截面圆形支柱是在专门的离心装置上进行加工的，有利于机械化生产，且总体质量较好。

支柱型号根据图3-37所示符号表示。

图3-36　矩形横腹杆式钢筋混凝土柱

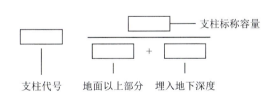
图3-37　支柱型号表达符号及其含义

支柱按功能分为中间柱、转换柱、中心柱、锚柱、道岔柱、定位柱、软（硬）横跨柱等，如图3-38所示。

中间柱广泛用于区间和站场接触网，承受一支接触悬挂的水平及垂直负载，所能承受的力矩比较小，是常见的支柱类型。锚柱位于锚段关节两侧或接触悬挂需要下锚的其他地点，承受下锚支和工作支的垂直和水平负载。转换柱位于锚段关节内，同时承受支持两支接触悬挂的垂直和水平负载，其中一支为下锚支，另一支为工作支。中心柱位于四跨锚段关节中部，同时承受两支工作支的垂直和水平负载，定位点处两支接触线相对于轨面等高。定位柱仅承受接触悬挂的水平负载，主要用于站场道岔后曲线外。软横跨柱和硬横跨柱用于跨越多股道的站场，容量较大。

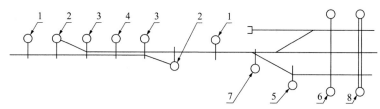

图 3-38 支柱功能分类及相对位置示意图
1-中间柱；2-锚柱；3-转换柱；4-中心柱；5-定位柱；6-软横跨柱；7-道岔柱；8-硬横跨柱

广州地铁 1 号线在多股道地区的软横跨结构，矩形断面采用锥形桁架钢柱。地面区段的单腕臂支撑采用环形混凝土柱。当采用混凝土柱无法打拉线时，用钢柱作为锚柱。所有的钢件、螺栓、紧固件等均应按标准要求进行热浸镀锌。镀锌层厚度不应小于 900g/m²。支撑结构的挠度在一般风和悬挂负载下不应超过 1.5%支柱高，且在纯风条件下，接触线高度处不超过 50mm。硬横梁最大挠度不大于所在跨距值除以 350。

2）基础

支柱基础是指埋入地下或建筑物之中，用于安装支柱的结构体，其强度和稳定性要求很高，在长期受力情况下支柱基础不得发生形变、裂纹、倾斜和移位。

基础类型取决于支柱类型和土壤特性，常用支柱基础分为整体基础、打入桩基础、混凝土支柱直埋式基础。等径圆形钢筋混凝土支柱一般采用嵌入式基础，H 形和格构式钢支柱一般采用整体螺栓安装式基础，圆管式支柱一般采用法兰连接基础。横腹杆式钢筋混凝土支柱的基础和支柱是一个整体，其埋入地下部分即为基础，这种基础称为直埋式基础。

支撑结构的基础用于承受作用在支撑结构上的静态或动态荷载。基础应将来自支撑结构的负荷安全地传送入大地，并且不产生影响支撑结构功能的位移和下沉。

（1）侧向受力基础

侧向受力基础依靠其周围土的坡动阻力来稳定，不考虑基底阻力，这种基础主要用于开阔的平坦地区，也可用于条件好的填方地段。图 3-39 为作用在侧向受力基础上的力和力矩，图 3-40、图 3-41 分别为这种基础在非黏性和黏性土壤时的经验计算方法。其中，K 和 P 是通过试验和实际施工得出的阻力系数。表 3-7、表 3-8 列出了不同类型土壤的相应值。

图 3-39 中，"X-X" 轴和 "Y-Y" 轴的交点作为倾覆力矩的作用点，其他符号的含义为：M 为由接触线、承力索、辅助馈线的曲线力和风载，支柱的风载以及腕臂等零部件的重量引起的基础顶面处的弯矩（kN·m）；H 为上部荷载产生的水平力（kN）。

力矩 M_{OT} 采用式(3-124)进行计算：

$$M_{OT} = M + H(d + 2/3D) \quad (3\text{-}124)$$

式中：d——无效埋深（m），不抵抗倾覆力矩的基础部分；

D——有效埋深（m），抵抗倾覆力矩的基础部分。

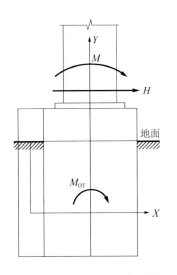

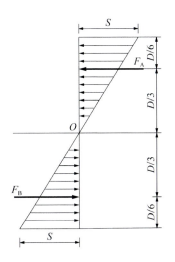

图 3-39 侧向受力基础倾覆力矩计算示意图

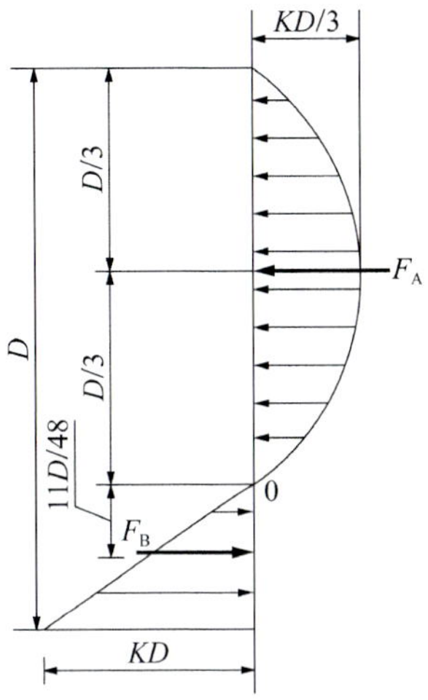

图 3-40 侧向受力基础计算示意图（非黏性土）

图 3-41 侧向受力基础计算示意图（黏性土）

侧向受力参数 K 表 3-7

类别	土壤类型	挖掘条件	特性	K [(kN/m²)/m]
岩石	不次于岩石或石灰岩	至少需要一个气动或机械操作镐来挖掘	—	> 200
非黏性土	致密的砾石 致密的砂砾	需要机械挖掘	挖掘时侧壁很稳定切削痕迹明显	160
	密实砂	用镐挖掘	挖掘时侧壁很稳定	160
	中密砾石或中密砂砾	用镐挖掘	挖掘时侧壁很稳定	120
	中密砂	用铲强力挖掘	挖掘时侧壁稳定但会掉一些土	80
	松散砾石、砂砾、砂	很容易地用锹挖掘	挖掘时侧壁松散不能保持垂直可能崩塌	（40～60）

注：假定地平面在基础底部以上。

侧向受力参数 P 表 3-8

类别	土壤类型	挖掘条件	特性	P（kN/m²）
黏性土	很硬的砾石和硬黏土	坚硬易碎，需机械挖掘	挖掘时侧壁很稳定，竖向挖痕很明显	30
	硬黏土	手指用力可插入，可用镐挖	挖掘时侧壁稳定	20
	硬黏土	手指用力可插入，可用锹挖	挖掘时侧壁稳定	14
	软黏土	手指容易插入，并粘到手上	—	—
	很软的黏土	拳头插入时从指缝间渗出	—	—

注：受到季节变化影响，如在炎热的夏天，会影响到软黏土和很软黏土的场地特性。

基础的抵抗力矩不应小于其倾覆力矩，有效埋深按规定进行修正：①坡度小于10°时按水平处理；②坡度为10°~20°时，D值增加10%；③坡度为20°~30°时，D值增加25%；④坡度为30°~45°时，D值增加43%。

侧向受力基础在非黏性土中的计算所作的假定为：①基础转动中心O点在有效深度的2/3处；②应力图形从有效地面起为地物线形；③基础任一边的最大允许压力不超过K。

令 $K =$ 允许压力/单位深度，$L =$ 与力F_A相垂直的基础面的长度，则有：

$$F_A = F_B = \frac{4D^2KL}{27} \qquad (3\text{-}125)$$

则O点抵抗力矩M_O为：

$$M_O = \frac{4D^2KL}{27} \times \frac{D}{3} + \frac{4D^2KL}{27} \times \frac{11D}{48} = \frac{4D^2KL}{27}\left(\frac{D}{3} + \frac{11D}{48}\right) = \frac{D^3KL}{12} \qquad (3\text{-}126)$$

侧向受力基础在黏性土中的计算所作的假定为：①基础转动中心O点在有效深度1/2处；②应力图形为直线形；③允许应力是一个与土的极限抗剪强度有关的常数S；④土的破坏线与基础边不平行，基础受力面的长度L应加上一常数C，故而有效长度$L_Y = L + C$。假定$L > 1.0$m时，$C = 0.4$m；$L < 1.0$m时，$C = 0.4L$。则有：

$$F_A = F_B = \frac{D}{2} \times \frac{S}{2} \times (L + C) \qquad (3\text{-}127)$$

则O点抵抗力矩M_O为：

$$M_O = \frac{DS(L+C)}{4} \times \left(\frac{D}{3} + \frac{D}{3}\right) = \frac{D^2S(L+C)}{6} \qquad (3\text{-}128)$$

令$S/6 = P$，则$M_O = PD^2(L+C)$。

侧面受力基础可以做成圆形或矩形，经预制和吊装形成。挖掘时的任何支撑在浇筑的混凝土开始凝固之前必须全部搬走。支柱通过浇筑在混凝土中的锚固螺栓固定，也可采用将支柱插入混凝土基础预制孔中的方式固定。

（2）重力基础

重力基础通过其自重、基底的承压力、被动阻力和摩擦力的综合作用来抵抗外部荷载。这种类型的基础需要满足以下条件：

①抗倾覆：抵抗任意方向力的最小安全系数为2.0。

②承压力：作用在地基上的最大压力（通常在基础边缘），不能超过相应允许承载力。允许承载力应考虑剪切破坏和下沉因素。允许承载力根据惯用的安全系数3.0得出，其中考虑下沉因素是为了将承载力转换成承压力。

③抵抗向前移动：所需最小安全系数为2.0。

3.2.3　接触悬挂

接触悬挂根据有无承力索分为简单悬挂（图3-42）和链形悬挂，简单悬挂无承力索，链形悬挂有一根或多根承力索。简单悬挂接触线由于没有承力索的悬吊，因而弛度较大（100~250mm），导致弹性均匀性较差，运行速度较低。链形悬挂有承力索，接触线通过承力索悬挂在承力索上。根据承力索根数，链形悬挂可分为单链形悬挂和复链形悬挂。单链形悬挂根据是否有弹性吊索分为简单链形悬挂（图3-43）和弹性链形悬挂（图3-44），弹性链形悬挂根据弹性吊索和弹性吊弦的连接方式又分为Y形弹性链形悬挂和π形弹性链形悬挂。复链形悬挂（图3-45）由一根主承力索和多根辅助承力索组成。

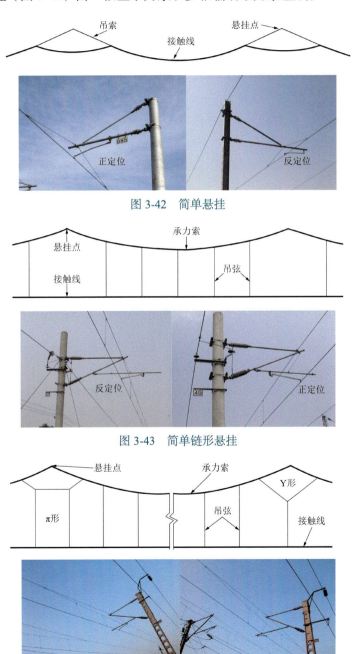

图 3-42 简单悬挂

图 3-43 简单链形悬挂

图 3-44 弹性链形悬挂

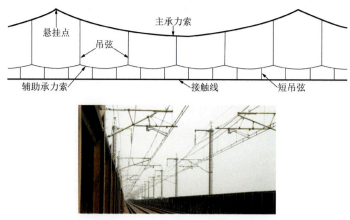

图 3-45 复链形悬挂

链形悬挂通过吊弦将接触线悬吊于承力索上,通过调节吊弦长度使得接触线在一跨内高度基本一致,改善了接触线弹性,利于列车高速运行取流。城市轨道交通列车运行速度较低,简单链形悬挂即可满足受电弓取流需求,通常正线采用简单链形悬挂,车场采用简单悬挂。

根据承力索与接触线走向不同,链形悬挂可分为直链形、斜链形和半斜链形 3 种悬挂方式。直链形悬挂(图 3-46)的承力索和接触线均按照之字形布置,走向完全一致;斜链形悬挂(图 3-47)的承力索和接触线均按照之字形布置,但走向沿线路中心线对称布置;半斜链形悬挂(图 3-48)的承力索沿线路中心布置,接触线按之字形布置。半斜链/斜链形悬挂中,由于吊弦偏斜过大,承力索和接触线张力差较大,工程中很少应用,城市轨道交通接触网均采用直链形悬挂。

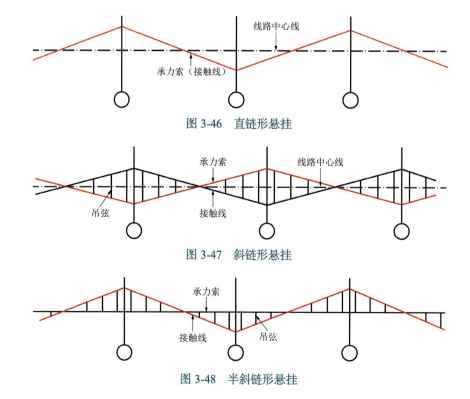

图 3-46 直链形悬挂

图 3-47 斜链形悬挂

图 3-48 半斜链形悬挂

根据接触线和承力索的锚固方式不同，链形悬挂分为无补偿链形（图3-49）、半补偿链形（图3-50）和全补偿链形（图3-51）3种悬挂方式。无补偿链形悬挂中，接触线和承力索直接在下锚柱或结构体上固定下锚；半补偿链形悬挂中，仅接触线通过自动张力补偿装置下锚；全补偿链形悬挂中，接触线和承力索均通过自动张力补偿装置下锚。

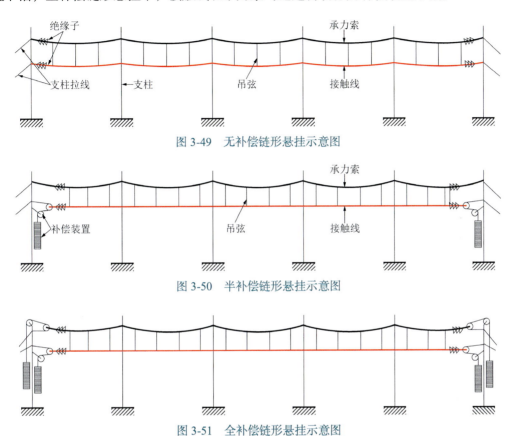

图3-49 无补偿链形悬挂示意图

图3-50 半补偿链形悬挂示意图

图3-51 全补偿链形悬挂示意图

广州地铁正线采用DC1.5kV柔性架空接触网的案例较少，仅早期的广州地铁1号线有应用，其正线接触网采用双承双导全补偿简单链形悬挂，另加3~4根无补偿装置的辅助馈线以提高系统载流能力。对于渡线接触网，采用单承双导全补偿简单链形悬挂。在车辆段，除试车线与走行线之外，均采用单接触线无张力补偿的弹性简单悬挂，试车线采用单承双导全补偿简单链形悬挂，走行线采用单接触线带自动张力补偿的弹性简单悬挂。沿线设一根架空线，将接触网系统中所有不带电的金属部分与牵引接地系统连接。

3.2.4 支持装置

柔性架空接触网支持装置分为腕臂支持装置、软横跨以及硬横跨。

1）腕臂装置

腕臂装置是指安装在支柱上用于支持定位装置和接触悬挂的结构，起传递负荷的作用，由绝缘子和相关连接零件组成。根据腕臂和支柱之间是否绝缘，腕臂装置分为绝缘腕臂和非绝缘腕臂。绝缘腕臂结构灵巧简单，技术性能好，施工维修和安装方便，目前普遍采用该种形式；非绝缘腕臂一端固定在钢支柱上，另一端通过绝缘子串悬挂承力索和定位接触线，其结构笨重，对支柱高度和容量要求高，安装维修困难，应尽量减少使用。

（1）整体式腕臂

整体式腕臂（图3-52）在腕臂和定位管的连接处采用了单耳与双耳连接的简化结构，双耳焊接在腕臂管上，再与单耳进行连接。其平腕臂为弯形结构，取代了传统的腕臂支撑及吊线结构，连接简单可靠，腕臂结构在大风区的复杂环境下可靠性较高。零部件连接处为铰链结构，减少了螺纹副连接可能造成的松动现象。定位器外形为弧形，与定位支座连接采用销轴结构，定位器具备弹性功能。

图3-52　整体式腕臂悬挂图及效果图

（2）弓形腕臂形式

弓形腕臂悬挂（图3-53）属链形悬挂方式，承力索、接触线均有张力补偿装置，隧道内跨距为20～45m。隧道支撑采用角形支架装配或专用吊柱形式用锚栓固定在隧道上，该悬挂形式需要不同的隧道断面均达到规定要求的相应净空尺寸，具有结构稳定、弹性较好的特点。

广州地铁1号线在地面区段的腕臂采用镀锌钢管，结构高度一般为1m，腕臂活动半径为3m。正线、车辆段及试车线上所有支柱的内侧与相邻线路中心线的距离为3000mm，特殊情况下不应小于2300mm。

图3-53　弓形腕臂悬挂效果

广州地铁1号线的隧道支撑设计成适合隧道断面的弓形腕臂，以便达到规定的净空尺寸。隧道支撑能很方便地通过角形支架装配形式或专用吊柱装配形式用锚栓固定到隧道壁上。为满足受电弓的最小工作高度，并且不违反接触网到隧道壁的相关净空尺寸，结构高度在220～310mm之间。隧道支撑在隧道壁上的固定方式采用钻孔及树脂黏合螺栓的方式。

（3）三角腕臂

三角腕臂系统属于国内应用最广泛、最成熟腕臂结构，包含腕臂底座、腕臂支撑装置、定位装置、电连接线夹、整体吊弦、中心锚结装置、弹性吊索线夹、线岔、滑轮补偿装置、棘轮补偿装置、隧内下锚补偿装置等装置。

三角腕臂按固定在支柱上的方法可分为固定腕臂、旋转腕臂和半固定（半旋转）腕臂；根据其跨越的股道又可分为单线路腕臂和多线路腕臂；按照支柱的连接方式可分为绝缘腕臂和非绝缘腕臂。我国高铁采用的腕臂装置多为绝缘旋转腕臂。

德系柔性架空接触网水平钢腕臂结构呈三角形（图3-54），腕臂管采用外径60mm、壁厚5mm的碳素结构钢，连接件为金属模锻钢件。该结构形式比较简单，整体强度和刚度较好，但钢材较重，且需热浸镀锌防腐，不能随意切割，不易预配组装；连接件和紧固件数量较多，易松脱；定位装置采用带限位功能的直形铝合金定位器，与受电弓包络线之间匹配程度一般，可能造成安全余量小甚至余量不足而打弓的后果；定位器与定位支座为钩环连接，易磨损。

图3-54　德系三角腕臂悬挂图

日系整体式腕臂结构（图3-55）中，平腕臂、斜腕臂、定位管采用20号优质合金钢，并加大壁厚，采用三级热浸镀锌钝化处理，具有结构强度高及耐腐蚀的特性；定位管为圆管，既满足定位器力学性能，又保证结构轻巧的要求；定位器外形为弓形，将直型的定位底座改为折弯型，有效地避免了打弓的可能；平腕臂与斜腕臂之间的摩擦副连接采用带销钉的单双耳连接形式，提高了连接强度；根据侧面限界不同，定位管改成三角结构或平腕臂采用弯头结构，使得定位管两端均直接固定在斜腕臂上或者一端固定在斜腕臂、另一端固定在平腕臂端头，增强了定位管结构的刚度，同时增强了可靠性。

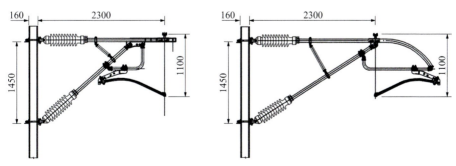

图3-55　日系三角整体腕臂悬挂图（尺寸单位：mm）

法系拉杆式腕臂结构（图3-56）呈锐角三角形，稳定性较好。腕臂支撑采用方钢型材，加工工序少，生产成本低，且现场安装简单可靠。连接件材料选用铜合金并使用铸造工艺，强度较高且塑性大，但对工艺要求高，需逐件探伤检验。铜合金电偶性能良好，因此定位器与定位支座之间不需要电气连接线连接。定位器采用弧形结构，与定位支底座连接采用销轴结构，定位器可在定位管立柱上进行位置调整。

图 3-56　法系三角腕臂悬挂图

我国铝合金腕臂结构（图 3-57、图 3-58）在 350km/h 高速铁路中应用广泛，腕臂使用外 70mm、壁厚 6mm 的铝合金管（6082-T6），连接件同样为铸造铝合金材料。该结构的特点与水平钢腕臂结构特点类似。其材料采用铝合金，质量较轻，易于切割和安装，防腐性能较好，但铸造件工艺质量要求较高。

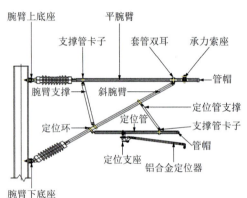

图 3-57　三角腕臂悬挂

a) 铝合金承力索座　　b) 铝合金套管座　　c) 铝合金套管单耳

d) 铝合金支撑　　e) 外扣型管帽　　f) 防脱型管帽

图 3-58　铝合金三角腕臂支撑零件图

此外，我国简统化钢腕臂支撑装置（图 3-59）适用于速度为 300～350km/h 电气化铁路客运专线以及 300km/h 以下的电气化铁路。如图 3-60 所示，装置组成由平腕臂、斜腕臂、组合式双槽承力索座、腕臂支撑、腕臂连接器、支撑连接器、管帽等组成。

图 3-59　简统式三角腕臂支撑图

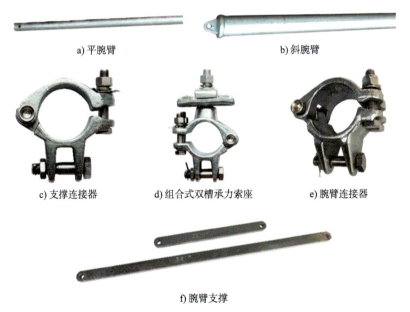

图 3-60　简统式三角腕臂支撑零件图

近年来，我国还研发并采用整体复合绝缘腕臂系统（图 3-61），其结构形式为平腕臂通过腕臂上底座连接立柱，整体复合绝缘斜腕臂通过腕臂下底座连接立柱，整体复合绝缘斜腕臂另一端通过套管双耳连接整体复合绝缘平腕臂，整体复合绝缘斜腕臂中间通过腕臂支撑连接整体复合绝缘平腕臂，并由腕臂支撑两端的支撑管卡子固定，整体复合绝缘斜腕臂通过定位支撑管连接定位管，并由支撑管卡子固定，定位管一端由定位环连接整体复合绝缘斜腕臂，定位管通过定位支座连接定位器。该接触网腕臂系统轻量化提高，经济上性价比更合理，尤其是复合绝缘腕臂具有优异的电气绝缘性能，从而提高接触网整体绝缘水平。因整体接触网腕臂全绝缘化，大大提高了接触网的安全可靠性。

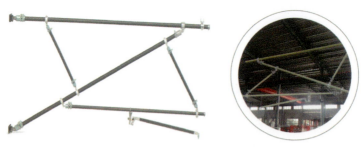

图 3-61　整体绝缘腕臂支撑图

2）硬横跨

硬横跨（图 3-62）从结构上分为吊柱硬横跨和定位绳硬横跨。吊柱硬横跨主要由吊柱、硬横跨支柱、硬横梁等组成，定位绳硬横跨主要由硬横梁、硬横梁支柱以及上、下部分定位绳组成。硬横跨结构简单稳定，便于进行工厂化预制，且其结构整齐美观，但用钢量大，投资较高。

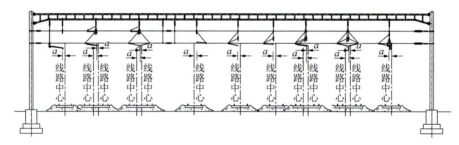

图 3-62　硬横跨

注：a 为拉出值。

3）软横跨

车辆段与停车场（段场）中，多股道的接触悬挂借助单根或数根横向线索悬挂至布置在此股道两侧的两根支柱或结构上，这种装置称为软横跨（图 3-63）。软横跨可以减少段场支柱，使段场接触网整洁、美观，同时可节省投资，降低建设成本。

一组软横跨中，有三根横向线索，分别为横向承力索、上部定位索及下部定位索。横向承力索是主要的受力部件，当负载较大时，由两根或四根钢绞索组成。定位索起到将悬挂导线固定在水平面内一定位置上的作用。软横跨主要零件如图 3-64 所示。

软横跨按照其横向承力索和支柱间是否绝缘分为绝缘软横跨和非绝缘软横跨。绝缘软横跨所用绝缘子较少，能减轻自身结构重量。

将所有的悬挂形式进行归纳综合，所有同类项的内容归为一类，便形成了标准装配结构，该结构称为节点。节点类型较多，不同的节点对应着不同的应用条件，设计时应合理选用。

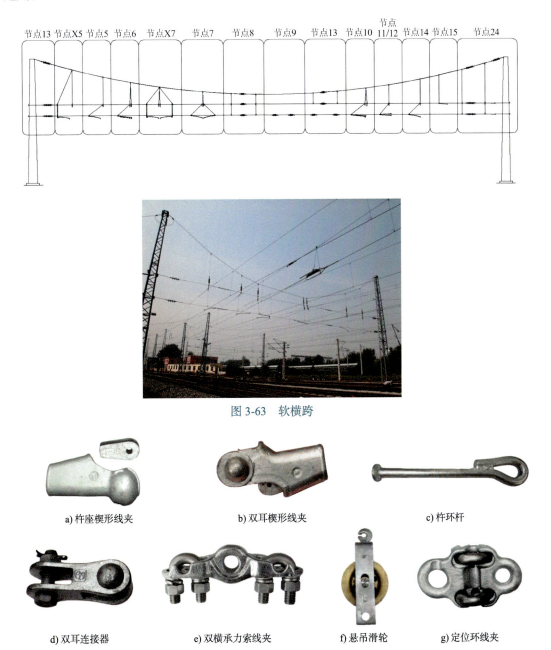

图 3-63　软横跨

图 3-64　软横跨主要零件图

3.2.5　定位装置

定位装置用于在定位点处对接触线相对于线路中心进行横向定位。在直线区段，相对于线路中心，接触线需拉成之字形；在曲线区段，相对于受电弓行进轨迹，接触网需拉成切线或割线。定位装置应动作灵活、重量尽量小且有一定的抗风性能。

1）定位管和定位器

定位管应方便定位器的安装和调节，主要用于在水平方向调整拉出值。定位管相对于轨平面的抬升有严格的规定，其空间姿态对弓网运行安全有直接的影响。

定位器由定位钩、镀锌钢管或铝合金管、套筒和定位销钉、定位线夹等零件组成，是定位装置的关键零件。按形状分类，定位器可分为直管式定位器、弯管式定位器、特型定位器等。为避免碰撞受电弓，定位器具有一定的倾斜角度，定位器根部在安装后要适当抬高一些，倾斜角度在 1∶10～1∶5 之间。定位器和定位管之间的装配如图 3-65 所示。

2）定位方式

定位装置仅对接触线进行横向定位，根据支柱所处位置、功能及地形条件的不同，定位装置的形式也不同。柔性悬挂定位方式主要分为以下 4 种。

（1）正定位

正定位通常用于直线区段及曲线半径较大的区段。正定位由定位管、支持器、定位线夹、定位环、定位钩等部件组成。定位器的一端利用定位线夹固定接触线，另一端通过定位环与通过定位环固定在腕臂上的定位管衔接，如图 3-65 所示。

（2）反定位

反定位一般用于曲线内侧支柱或直线区段之字方向与支柱位置相反的位置。此时定位管受压力较大，为使其保持水平工作状态，通常采用腕臂斜撑或斜拉线将定位管固定或悬吊于平腕臂上，其结构如图 3-66 所示。

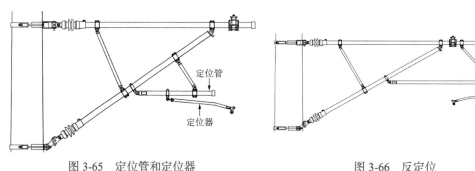

图 3-65　定位管和定位器　　　　图 3-66　反定位

（3）软定位

软定位只能承受拉力，不能承受压力，常用于曲线半径 ≤1000m 的区段。为避免某些特殊情况时下拉力过小，在曲线力抵消反方向的风力之后，拉力需保持 200N 以上方能选用软定位形式，其结构如图 3-67 所示。

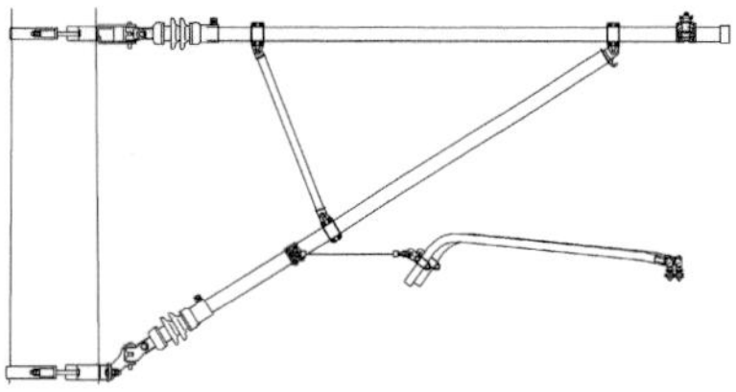

图 3-67　软定位

（4）组合定位

组合定位用于锚段关节的转换柱、中心柱及站场线岔处的定位，这些地方有两组定位器悬挂在同一支柱处，分别固定在所要求的位置上。各种各样的地形条件及悬挂条件使得组合定位的方式较多，各组合定位的作用也不相同，不同组合的结构分别如图 3-68～图 3-71 所示。

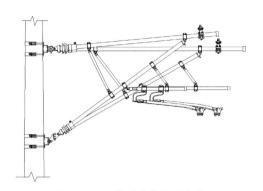

图 3-68　双拉型道岔组合定位

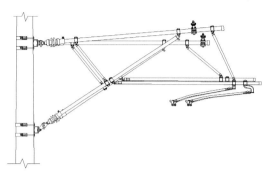

图 3-69　双压型道岔组合定位

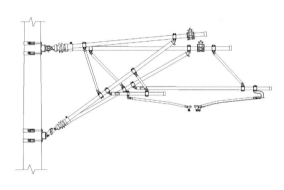

图 3-70　拉压型道岔组合定位

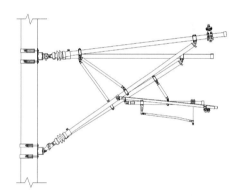

图 3-71　锚段关节转换柱 ZF2 组合定位

图 3-68 为双拉（L）型组合定位器，两定位管均受到拉力，定位器把两支接触线拉向支柱；图 3-69 为双压（Y）型组合定位器，两定位管均受到压力，定位器把两支接触线拉离支柱；图 3-70 为拉压（LY）型组合定位器，两定位器一支使定位管受拉力，一支使定位管受压力；一支把接触线拉向支柱，另一支把接触线拉离支柱，两支接触线等高，均处于工作状态。以上 3 种组合定位均属于道岔定位最常用的定位方式。图 3-71 用于非绝缘锚段关节转换柱 ZF2 的组合定位，其中一组接触悬挂为工作支，通过定位器实现定位，另一组接触悬挂为抬高后下锚的非工作支。

广州地铁 1 号线户外采用安装在支柱上的铰接式腕臂进行支撑和定位，隧道内通过固定在隧道壁上的吊架安装铰接式腕臂进行支撑和定位，如图 3-72 所示。支撑定位便于安装调整，并且可独立地调节导线高度、定位器坡度和接触线拉出值，在满荷载条件下，可使接触线在轨道上方准确定位，且满足接触线在悬挂点处的最大经验抬高值要求。两根接触线的支撑和定位应有足够的独立性，以便当一架受电弓沿其滑过时，能接触到两根导线。

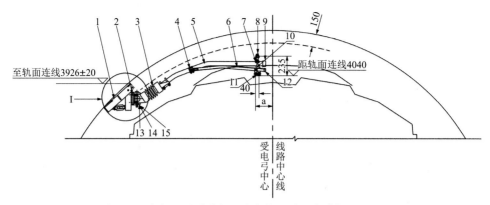

图 3-72 广州 1 号隧道内悬挂安装图（尺寸单位：mm）

1-隧道腕臂调整支架；2-腕臂底座；3-隧道棒式绝缘子；4-定位双环；5-弓形腕臂；6-弓形定位管；7-承力索线夹支持座；8-承力索线夹；9-11/2 型管帽；10-支持夹环；11-定位线夹；12-3/4 型管帽；13-铜垫圈；14-销钉；15-开口销

广州地铁 1 号线在多股道并列的地方，支撑和定位采用软横跨结构，如图 3-73 所示。关于单接触线系统，无论位于单股道还是多股道，如果轨道的允许速度大于 20km/h，那么需采用吊索悬挂支撑结构，否则采用简单悬挂方式。如果与多股道并列地方的某些股道具有恒定张力的链形悬挂，那么将采用滑轮悬挂结构，以便承力索沿线路移动。

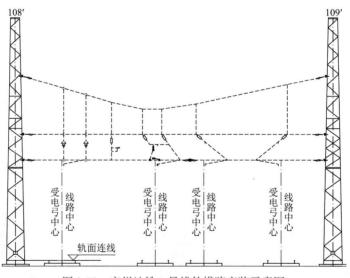

图 3-73 广州地铁 1 号线软横跨安装示意图

软横跨的横向承力索采用不锈钢线，定位索采用青铜导线。管口用橡胶帽密封，以防止潮气侵入，但处于倾斜或垂直状态的管子下端管口应保持敞开状态。每个零件和支撑构件均应根据其允许负荷检查其是否满足安全系数的要求。所有管材均为无缝钢管，管材连接件采用可锻铸铁或球墨铸铁制造，所有非不锈钢的铁质零件按标准要求进行热浸镀锌处理。直接和铜导线接触的零件一般应为铜质，不同金属材料之间的接触应在接触面涂黄油以防止腐蚀。不锈钢或锡铜可用于不同金属材料间的衬垫。除 U 形螺栓外，M16 以下的所有铁质螺栓和螺母均采用不锈钢制造，其余则采用碳钢制造并进行镀锌处理。

3.2.6 张力自动补偿装置

张力自动补偿装置装于锚段的两端，用于补偿线索内的张力变化，使张力保持恒定，进而使线索弛度满足技术要求。

张力自动补偿装置需要满足两点要求：其一，补偿装置灵活，在线索内的张力发生缓慢变化时，应能及时补偿，传送效率高；其二，具有快速制动作用，当发生断线事故或其他异常情况，线索内的张力迅速发生变化时，补偿装置应能快速制动。通常采用断线制动装置在发生断线时防止坠砣落地，造成事故扩大、恢复困难。

接触网张力自动补偿装置种类有棘轮式、滑轮式、弹簧式、鼓轮式和液气式等，城市轨道交通接触网多采用棘轮式补偿装置。

（1）棘轮补偿装置

在棘轮式补偿装置中，棘轮和工作轮共为一体，占用空间少，可以解决空间受限时的补偿问题，如图3-74所示。棘轮本体大轮与小轮直径比通常为3∶1，根据力矩平衡原理，传动比为1∶3。补偿绳为柔性不锈钢丝绳，工作荷载通常取12kN。棘轮式补偿装置的主要优点是具有断线制动功能，正常工作状态下，棘轮与制动块之间有一定间隙，棘轮可以自由转动，当接触网断线后，棘轮和坠砣在重力作用下坠落，棘轮卡在制动卡块上，能有效防止坠砣下落。

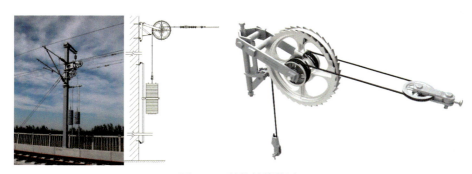

图3-74　棘轮补偿装置

（2）滑轮补偿装置

滑轮补偿装置（图3-75）由滑轮组、不锈钢绳、坠砣、坠砣杆及相关连接零件组成，如图3-76所示。滑轮组是滑轮补偿装置的核心设备，通常由铝合金铸造而成，传动效率应在97%以上。滑轮组由定滑轮和动滑轮组成，其数量取决于补偿张力的大小。

滑轮补偿装置结构简单、安装方便、寿命长。但随着传动比的增加，整套装置的体积和重量也明显增加，所需安装空间较大。当补偿绳与滑轮轴心不垂直时会产生偏磨现象。

为了保证在设计温度范围内坠砣能上下自由移动，在最低设计温度时，坠砣杆耳环不触及滑轮边缘；在最高设计温度时，坠砣托板不触及地面，应根据锚段长度计算绘制出补偿坠砣串位置随温度变化的补偿安装曲线。

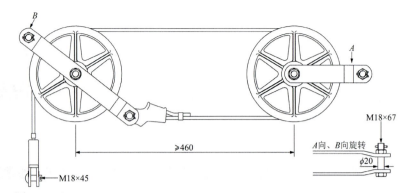

a) 1/2 型滑轮组补偿装置

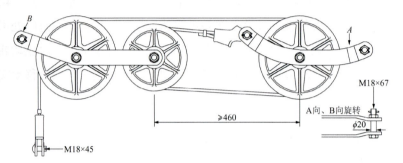

b) 1/3 型滑轮组补偿装置

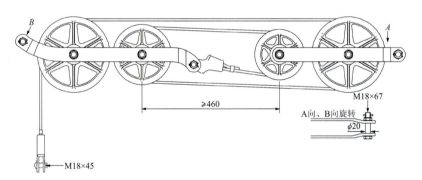

c) 1/4 型滑轮组补偿装置

图 3-75　不同传动比的滑轮补偿装置（尺寸单位：mm）

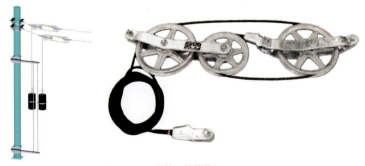

1/3 滑轮组补偿装置

图　3-76

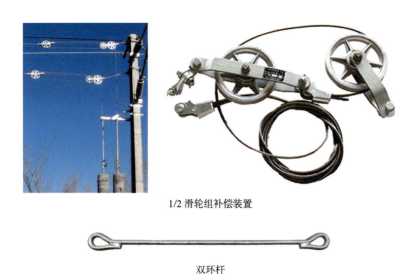

1/2 滑轮组补偿装置

双环杆

图 3-76　滑轮补偿装置主要零件示意图

3.2.7　中心锚结

两端补偿下锚的线索，因线索上各种拉力和阻力不同，两端会出现不平衡的拉力，从而使线索向一端移动。为了防止这种现象的产生以及当锚段内出现断线后能缩小事故范围，锚段中间跨内设中心锚结，将该点的线索拉紧固定，在任何情况下，该点都不会出现偏移。

中心锚结设在锚段中部，其作用有：一个锚段两端均设补偿时，可以防止补偿器向一侧滑动，特别是在有坡度的线路上，设置中心锚结效果更加明显；缩小事故范围，当中心锚结一侧接触网线索发生断线时，不至影响另一侧的接触网，且容易排除事故及易于恢复正常运行。

（1）半补偿链形悬挂中心锚结

半补偿链形悬挂由于承力索两端是硬锚，纵向不产生位移。接触线两端为补偿下锚，接触线中心锚绳中部通过中心锚结线夹与接触线连接，两端通过承力索中心锚结线夹与承力索连接，如图 3-77 所示。

图 3-77　半补偿链形悬挂中心锚结

（2）全补偿链形悬挂中心锚结

由于全补偿链形悬挂的接触线和承力索锚段两端均补偿下锚，均可能出现因两端张力不平衡而产生移动，故承力索和接触线均需设置中心锚结。全补偿链形悬挂中心锚结设置方式不统一，城市轨道交通接触网常采用如图 3-78 所示的方式。接触线中心锚结在锚段中部相邻两跨内，通过中心锚结绳与承力索相连，承力索中心锚结绳中部固定于承力索座旁承力索上，两端固定于相邻支柱上。安装时中心锚结绳应抬高锚固，一般不得低于承力索的高度。中心锚结主要零件如图 3-79 所示。

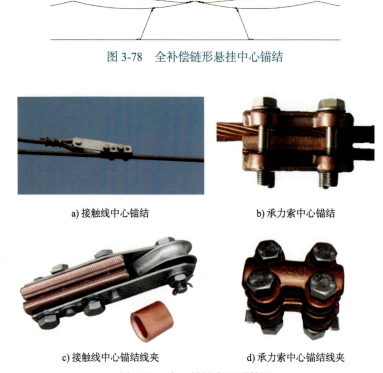

图 3-78　全补偿链形悬挂中心锚结

a) 接触线中心锚结　　b) 承力索中心锚结

c) 接触线中心锚结线夹　　d) 承力索中心锚结线夹

图 3-79　中心锚结主要零件图

3.2.8　线岔

段场中，站线、渡线、侧线总是要并入正线或出入线。在线路道岔区上空，接触网有两组或两组以上悬挂会交汇成一定的空间结构以确保受电弓在各组悬挂间安全过渡，这样的空间结构称为接触网线岔。线岔分为交叉线岔和无交叉线岔两类。

当受电弓通过道岔时，由于受电弓弓头具有一定的宽度，当受电弓还未运行到两支接触线的交点时，便开始接触另一支接触线的区域，该区域称为始触区。始触区是考虑了因受电弓上下抬升与左右摆动以及接触线的振动等因素而确定的区域。为了保证受电弓由始触区通过道岔时两支接触线同时升降，需要在两支接触线交叉点处安装限制管，防止始触区发生刮弓和钻弓事故。

（1）交叉线岔

交叉线岔由接触线、限制管、定位线夹及相应连接零件组成，用于限制两相交接触线的位置，如图 3-80 所示。限制导杆两端用定位线夹固定在交叉点下方的接触线上，使得两相交接触线约束在一起，受电弓经过时，两支接触线能同步升降，保证受电弓从不同线路方向顺利通过线岔。限制管的长度取决于两接触线交叉点位置、道岔型号、线岔距中心锚结的距离。城市轨道交通接触网交叉式线岔平面布置示意如图 3-81 所示。

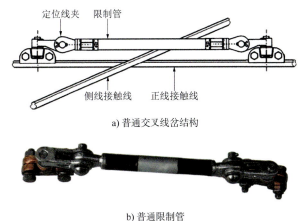

图 3-80　交叉线岔

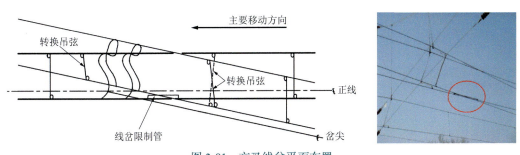

图 3-81　交叉线岔平面布置

安装温度为设计平均温度时，两接触线交叉点应与限制管中心重合；安装温度高于设计平均温度时，两接触线的交叉点应偏向下锚端；安装温度低于设计温度时，两接触线交叉点应偏向中心锚结端。

两支接触线的上下位置是根据线路情况和线岔距中心锚结的远近确定的。正线接触线和侧线接触线相交时，正线接触线在下位；两支侧线接触线相交时，距离下锚装置近的一支接触线在上位。由于受电弓在经过始触区时，受电弓的弓头弓角接触另一支接触线，弓头与接触线侧下方接触，安装于此处的零件存在打弓的可能，为了避免该情况发生，凡是在始触区范围内的接触线都不能安装任何零件，该区域也称为接触线无线夹区。

（2）无交叉线岔

道岔上空两组接触悬挂通过道岔定位柱及装配零部件实现"平行"布置而不交叉的线岔方式称为无交叉线岔（图 3-82、图 3-83）。

无交叉线岔的优点是正线和侧线两组接触线不相交、不相触，也没有线岔设施，侧线悬挂不影响正线列车高速受流，避免了交叉线岔的不足，改善了受电弓高速过线岔的运行环境。既不会产生刮弓事故，也没有因线岔形成的硬点，提高了接触悬挂的弹性均匀性，从而保证了在高速行车时，消除打弓、钻弓及刮弓的可能性。

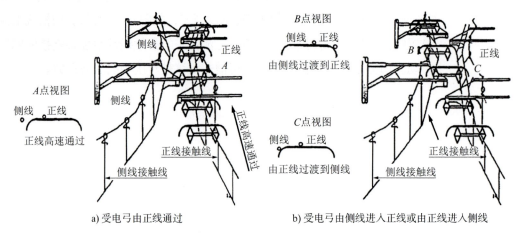

图 3-82　受电弓通过无交叉线岔示意图

图 3-83　无交叉线岔

3.2.9　电分段

为了保证供电的灵活性和可靠性，缩小停电事故范围，并满足供电和检修以及其他需要，接触网需要进行分段。被分段的接触网在电气方面是独立的，并用隔离开关连接。

电分段有两种形式，分别为绝缘锚段关节（空气间隙式）与分段绝缘器（器件式）。与此同时，电分段有横向电分段与纵向电分段之分。横向电分段指段场各股道之间的电分段，如各检修列检库之间的电分段；纵向电分段指接触网顺线路方向的电分段，如段场接触网和区间接触网之间的电分段。

用于电分段的设备主要有分段绝缘器和隔离开关。分段绝缘器是接触网常用的电气分段设备，主要安装于段场库前和库中、洗车库两端、段场和出入线分段处以及其他需要进行电分段的地方。隔离开关是接触网的主要开关设备,使接触网形成明显的断口。分段绝缘器和隔离开关配合使用能提高接触网运行的可靠性和灵活性。

(1)分段绝缘器

分段绝缘器是架空接触网设备中实现接触线电气断开,但又不影响受电弓与接触线正常取流的重要电气设备(图 3-84)。正常工作条件下,分段绝缘器两端应等电位。当受电弓分别从两侧滑过分段绝缘器工作面时,滑板同时接触绝缘板和导流板,受电弓带电通过分段绝缘器,为防止受电弓滑板在两导流板间转换时引起燃弧烧损设备,在导流板顶端设有防闪络间隙和防闪络角形件。分段绝缘器整体应与轨面平行,其中心点应在线路中心的正上方,中心点偏离线路中心线不应大于 50mm。

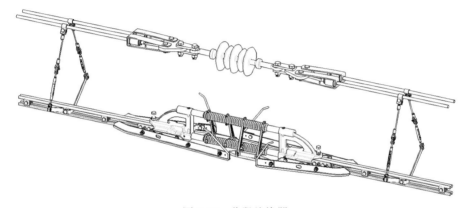

图 3-84　分段绝缘器

广州地铁 1 号线的分段绝缘器上装有瓷绝缘体或合成纤维绝缘体,受电弓能从两方向带电无离线高速平稳通过。分段绝缘器两边的金属部分间的最小间隙为 150mm,绝缘体的最小爬距为 250mm,滑道有重叠区域以确保受电弓连续取流。在分段处,两支接触线应分别独立地插入绝缘体。在分段绝缘器部件的两端安装有来自承力索的可调节式吊弦,以确保每支接触线上的陶瓷环绝缘体从运行高度抬高 30mm。

在特殊情况下,分段绝缘器一端的接触网无电或接地,受电弓通过该处会产生电弧,因此滑道需要安装消弧角,以便电弧能从绝缘体和滑道接触而扩散开直到消失。在与分段绝缘器会合的区域,馈线或承力索应采用耐张绝缘子进行分段。在车辆段或侧线等采用吊索悬挂的单接触线型式的区域,采用具有重叠滑道的短型分段绝缘器,此时吊索加长以便与绝缘器的总长相匹配。

(2)隔离开关

隔离开关是一种没有灭弧装置的开关设备。常用于接触网在无载情况下进行倒闸,形成明显断口,实现电气隔离。隔离开关常与分段绝缘和电连接线配合使用,实现接触网各供电分段之间的连接和断开,增加供电的灵活性,以满足检修和不同供电方式运行的需要。

隔离开关按结构分为单极隔开（图 3-85）、双极隔开及三极隔开（图 3-86）。单极隔离开关仅与主回路一条导电回路相连，常用于段场库前、库中、洗车库两端及段场和出入线分段处；双极隔离开关与主回路两条导电路径相连，常用于车站渡线供电，通常一个开关常闭，另一个开关常开；三极隔离开关常用于接触网上网点，两端隔离开关分别用于两侧接触网电分段上网，中间隔离开关用于联络上下行隔离开关。

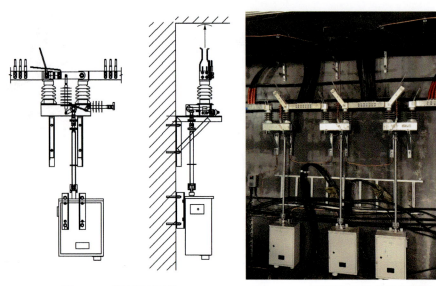

图 3-85 单极隔离开关　　图 3-86 三极隔离开关现场安装图

隔离开关从操作机构上分为手动隔离开关和电动隔离开关。手动隔离开端需要工作人员现场操作，常用于库前、库中以及洗车库两端；电动隔离开关可现场操作及远程控制，常用于接触网上网点以及段场与出入线分段点，所有电动隔离开关均需纳入远动控制。除此之外，一些隔离开关还带有接地刀闸，这类隔离开关多了一套接地刀闸和联动装置。开合过程中通过操动机构带动接地刀闸实现隔开接地操作。

广州地铁 1 号线隔离开关设计成敞开式，在隧道内或户外均便于安装在靠近接触网高度的位置。电气特性和试验方法均按相关标准确定。除此之外，隔离开关还需要满足以下条件：①额定的连续载流量为 3000A。②为便于操作，无论电动或手动操作机构的操作手柄均应安装在距离地面 1.2m 的地方。③隔离开关应适应隧道结构误差，并满足设备限界。

（3）电连接

电连接由电连接线和电连接线夹组成（图 3-87），用于导通电流、消除接触悬挂点之间的电位差，保证电路的畅通，并能减少电能损耗、提高供电质量。电连接常用于承力索和接触线间、股道间、锚段关节、道岔、隔离开关等处。电连接材质和规格应与被连接线索相匹配，材质一般选用软铜绞线，允许通过的电流不得小于被连接接触悬挂和供电线的额定载流量，且不得有接头。线夹和被连接线索之间的连接必须贴切、牢固。电连接及主要零件见图 3-88。

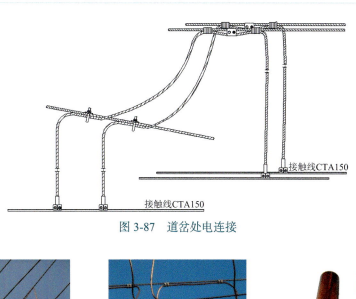

图 3-87　道岔处电连接

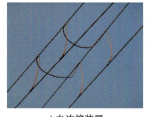

a) 电连接装置

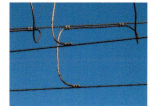

b) 电连接装置

c) JT 型接触线电连接线

d) CT 型承力索电连接线

e) JX 型接触线电连接线

f) JB 型接触线电连接线

g) C 型承力索电连接线夹

h) E 型接触线电连接线夹

i) 承力索电连接线夹

图 3-88　电连接及主要零件图

跳线通常用于固定支持接触网的非带电金属体与接触网架空地线之间的连接，采用非绝缘的 120mm² 软铜线或等值的导体（150mm² 的软铜绝缘电缆），优先采用压接型连接。在隧道内结构高度小的地方采用绝缘跳线。跳线类型及与接触网系统的连接方式，应对接触网系统动态特性的影响降低到最小。

横向电连接线提供由辅助馈线和承力索经接触线到受电弓的导流通道。在整个锚段长度内，横向电连接以不超过 60m 的固定间距排列。相邻设备之间由电连接线提供导流通道，电连接线应具有和接触网相同的载流能力，通常安装在非绝缘关节、道岔及渡线等处。

均压跳线通常用于连接带电设备和相邻的非工作支。常用于绝缘段锚关节处连接工作支和下锚支。

3.2.10 绝缘子

绝缘子是接触网带电体与支柱设备或其他接地体保持电气绝缘的重要部件，同时起电气绝缘和承载机械负荷的双重作用。机械上起着连接、支撑、悬吊作用，承受着很大的拉伸或剪切应力。绝缘子性能的好坏，对接触网能否正常供电有着直接影响。

柔性架空接触网使用的绝缘子主要分为悬式绝缘子和棒式绝缘子。悬式绝缘子主要用来悬吊或支撑接触悬挂，常用于接触网线索对地绝缘或线索间绝缘，一般安装于线索下锚处、软横跨、隧道内悬挂和馈电线等处，悬式绝缘子只能承受拉力。棒式绝缘子常用于承受张力、压力和弯矩的场合，主要用在斜腕臂、平腕臂、压管及隧道内悬挂等处。

绝缘子按材质又可分为复合绝缘子（图3-89）和瓷绝缘子（图3-90）。复合绝缘子主要结构由伞裙护套、环氧玻璃纤维芯棒、端部金具三部分组成，复合绝缘子的这种结构将机械强度与外绝缘性能分开，芯棒与伞裙护套分别承担机械与电气负荷，从而综合了伞裙护套材料耐大气、老化性能优越及芯棒材料拉伸机械性能好的优点。瓷绝缘子瓷件外露表面有一层均匀的瓷釉，釉表面光滑无裂纹，色调均匀，外露砂层高度一般小于或等于10mm。瓷件面与金属附件之间设有缓冲衬垫，金属附件与水泥接触面均匀地涂一层缓冲层。复合绝缘子和瓷绝缘子性能对比见表3-9。

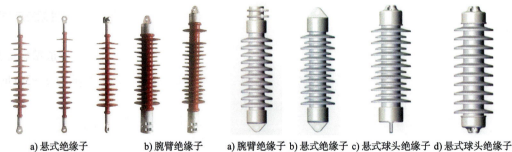

a) 悬式绝缘子　　b) 腕臂绝缘子　　　　a) 腕臂绝缘子 b) 悬式球头绝缘子 c) 悬式球头绝缘子 d) 悬式球头绝缘子

图3-89　复合绝缘子　　　　　　　　　图3-90　瓷绝缘子

接触网不同材质绝缘子性能对比表　　　　　表3-9

绝缘子类别	瓷绝缘子	复合绝缘子
外形尺寸	较小	较大
产品重量	较重	较轻
安全性	易破碎	不易破碎
常温抗弯破坏负荷（kN）	破坏值≥116	破坏值≥116
常温抗拉破坏负荷（kN）	破坏值≥1180	破坏值≥1120
通用性	可互换	可互换

续上表

憎水性	好	非常好
老化性能	抗老化	一般
形变	无形变	有形变
自洁性	好	较好
综述	产品挠度小、刚性强、不易断裂；耐老化。	易老化、使用寿命短、挠度大。

3.2.11 避雷器

接触网系统在隧道口处应装设避雷器（图3-91），以避免隧道内的最小电气间隙处发生闪络。避雷器的带电端通过适当的跳线接到接触网上。

安装在钢柱上的避雷器如图3-92所示，其底座应与钢柱绝缘。安装在混凝土柱上的避雷器，其底座及相关的连接件与架空地线不应相连，用标称截面为25mm^{2}的绝缘铜芯电缆与避雷器底座相连，该电缆顺支柱引下，与最近的接地极相连。

相同类型的避雷器安装到地面区段，并接到牵引变电所引出的每条馈出线的末端。

图3-91 避雷器　　图3-92 钢柱上避雷器安装示意图

第 4 章

刚性架空接触网

4.1 刚性架空接触网设计

4.1.1 相关设计标准

（1）《地铁设计规范》（GB 50157）；
（2）《城际铁路设计规范》（TB 10623）；
（3）《市域铁路设计规范》（T/CRSC 0101）；
（4）《城市轨道交通架空接触网技术标准》（CJJ/T 288）；
（5）《铁路电力牵引供电设计规范》（TB 10009）；
（6）《城市轨道交通直流牵引供电系统》（GB/T 10411）；
（7）《城市轨道交通工程项目规范》（GB 55033）；
（8）《城市轨道交通工程项目建设标准》（建标 104）；
（9）《电气化铁路接触网零部件技术条件》（TB/T 2073）；
（10）《电气化铁路接触网零部件试验方法》（TB/T 2074）；
（11）《电气化铁路用铜及铜合金接触线》（TB/T 2809）；
（12）《钢结构设计标准》（GB 50017）；
（13）《建筑结构荷载规范》（GB 50009）；
（14）《电力工程电缆设计标准》（GB 50217）；
（15）《建筑物防雷设计规范》（GB 50057）。

4.1.2 刚性架空接触网设计计算

1）汇流排挠度计算

为保证良好的弓网受流质量，刚性架空悬挂汇流排必须保持良好的平整度，与受电弓接触的滑动面需平滑顺直，汇流排连续不平滑程度变化应尽量小。汇流排连续不平滑程度是由汇流排自重产生的跨中挠度和刚度决定的，在汇流排定型的情况下，跨距增大意味着汇流排跨中挠度增加，对弓网受流不利。为了提高列车的运行速度，应减小汇流排的跨中挠度。为此，需确定合理的汇流排悬挂跨距。此外，汇流排设计还应考虑施工安装上的可行性和工程造价的经济性。

在刚性架空接触网一个锚段内，汇流排由多个悬挂装置进行悬挂定位，其力学模型可等效为连续梁结构，如图 4-1 所示。

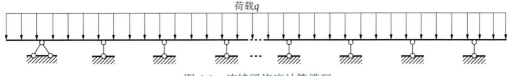

图 4-1 连续梁挠度计算模型

刚性架空接触网一个标准锚段内有接近30个跨距,且锚段关节附近多不为标准跨距,汇流排挠度曲线方程推导过程复杂,为了计算标准跨跨中挠度值,通常采用数值模拟的方法。根据经验值及以往的工程实践,在不同的行车速度条件下,悬挂点间标准跨距值一般可选用6~10m。经计算,汇流排挠度值与跨距之间的关系如图4-2所示。

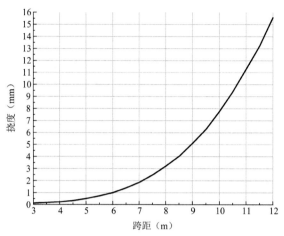

图4-2 跨距及跨中挠度曲线

2)锚段长度的确定

刚性架空接触网锚段长度应根据运行环境温度变化范围、导体载流温升、导体线膨胀系数系数、膨胀接头的补偿范围等条件确定,标准锚段长度通常取单根汇流排长度的整数倍。

汇流排的线膨胀系数为 $2.4 \times 10^{-5}/℃$,接触线的线膨胀系数为 $1.7 \times 10^{-5}/℃$,两者差别不大,且汇流排夹持力较大,计算时可将汇流排和接触线简化为一体。刚性架空接触网锚段热胀冷缩量 k 可根据式(4-1)进行计算:

$$k = \alpha l \Delta t \tag{4-1}$$

式中:α——汇流排线膨胀系数(1/℃),取 2.4×10^{-5};

　　　　l——半锚段长度(m);

　　　　Δt——最大温差(℃)。

刚性架空接触网悬挂装置分为垂直悬吊式与水平悬臂式,因悬挂装置的结构不同,锚段长度的取值有所差异。

(1)垂直悬吊式

以最大锚段长度为250m为例,隧道内环境温度为5~40℃,电流温升按照2000A持续载流考虑约为25℃,则考虑最大温差及导线工作温升综合为60℃。经计算,半锚段最大热胀冷缩量为180mm。

锚段关节处端部弯头长5.95m,起弯点距端头1m,转换悬挂定位点距端头通常取1.3m,则转换悬挂定位点距离端部弯头起弯点300mm。

刚性架空接触网悬挂装置采用垂直悬吊式时，由于汇流排与定位线夹之间存在卡滞等问题，考虑一定的余量，锚段长度一般为200~250m，最大锚段长度不超过300m。目前汇流排单根制造长度为12m，端部弯头长5.95m，最大锚段长度一般为239.9m（5.95m + 19 × 12m + 5.95m）。

（2）水平悬臂式

刚性架空接触网悬挂装置采用水平悬臂式时，汇流排直接紧固于定位线夹上，两者间不存在卡滞问题，锚段长度的制约因素主要为膨胀元件的补偿范围及水平悬臂转角。

以广州地铁18号线与22号线为例，转换悬挂点拉出值为240mm，水平悬臂长1378mm。当最大温差为60℃且水平悬臂最大允许转角为15°时，锚段关节转换悬挂点拉出值偏移50mm，对应断口式锚段关节锚段长度取502m；膨胀接头最大补偿量取1000mm时，对应贯通式锚段关节锚段长度取624m。

3）架空地线悬挂安装曲线计算

由于刚性架空接触网安装环境的气候特性，架空地线的弛度、张力、机械位置参数等均随环境温度变化而变化，为了施工运营需要，将相关参数随温度的变化情况以曲线或者对照表的形式展示出来，用于指导架空地线施工和运营检调，这种曲线称为安装曲线。架空地线常用安装曲线包括张力—温度曲线（对照表）与弛度—温度曲线（对照表）。架空地线安装曲线的绘制通常分为以下5步：

（1）确定当量跨距，架空地线当量跨距通常取8m、16m；
（2）计算架空地线产生最大张力时的临界跨距；
（3）确定计算的起始条件：临界负载及临界温度；
（4）利用状态方程，计算张力—温度对照表、弛度—温度对照表数据；
（5）根据张力—温度对照表、弛度—温度对照表绘制安装曲线。

架空地线采用120mm² 铜绞线、当量跨距取8m时，张力—弛度—温度对照表见表4-1。

张力—弛度—温度对照表 表4-1

温度（℃）	张力（N）	弛度（mm）						
		跨距6m	跨距8m	跨距10m	跨距12m	跨距16m	跨距18m	跨距20m
5	12000	4	8	12	16	28	36	45
6	11790	5	8	12	17	28	37	46
7	11580	5	8	12	17	29	38	46
8	11380	5	8	12	17	29	38	47
9	11170	5	8	12	18	30	39	48
10	10960	5	8	13	18	30	40	49
11	10750	5	8	13	18	31	41	50
12	10550	5	9	13	19	32	41	51
13	10340	5	9	13	19	32	42	52
14	10130	5	9	14	19	33	43	53

续上表

温度（℃）	张力（N）	弛度（mm）						
		跨距6m	跨距8m	跨距10m	跨距12m	跨距16m	跨距18m	跨距20m
15	9920	5	9	14	20	34	44	54
16	9720	5	9	14	20	34	45	55
17	9510	6	9	14	21	35	46	56
18	9300	6	10	15	21	36	47	58
19	9090	6	10	15	22	37	48	59
20	8890	6	10	15	22	38	49	60
21	8680	6	10	16	23	38	50	62
22	8470	6	11	16	23	39	51	63
23	8270	6	11	17	24	40	53	65
24	8060	6	11	17	24	41	54	67
25	7860	7	11	17	25	42	55	68
26	7650	7	12	18	26	44	57	70
27	7450	7	12	18	26	45	58	72
28	7240	7	12	19	27	46	60	74
29	7040	7	13	19	28	47	62	76
30	6830	8	13	20	29	49	64	78
31	6630	8	13	21	29	50	66	81
32	6420	8	14	21	30	52	68	83
33	6220	8	14	22	31	54	70	86
34	6020	8	15	23	32	55	72	89
35	5820	9	15	23	33	57	75	92
36	5610	9	16	24	35	60	77	95
37	5410	9	16	25	36	62	80	99
38	5210	10	17	26	37	64	83	103
39	5020	10	17	27	39	67	86	107
40	4820	10	18	28	40	69	90	111

4）悬挂装置荷载

刚性架空接触网悬挂装置主要受铅垂方向、顺线路方向和垂直线路方向的荷载。

（1）铅垂方向荷载

悬挂点处铅垂方向受力主要为汇流排、接触线、架空地线、绝缘子、悬吊结构等的自身重力（不含检修人员在网上检修作业产生的重力），该数值约为4kN。

（2）顺线路方向荷载

刚性架空接触网放线作业过程中拉动放线小车产生的纵向拉力一般为1~1.5kN；受电弓与接触线之间的摩擦力数值很小，可忽略不计；高净空隧道内还需考虑活塞风产生的风压荷载。综合考虑，一般情况下顺线路方向荷载约为2kN。

（3）垂直线路方向荷载

因汇流排需要设置拉出值，悬挂点处受汇流排弯曲及曲线超高处产生的向心力，该垂直方向荷载较小，最大不超过1kN。

4.1.3 刚性架空接触网设计方法

1）设计范围

刚性架空接触网设计范围部分内容同柔性架空接触网设计范围部分内容。

2）设计接口

刚性架空接触网设计接口部分内容同柔性架空接触网设计接口部分内容。

3）主要设计原则

刚性架空接触网主要设计原则部分内容同柔性架空接触网主要设计原则部分内容。

4）设计方案

（1）跨距

跨距的选用与行车速度、弓网动态相互作用特性、盾构隧道管片预埋滑槽间距等多个因素有关。为防止受电弓与接触网共振，接触网跨距的选择应尽量避免其固有频率与受电弓固有频率重合（或接近），同时也要考虑跨距通过频率（列车运行速度除以跨距）基频及倍频的影响。

《城市轨道交通架空接触网技术标准》（CJJ/T 288—2018）中规定刚性架空接触网悬挂点的跨距宜为6～10m；《城际铁路设计规范》（TB 10623—2014）及《市域铁路设计规范》（T/CRSC 0101—2017）中规定相邻跨距之比不宜大于1∶1.25。

由图4-2可知，当跨距超过10m时，汇流排的挠度进一步增加，其连续不平滑程度将更大，从而影响受电弓的良好取流。根据国内外工程经验，跨距应尽量不超过10m。

国内刚性架空接触网标准跨距通常取8m。广州地铁2号线是国内首条采用刚性架空接触网的地铁线路，设计速度80km/h，标准跨距选用8m。广州地铁3号线是国内首条设计速度120km/h且采用刚性架空接触网授流的地铁线路，北延段高速区段接触网标准跨距为6m。广州地铁18号线和22号线是国内首条设计速度160km/h的全地下地铁线路，接触网标准跨距为8m。若盾构隧道管片预埋滑槽，则标准跨距取预埋滑槽间距的整数倍。深圳地铁9号线是我国第一条采用预埋滑槽的地铁线路，滑槽间距1.5m，接触网标准跨距取7.5m。

（2）悬挂方案

刚性架空接触网悬挂方式分为垂直悬吊式与水平悬臂式。

①DC1.5kV刚性架空接触网

国内DC1.5kV刚性架空接触网通常采用垂直悬吊式结构，该结构根据不同的隧道类型及安装净空分为不同的安装方式，主要安装方式有以下5种：

a. 在净空高度＜4800mm 的矩形隧道及马蹄形隧道内，支持结构采用双层槽钢的复式结构安装。

b. 在净空高度＜4800mm 的盾构隧道内，支持结构采用双螺栓结构安装。

c. 在净空高度≥4800mm 的隧道内，支持结构采用吊柱安装。

d. 在净空高度＜4450mm 的隧道内，支持结构采用绝缘横撑安装或 U 形悬挂安装。

e. 在车站的风管下，支持结构采用在结构风管底板上钻孔方式安装。

② AC25kV 刚性架空接触网

AC25kV 刚性架空接触网主要采用水平悬臂式结构（图 4-3）。水平悬臂式在距受电弓中心线一定距离的隧道顶部安装吊柱，采用高强度瓷质支柱绝缘子倾斜悬臂悬挂刚性架空接触网，所需最小净空为 960mm。该方案主要由吊柱、铰座、绝缘子定位线夹连接板、定位线夹等组成。绝缘子部分可由铰座绕吊柱旋转一定角度，可有效防止热胀冷缩引起汇流排与定位线夹之间卡滞的问题，因此允许的锚段长度较长，可减少锚段关节数量，减少潜在硬点，优化弓网关系。

垂直悬吊式结构（图 4-4）沿线路中心对称安装，所需最小净空为 1400mm。该方案主要由吊柱、绝缘子、槽钢、锚栓、定位线夹等组成。热胀冷缩过程中汇流排与定位线夹之间会出现卡滞的问题，允许的锚段长度较短。

图 4-3　AC25kV 水平悬臂式结构　　图 4-4　AC25kV 垂直悬吊式结构

我国的乌鞘岭隧道、新关角隧道、中天山隧道、北京地铁大兴机场线及广州地铁 18 号线和 22 号线均采用了水平悬臂式结构，垂直悬吊式结构在北京地铁大兴机场线特殊位置有少量运用。

（3）锚段关节

刚性架空接触网相邻锚段间的过渡区域称为锚段关节。锚段关节从电气性能上分为绝缘锚段关节和非绝缘锚段关节，从机械性能上分为贯通式锚段关节和断口式锚段关节。贯通式锚段关节采用膨胀接头实现两个锚段电气和机械两方面的过渡；断口式锚段关节由平行布置的两汇流排组成。锚段关节为弓网动态受流中的薄弱点。通常列车运行速度≥120km/h 时，采用贯通式锚段关节进行过渡；当列车运行速度＜120km/h 时，使用断口式锚段关节进行过渡。

①非绝缘锚段关节

非绝缘锚段关节（图4-5）常用于线路区间，通过电连接线保持两个锚段的电气连续性。刚性架空接触网一个锚段首末悬挂点称为转换悬挂点。一般情况下，DC1.5kV供电制式非绝缘锚段关节转换悬挂点拉出值的取值使两终端汇流排中心线之间的距离为200mm，AC25kV供电制式取260mm。两汇流排终端分别通过两套悬挂装置定位，悬挂装置间距通常取2m或3m。

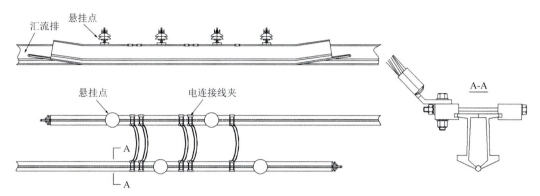

图4-5　非绝缘锚段关节示意图

为了使受电弓能平稳通过锚段关节，关节处两中间悬挂点处应等高，转换悬挂点处非工作支不得低于工作支，通常转换悬挂点需要抬升1~5mm。广州地铁3号线转换悬挂点抬升1~3mm，北京地铁大兴机场线抬升5mm。

膨胀接头是非绝缘锚段关节的另一种形式，它作为刚性架空接触网机械分段的温度补偿构件，既能保证两锚段电气上连接，又能保证锚段关节处汇流排的良好伸缩性，适用于列车高速运行的线路。

②绝缘锚段关节

绝缘锚段关节相较于非绝缘锚段关节取消了电连接线，通过增大两支汇流排终端间距实现两锚段间的绝缘，常用于接触网电气分段。绝缘锚段关节采用空气间隙实现绝缘，一般情况下，DC1.5kV供电制式转换悬挂点拉出值的取值使两终端汇流排中心线之间的距离不小于260mm，AC25kV供电制式取值不小于450mm。

（4）锚段长度

DC1.5kV供电制式刚性架空接触网锚段长度一般为200~250m，最大锚段长度不超过300m。AC25kV供电制式刚性架空接触网锚段长度取值与锚段关节形式及悬挂方式有关。悬挂方式采用水平悬臂式时，断口式锚段关节锚段长度取500m左右，贯通式锚段关节锚段长度取600m左右。

辅助馈线及架空地线的锚段长度不宜大于2000m。在曲线、高差悬殊、跨距相差悬殊的区段可适当缩小。

（5）拉出值

拉出值应结合受电弓滑板工作宽度及滑板均匀磨耗等因素综合确定，接触线相对于受电弓中心线的最大偏移量应小于受电弓工作宽度的一半。

目前大多数采用刚性架空接触网的城市轨道交通线路出现了受电弓滑板磨耗不均匀的现象。受电弓碳滑板的磨耗不规则加剧了接触线的磨耗不均匀，恶化弓网关系。受电弓滑板磨耗不规则与接触网平面布置的方式密切相关。

① 正弦波布置

国内早期刚性架空接触网平面布置采用类似正弦波的形式，如图 4-6 所示，悬挂点以类似正弦波的位置分布在受电弓中心线两侧。早期广州地铁 2 号线、3 号线采用了正弦波布置方式。

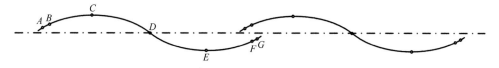

图 4-6 刚性悬挂正弦布置示意图

通过广州、上海等地的地铁线路的运行实践发现，受电弓滑板出现坑槽和表面不平滑，具体表现为距离滑板±100mm 附近及滑板两端磨耗较多，中间偏少。

若刚性架空接触网最大拉出值为 200mm，则刚性架空接触网上某点的拉出值可表示为：

$$a = 200\sin(\pi \cdot x/\lambda) \tag{4-2}$$

式中：a——线路某点拉出值（mm）；

x——该点距拉出值为 0 点的距离（m）；

λ——正弦半波波长（m）。

根据式(4-2)可定量计算出一个拉出值布置周期内，不同拉出值范围接触线与滑板滑动摩擦的距离，将滑动摩擦距离折算成磨耗百分比后，如图 4-7 所示。整个拉出值范围内滑板磨耗百分比呈浴盆状，最大拉出值附近滑板磨耗严重。

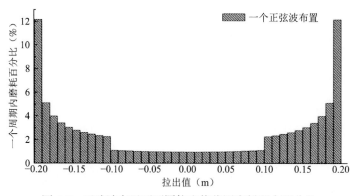

图 4-7 正弦波布置下不同拉出值范围磨耗所占百分比

②类之字形布置

刚性架空接触网类之字形布置如图 4-8 所示，目前国内地铁普遍采用此种布置方式。该布置方式采用类似柔性架空接触网平面布置形式，拉出值顺线路保持恒定变化率。在一个锚段中，其半个锚段与下一个锚段的半个锚段保持同一恒定斜率（一般取 3~5mm/m），斜率上以各点拉出值为控制点，最大拉出值处以汇流排顺滑形态为准。该种拉出值布置方式下，受电弓滑板通常会出现中间磨耗比两端磨耗严重的情况。

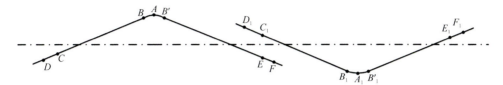

图 4-8 刚性架空接触网类之字形布置示意图

根据汇流排的布置方式，可定量计算出一个拉出值布置周期内，不同拉出值范围接触线与滑板滑动摩擦的距离，将滑动摩擦距离折算成磨耗百分比后，如图 4-9 所示。在整个拉出值范围内，滑板中间部分较两端磨耗严重。

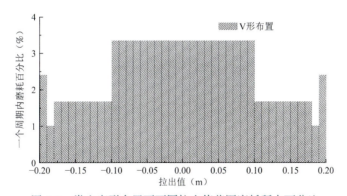

图 4-9 类之字形布置下不同拉出值范围磨耗所占百分比

由图 4-9 可知，0~±100mm 拉出值范围出现了 8 次，±100~±200mm 拉出值范围出现了 4 次。为减少 0~±100mm 拉出值范围出现次数，对类之字形拉出值布置方式进一步优化，如图 4-10 所示，该种布置方式两个锚段为一个拉出值布置周期。计算得出一个拉出值布置周期内滑板磨耗百分比如图 4-11 所示。

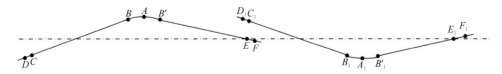

图 4-10 刚性架空接触网类之字形布置优化示意图

由于汇流排刚度较大，在最大拉出值相邻两跨汇流排按正弦波布置，拉出值变化率小，受电弓滑板在最大拉出值处连续磨耗的时间长，直接导致最大拉出值附近滑板磨耗严重。

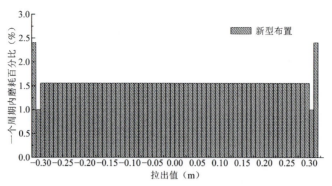

图 4-11 类之字形优化布置下不同拉出值范围磨耗所占百分比

AC25kV 架空刚性架空接触网悬挂方式通常采用水平悬臂式,锚段长度较长,一个锚段通常采用多个类之字形全波布置方式。国内外相关案例中,北京地铁大兴机场线拉出值设置为±220mm,每锚段 2.5 个全波;新关角隧道拉出值设置为±150mm,每锚段 1.5 全波;中天山隧道拉出值设置为±150mm,每锚段 2 个全波,奥地利西腾贝格隧道(Sittenberg Tunnel)设置为±150mm,每锚段 1 个全波。

广州地铁 18 号线和 22 号线根据列车运行速度,接触网锚段关节分为断口式锚段关节和贯通式锚段关节。受电弓弓头总宽度为 1950mm,碳滑板有效长度为 1576mm,一个锚段内最大拉出值取±300mm。这两条地铁线路采用断口式锚段关节的锚段,拉出值布置采用类之字形优化布置方案,一个完整的拉出值布置周期由两个子锚段构成,如图 4-12 所示。每个子锚段约 1.75 个全波,非绝缘锚段关节转换悬挂点拉出值为±1mm、±240mm,绝缘锚段关节转换悬挂点拉出值为±240mm。

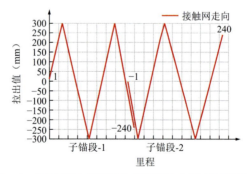

图 4-12 采用断口式锚段关节锚段拉出值布置示意图

广州地铁 18 号线和 22 号线采用贯通式锚段关节的锚段,而锚段间采用膨胀接头进行过渡,拉出值布置方案分为等锚段布置和等斜率布置,分别如图 4-13、图 4-14 所示。两种布置方式的完整拉出值布置周期均由八个子锚段构成。由于膨胀接头为整个锚段滑板磨耗严重的地方,为均衡滑板磨耗,在一个拉出值布置周期内,膨胀接头按拉出值 0mm、100mm、200mm、100mm、0mm、-100mm、-200mm、-100mm、0mm 的规律在线路上均匀布置。

等锚段布置方式中,每个子锚段长度相等,拉出值布置斜率略有不同;等斜率布置方式中，每个子锚段拉出值斜率一致，锚段长度略有不同。为保证滑板均匀磨耗，广州地铁18号线和22号线采用等斜率布置方式。

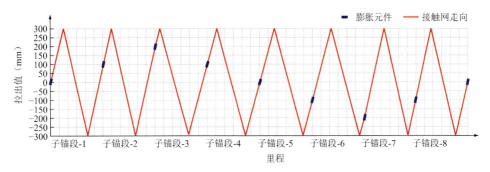

图 4-13　等锚段拉出值布置示意图

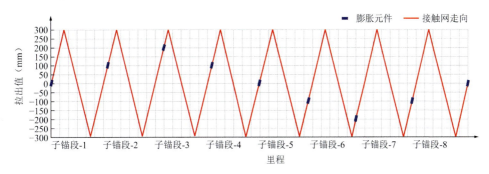

图 4-14　等斜率拉出值布置示意图

（6）绝缘间隙

DC1.5kV 刚性架空接触网空气绝缘间隙及安装距离根据《地铁设计规范》（GB 50157—2013）及《城市轨道交通架空接触网技术标准》（CJJ/T 288—2018）要求，爬电距离不宜小于 250mm，沿海城市爬电距离按不宜小于 400mm 考虑。

AC25kV 刚性架空接触网空气绝缘间隙及安装距离根据《铁路电力牵引供电设计规范》（TB 10009—2016）要求，爬电距离按照重污区设计，按不小于 1400mm 考虑。

（7）供电分段原则

正线接触网电分段应与牵引变电所布置相结合，既满足正常运行，又要考虑到牵引变电所解列时越区供电的运行要求。

DC1.5kV 刚性架空接触网供电分段原则为：①正线在有牵引变电所车站的进站端设电分段，电分段采用绝缘锚段关节；②正线间渡线、折返线设电分段、区间存车线设电分段，电分段采用分段绝缘器；③车场各供电分区之间设电分段，电分段采用分段绝缘器；④车场停车列检库、月修库均设电分段，电分段采用分段绝缘器；⑤库房内停两列车位的库线，带检修登车平台列位设置电分段。

AC25kV 刚性架空接触网供电分段原则为：①在不同供电臂间设置接触网电分相装置，电分相采用关节式电分相；②正线上、下行渡线接触网设置电分段，电分段采用分段绝缘器；③折返线、存车线与正线间设置电分段，电分段采用分段绝缘器；④正线上下行同一开闭所接触网不同上网处间设置电分段，电分段采用关节分段；⑤车场出入段线与正线接触网间设置电分段，电分段采用分段绝缘器；⑥车场各供电分区接触网间设置电分段，电分段采用分段绝缘器；⑦车场各库线入口处接触网设置电分段，电分段采用分段绝缘器；⑧车场库线停车列位间接触网设置电分段，电分段采用分段绝缘器。

（8）特殊区段接触网设置方案

①刚柔过渡

隧道内外结合部存在刚性架空接触网与柔性架空接触网转换的过渡段，称为刚柔过渡（图4-15）。由于柔性架空接触网的刚度要比刚性架空接触网小，为使受电弓平稳地通过过渡段，过渡区的刚度应该是渐变的，工程中使用切槽式汇流排实现刚度渐变。

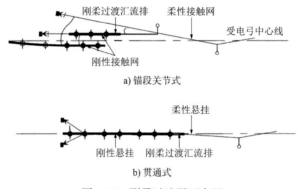

图4-15 刚柔过渡平面布置

刚柔过渡有两种实现方式：一种是锚段关节式过渡，即刚性架空接触网与柔性架空接触网是两支悬挂过渡，其工作原理是柔性架空接触网进入隧道后承力索拉出下锚，接触线上安装刚柔过渡汇流排然后下锚，与刚性架空接触网利用空间几何关系使受电弓顺利通过；另一种是贯通式过渡，即刚性架空接触网与柔性架空接触网合为一支接触悬挂，其工作原理是柔性架空接触网进入隧道时承力索于隧道口或内部下锚，接触线上安装刚柔过渡汇流排后直接接入刚性架空接触网。

锚段关节式刚柔过渡普遍应用于地铁线路中，如广州地铁2号线、广州地铁3号线、深圳地铁20号线等。而贯通式刚柔过渡较锚段关节式刚柔过渡速度适应性更高，常用于国铁线路柔性架空接触网与隧道内刚性架空接触网之间的过渡，如中天山隧道、乌鞘岭隧道等。采用AC25kV供电制式的北京地铁大兴机场线与广州地铁18/22号线均采用了贯通式刚柔过渡，如图4-16所示。

②防淹门和人防门

目前国内外刚性架空接触网通过防淹门主要有两种方案：可快速拆装汇流排外包中间接头方案（图4-17）及独立小锚段方案（图4-18）。外包中间接头（图4-19）是可快速拆装汇流排外包中间接头方案中的关键部件，接触线可在该处设置断口或不设置断口。当防淹门启动时,只要拆除外包中间接头就可以拿走单独的一段汇流排,然后关闭防淹门。该方案拆除及恢复外包中间接头花费的时间相对小锚段更短,人力要求也更低。采用独立小锚段方案通过防淹门时,小锚段的锚段长度通常取 20~40m,两端采用非绝缘锚段关节。拆除与恢复小锚段花费时间较长,人力要求较高。并且由于增加了锚段关节数量,对弓网受流有一定影响。

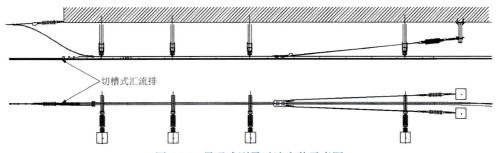

图 4-16　贯通式刚柔过渡安装示意图

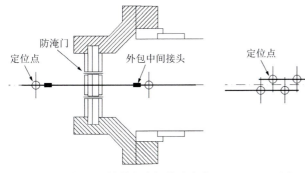

图 4-17　防淹门汇流排外包中间接头方案　　　图 4-18　防淹门独立小锚段方案

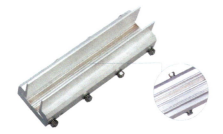

图 4-19　汇流排外包中间接头

人防门是隧道内起隔离作用的门,主要用于战时防空、掩蔽人员和物资,通常为平开式闸门。刚性架空接触网配备的人防门常采用可快速拆装汇流排外包中间接头方案,外包中间接头的安装应在其拆除后不影响人防门的正常开合。人防门处接触网布置如图 4-20 所示。

为了避免事故发生时人员进入隧道作业并更快速地切断汇流排,防淹门处可采用可断开式汇流排接头装置(图 4-21)。通过设置在水平移动式汇流排接头上的电驱动或机械连动装置使水平移动接头沿左右滑道供电臂向静接头移动,直至连接段与水平移动接头脱开,并在另一端垂直旋转式汇流排接头处旋转接头的控制下，最终悬挂在接触网的一端，实现刚性架空接触网系统的断开。

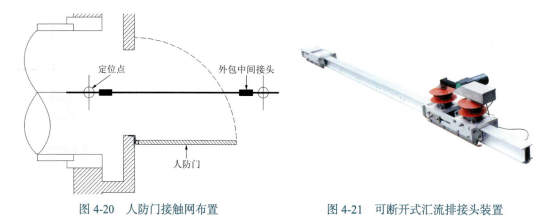

图 4-20　人防门接触网布置　　　　　图 4-21　可断开式汇流排接头装置

可断开式汇流排接头装置在防淹门应急状态下动作时间短、实施迅速，运营人员不需要到隧道现场。但该装置重量大，接触线不连续（图 4-22），受电弓通过时会较为频繁地出现打火、拉弧现象（图 4-23），弓网受流质量较差，且该装置对施工工艺要求很高，运营维护难度大。鉴于以上缺点，可断开式汇流排接头装置应用不广泛。

图 4-22　可断开式汇流排接头装置接触线切缝

图 4-23　可断开式汇流排接头装置接头处接触线烧蚀

独立小锚段方案增加了区间锚段关节的数量，不利于弓网高速受流，广州地铁 18 号线和 22 号线人防门与防淹门处接触网悬挂布置均采用可快速拆装汇流排外包中间接头方案。

（9）接触网接地

刚性架空接触网全线采用贯通的架空地线将接触网系统内所有不带电的金属体相连，最终与牵引变电所接地极相连。在接触网绝缘子击穿/闪络时，泄漏电流经架空地线流入牵引变电所接地网，造成单相短路故障，引起保护装置动作，断路器主动切除故障，保障人身和设备安全。

悬挂装置根据结构的不同采用不同的接地方式，双层槽钢复式结构与水平悬臂式结构采用地线线夹与架空地线直接相连的方式实现接地，分别如图 4-24、图 4-25 所示；单支悬吊槽钢结构则通过接地跳线与架空地线相连实现接地，如图 4-26 所示；接触网系统内所有附属设备均应与架空地线相连，以隔离开关为例，其接地方式如图 4-27 所示。

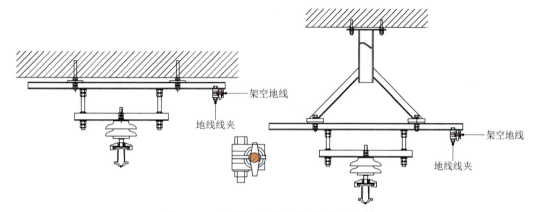

图 4-24　双层槽钢复式结构形式接地连接

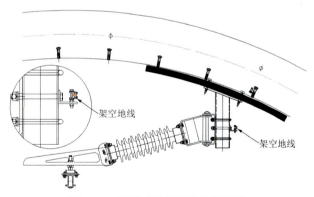

图 4-25　腕臂式悬挂吊柱接地连接

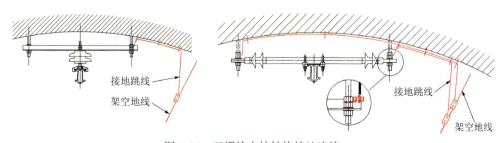

图 4-26　双螺栓支持结构接地连接

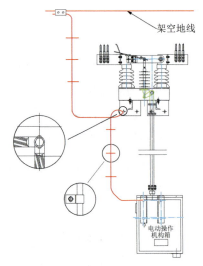

图 4-27 隔离开关接地连接

4.2 刚性架空接触网零部件

4.2.1 汇流排及接触线

刚性架空接触网的导电体包括汇流排和接触线。汇流排按照截面形状分为π形结构和T形结构，国内地铁一般均采用π形结构。接触线一般采用铜银合金导线，其截面面积一般为 120mm² 或 150mm²，与柔性接触悬挂所采用的接触线相同或相似。接触线通过汇流排放线小车（图 4-28）镶入汇流排钳口中，由汇流排自身钳口张力夹持接触线，如图 4-29 所示。

图 4-28 汇流排放线小车

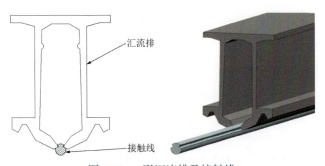

图 4-29 π形汇流排及接触线

汇流排一般用铝合金材料制成，π形结构汇流排包括标准型汇流排、汇流排终端及切槽式汇流排等。标准汇流排有 PAC110 和 PAC80 两种，是刚性接触悬挂的主要组成部分，其长度一般为 12m。为了减小汇流排跨中挠度及安装中间接头时能快速定位，汇流排内侧可设加强筋，如图 4-30 所示。

汇流排连接安装时用中间接头将其连接为一体，中间接头采用了和汇流排同样材质的铝合金制造，可以保证同锚段汇流排间电气和机械的连续性，如图 4-31 所示。

图 4-30　自锁型汇流排　　　　图 4-31　汇流排中间接头

汇流排终端（图 4-32）用于锚段关节、线岔等位置，其作用是保证刚性架空接触网在锚段关节及线岔等处平滑、顺畅过渡。汇流排终端根据长度分为两种规格：第一种规格长 7m，斜面长 1.5m，端部抬高 70mm；第二种规格长 5.95m，斜面长 1m，端部抬高 70mm，并且在汇流排未弯曲的另一端设有连接用孔。

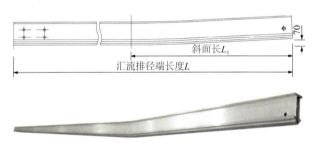

图 4-32　汇流排终端

切槽式汇流排用于刚柔过渡处，即刚性悬挂和柔性悬挂过渡处，制造长度通常为 5m 或者 6m，通过在汇流排上依次开深度渐变的槽实现刚度渐变，如图 4-33 所示。切槽式汇流排端部侧凹槽可放置线夹，用于夹持接触线，防止汇流排中的接触线因柔性架空接触网接触线的张力出现窜动。切槽附近的锚栓用于保证切槽式汇流排对接触线的夹紧力。

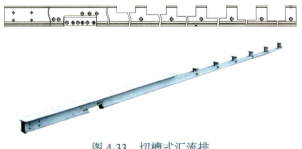

图 4-33　切槽式汇流排

4.2.2 悬挂装置

根据不同的隧道类型及安装净空，刚性架空接触网需选择不同的悬挂安装方式。不同的悬挂安装方式应满足以下三个方向的调整：

（1）拉出值调整（水平方向）：悬挂装置应满足拉出值在极值范围内的调整。

（2）高度调整（垂直方向）：为了补偿在隧道顶部的安装误差，悬挂装置需在高度方向提供±50mm 的调整范围。

（3）在弯道处的坡度调整：悬挂装置必须与曲线区段轨道的外轨超高相适应，通常与斜垫片配合使用。

DC1.5kV 架空刚性架空接触网悬挂方式通常采用垂直悬吊式，主要有以下 5 种安装方式：

1）矩形隧道安装

在矩形隧道安装的 DC1.5kV 架空刚性架空接触网悬挂主要由垂直悬吊安装底座、T 形头螺栓、单支悬吊槽钢、针式绝缘子、B 型汇流排定位线夹组成，这种方式适用于车站轨顶风道及矩形隧道净空≤4800mm 时的悬挂定位安装，其安装示意如图 4-34 所示。

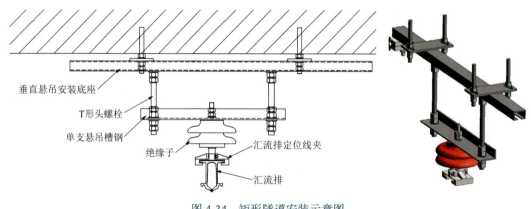

图 4-34 矩形隧道安装示意图

2）圆形隧道安装

在圆形隧道安装的 DC1.5kV 架空刚性架空接触网悬挂主要由单支悬吊槽钢、B 型汇流排定位线夹、化学锚栓、针式绝缘子组成，这种方式适用于圆形隧道净空 4410～4660mm 处的悬挂定位安装，其安装示意如图 4-35 所示。

3）马蹄形隧道安装

在马蹄形隧道安装的 DC1.5kV 架空刚性架空接触网悬挂主要由垂直悬吊安装底座、T 形头螺栓、单支悬吊槽钢、针式绝缘子、B 型汇流排定位线夹组成，这种方式适用于马蹄形隧道净空≤4800mm 处的悬挂定位安装，其安装示意如图 4-36 所示。

4）高净空安装

高净空安装适用于各类形状隧道净空大于 4800mm 时的悬挂定位安装，在各类垂直悬吊安装底座上方增加吊柱即可，吊柱型号及底板倾斜角度由现场净空高度及隧道壁斜面角度确定，其安装示意如图 4-37 所示。为了保证吊柱受力满足要求，当吊柱长度为 2~3m 时，采用单边斜撑，当吊柱长度 ≥3m 时，采用双边斜撑（图 4-38）。

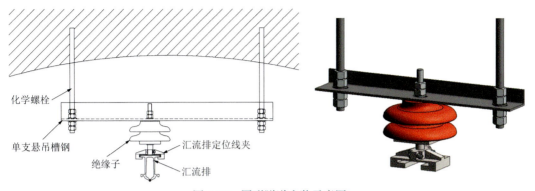

图 4-35　圆形隧道安装示意图

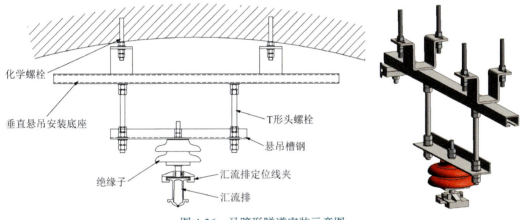

图 4-36　马蹄形隧道安装示意图

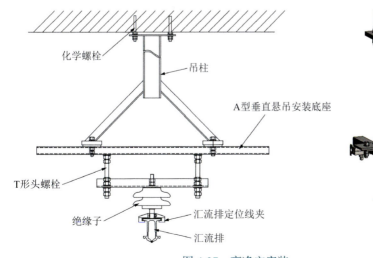

图 4-37　高净空安装

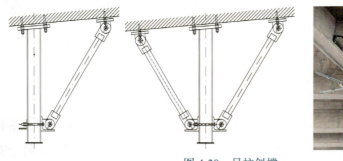

图 4-38 吊柱斜撑

5）低净空安装

隧道施工过程中会产生一定的施工误差，导致接触网净空不满足常规悬挂装置安装要求，此时需采用特殊的悬挂安装结构（图 4-39、图 4-40）。绝缘横撑安装方式在满足 150mm 空气绝缘间隙前提下，最低安装净空为 4400mm，若突破规范要求的空气绝缘间隙，则安装净空可进一步降低，此时需配合绝缘板使用。U 形支架悬挂安装对净空需求较低，所需最低安装净空为 4375mm。以上两种安装方式在深圳多条地铁均有应用。

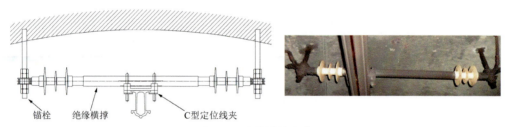

图 4-39 绝缘横撑安装

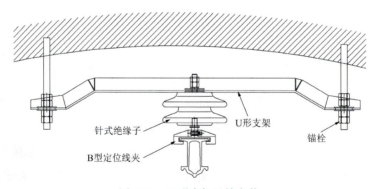

图 4-40 U 形支架悬挂安装

AC25kV 架空刚性架空接触网悬挂方式主要采用水平悬臂式，由刚性悬挂吊柱、旋转底座、铰座、绝缘子、定位线夹连接板及定位线夹等部件组成，如图 4-41 所示。汇流排和定位线夹紧固连接，通过悬臂绕轴转动补偿汇流排因热胀冷缩产生的位移，能有效解决汇流排定位线夹卡滞的问题。广州地铁 18 号线和 22 号线正线均采用水平悬臂式悬挂装置。

垂直悬吊式悬挂装置在 AC25kV 刚性架空接触网中应用较少，主要应用于车站钢结构区段不便于预留水平悬臂式悬挂装置安装底座的位置。垂直悬吊式悬挂装置安装较为灵活，但对净空要求较高。北京地铁大兴机场线所采用垂直悬吊式悬挂装置如图 4-42 所示。

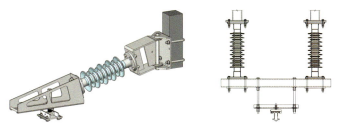

图 4-41　水平悬臂式悬挂装置　　图 4-42　垂直悬吊式悬挂装置

为满足弓网高速动态取流,定位线夹常采用弹性定位线夹。广州地铁 18 号线和 22 号线所采用的弹性定位线夹如图 4-43 所示,通过内置一定刚度的弹簧改善定位点处的弹性。弹簧具体刚度取值可通过弓网动态仿真确定。

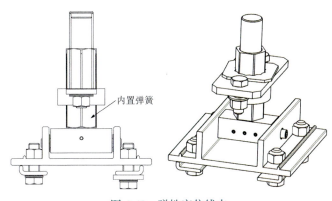

图 4-43　弹性定位线夹

4.2.3　刚性悬挂绝缘件

刚性架空接触网常用的绝缘件按结构可分为刚性悬挂支持绝缘子、弹性绝缘悬挂组件和绝缘横撑等几大类。

（1）刚性悬挂支持绝缘子

DC1.5kV 供电制式中,刚性悬挂支持绝缘子（图 4-44）常用于架空刚性悬挂在安装净空 ≥ 4400mm 区段的悬挂安装,材料一般为瓷件,公称爬电距离 ≥ 250mm。

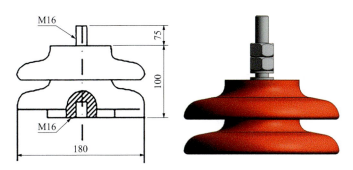

图 4-44　DC1.5kV 供电制式刚性悬挂支持绝缘子（尺寸单位：mm）

AC25kV 供电制式中，水平悬臂支持装置绝缘子根据材料分为瓷绝缘子和复合材料绝缘子，两者在地铁线路中均有运用。北京地铁大兴机场线采用了复合材料绝缘子，如图 4-45 所示；广州地铁 18 号线和 22 号线采用了瓷绝缘子，如图 4-46 所示。绝缘子额定电压为 27.5kV，公称爬电距离 ≥ 1400mm。

图 4-45 复合材料绝缘子

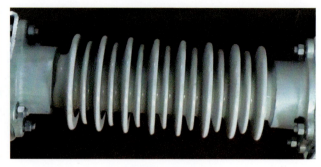
图 4-46 瓷绝缘子

（2）弹性绝缘悬挂组件

DC1.5kV 供电制式刚性架空接触网系统中，弹性绝缘悬挂组件常用于安装净空 ≥ 4400mm 区段的悬挂安装，材料一般为橡胶。相较于刚性悬挂支持绝缘子，弹性绝缘悬挂组件改善了定位点处弹性，适应速度较高的列车，如图 4-47 所示。

（3）绝缘横撑

绝缘横撑（图 4-48）常用于架空刚性悬挂在安装净空 ＜ 4400mm 区段的悬挂安装。

图 4-47 弹性绝缘悬挂组件　　　　　　图 4-48 绝缘横撑

4.2.4　汇流排膨胀接头

膨胀接头作为刚性架空接触网机械分段的温度补偿构件，既能保证两锚段实现电气连接，又能保证锚段关节处汇流排的良好伸缩性，适用于列车高速运行的线路。

膨胀接头产品众多，目前使用的膨胀接头有两个规格，补偿量分别为 500mm 与 1000mm，如图 4-49 所示。综合考虑锚段长度、材料线膨胀系数、环境温差、膨胀接头补偿量等因素，不同锚段长度的最大膨胀量不同，所选膨胀接头需满足锚段膨胀量。

图 4-49 汇流排膨胀接头

4.2.5 刚性悬挂定位

刚性架空接触网在运行方向上一般布置成类之字形，各悬挂点与受电弓中心的距离 ≤250mm。一个锚段内的定位点分为关键定位点及普通定位点，通常，锚段关节处、最大拉出值处及分段绝缘器两端定位点为关键定位点。关键定位点处拉出值应按照设计值进行调整，普通定位点拉出值以保证汇流排平滑过渡进行确定。

（1）汇流排定位线夹

汇流排定位线夹用于夹持汇流排，并保证汇流排沿线路方向能自由伸缩。B 型定位线夹（图 4-50）使用最广泛，C、D、W 型定位线夹（图 4-51、图 4-52）适用于腕臂类结构。

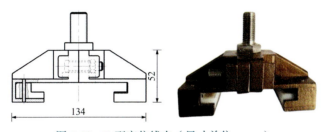

图 4-50 B 型定位线夹（尺寸单位：mm）

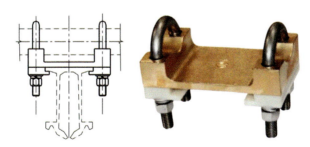

图 4-51 C/D 型定位线夹

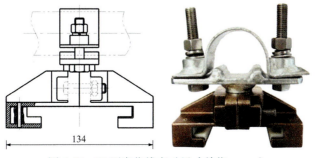

图 4-52 W 型定位线夹（尺寸单位：mm）

（2）弹性绝缘组件和弹性定位线夹

刚性架空接触网两种悬挂方式均由钢材与绝缘子组装而成，刚度较大。刚性架空接触网一跨内弹性如图 4-53 所示，跨中弹性较大，定位点处弹性较小，受电弓通过定位点存在冲击，尤其在锚段关节处的两支接触网过渡区段。

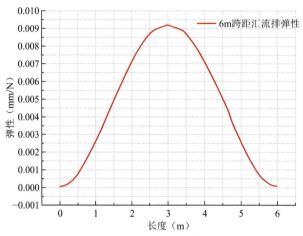

图 4-53　刚性架空接触网 6m 跨距汇流排弹性

为改善定位点处弹性，刚性架空接触网常采用弹性绝缘组件（图 4-47）或者弹性定位点线夹（图 4-54）。弹性绝缘组件与弹性定位线夹的刚度可依据弓网动态仿真确定。

弹性绝缘悬挂组件定位线夹、支持绝缘子组合为一体，结构复杂且弹性绝缘组件不能旋转，对安装要求较高。弹性定位线夹与支持绝缘子分离，结构简单，线夹整体可以旋转，避免汇流排卡滞，且安装方便。

图 4-54　弹性定位线夹

4.2.6　刚性架空接触网中心锚结

为避免刚性悬挂在热胀冷缩过程中产生窜动，影响整体的稳定性，在每个锚段的中部定位点处均需设置中心锚结。由于刚性架空接触网不存在断线的可能，中心锚结仅起防窜作用。

DC1.5kV 供电制式刚性架空接触网系统中，中心锚结主要由中心锚结线夹、中心锚结绝缘棒、调整螺杆及固定安装底座组成。为了适应不同隧道净空安装需求，中心锚结有不同的安装方式，分别如图 4-55～图 4-58 所示，其安装示意见图 4-59。不同的安装方式均需保证带电体距离结构体绝缘间隙 ≥150mm。

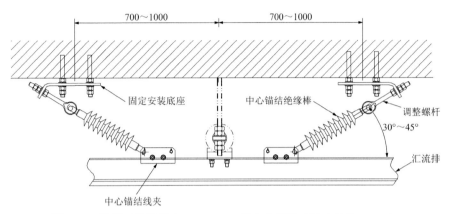

图 4-55　适用于安装净空 ≤4400mm 的中心锚结（尺寸单位：mm）

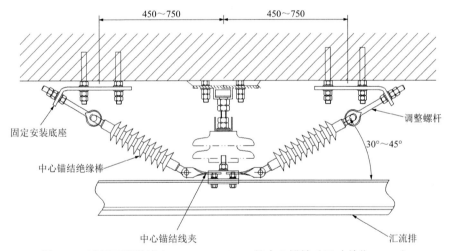

图 4-56　适用于安装净空 4400～4600mm 的中心锚结（尺寸单位：mm）

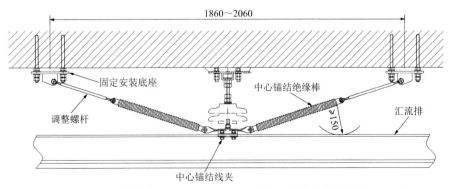

图 4-57　适用于安装净空 4600～4800mm 的中心锚结（尺寸单位：mm）

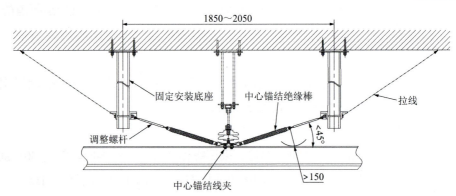

图 4-58　适用于安装净空 ≥ 4800mm 的中心锚结（尺寸单位：mm）

AC25kV 供电制式刚性架空接触网系统中，中心锚结形式较为单一，主要由中心锚结线夹、拉索绝缘子、下锚吊柱、中心锚结下锚绳、平行挂板及紧固件等部件组成，如图 4-60 所示。带电体对地空气绝缘距离应 ≥ 300mm，当安装净空大于 7.5m 时，下锚吊柱应加装顺线路方向斜撑。

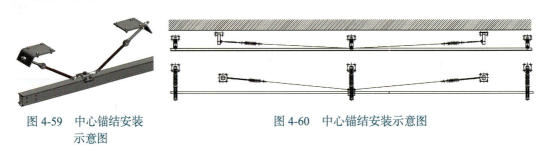

图 4-59　中心锚结安装示意图　　　　图 4-60　中心锚结安装示意图

4.2.7　分段绝缘器

分段绝缘器是接触网进行电分段时采用的一种绝缘设备，因其是衔接相邻两个馈电区段的架空接触式绝缘组件，故在结构上既要保证机车受电弓带电平滑双向通过，又能满足两端接触网电气隔离要求。

分段绝缘器具消弧性能，主体由绝缘体及滑道组成，滑道两端装有弧角，保证受电弓在其下滑过不会产生机械及电气的离线、火花、过度磨损等现象。刚性架空接触网分段绝缘器分为两种：高速刚性分段绝缘器，满足 120～160km/h 列车运行要求；普通刚性分段绝缘器，满足 0～120km/h 列车运行要求。

刚性悬挂分段绝缘器采用嵌入汇流排和接触线的安装方式，安装后和刚性汇流排整体可移动。分段绝缘器整体应与轨面平行，其中心线应与线路中心线重合，两端悬挂装置拉出值均为 0。分段绝缘器用于接触网电气分段，增加了供电灵活性，常用于配线与正线衔接处、段场与正线衔接处、段场电化入口处等地方。

DC1.5kV 供电制式（图 4-61）与 AC25kV 供电制式（图 4-62）刚性架空接触网分段绝缘器结构大体相同，仅电气性能及绝缘部件机电性能有所不同。

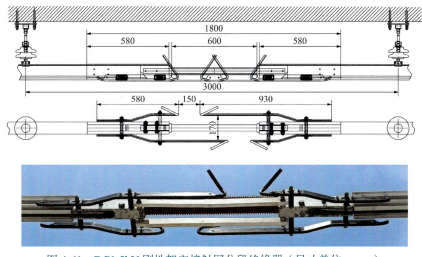

图 4-61　DC1.5kV 刚性架空接触网分段绝缘器（尺寸单位：mm）

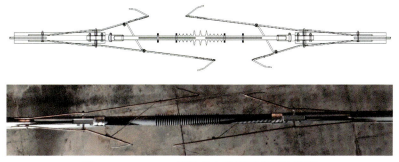

图 4-62　AC25kV 刚性架空接触网分段绝缘器

4.2.8　隔离开关

隔离开关是一种开关设备，作用是连通或切断接触网供电分段间的电路，增加供电的灵活性，以满足检修和供电的需要。在绝缘锚段关节、分相、馈线上网、车站联络线及专用线、车场库线等处，凡是需要进行电分段（除上下行渡线外）的地方都应设置隔离开关。隔离开关主要由绝缘部件、导电部分、支持底座或框架、传动机构和操作机构等组成，如图 4-63 所示。

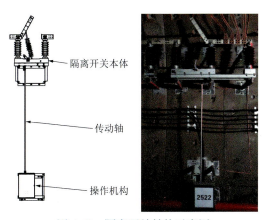

图 4-63　隔离开关结构示意图

隔离开关可按不同的原则进行不同形式的分类。

（1）按有无接地刀闸分类，隔离开关可分为无接地刀闸隔离开关（图4-64）、带接地刀闸隔离开关（图4-65）。带接地刀闸隔离开关其主闸刀与接地闸刀间的运动联系通过机械连锁装置实现联动或联锁，以防误将带电的出线端接地，带接地刀闸的隔离开关通常安装于车场库线及洗车线两端。

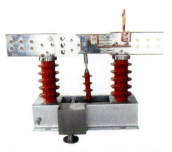

图4-64　无接地刀闸隔离开关　　图4-65　带接地刀闸隔离开关

（2）按操作机构分类，隔离开关可分为手动隔离开关、电动隔离开关。电动隔离开关（图4-66）的操作控制又分为当地和远动两种，电动隔离开关往往同时具备手动和电动两种操作机构。手动隔离开关（图4-67）用于涉及现场操作安全的地方，如有停车检修作业的折返线、停车列检库、静调库应设置带接地刀闸的手动隔离开关。

（3）按安装方式分类，隔离开关可分为室外隔离开关及隔离开关柜。室外隔离开关（图4-63）通常安装于车站端部扩大端、带上盖或者露天的车场，隔离开关柜（图4-68）通常安装于车站隔离开关柜室中。

图4-66　电动操作机构

图4-67　手动操作机构　　图4-68　隔离开关柜

第 5 章

直流（DC）1.5kV 接触轨

5.1 DC1.5kV 接触轨设计

5.1.1 相关设计标准

（1）《地铁设计规范》（GB 50157）；
（2）《城市轨道交通工程项目规范》（GB 55033）；
（3）《城市轨道交通工程项目建设标准》（建标 104）；
（4）《城市轨道交通直流牵引供电系统》（GB/T 10411）；
（5）《铁路电力牵引供电设计规范》（TB 10009）；
（6）《电气化铁路接触网零部件技术条件》（TB/T 2073）；
（7）《电气化铁路接触网零部件试验方法》（TB/T 2074）；
（8）《电气化铁路用铜及铜合金接触线》（TB/T 2809）；
（9）《钢结构设计标准》（GB 50017）；
（10）《建筑结构荷载规范》（GB 50009）。

5.1.2 DC1.5kV 接触轨设计计算

1）负载计算

接触轨的负载主要是自重负载，附加的瞬时负载主要为冰负载。

（1）自重负载

接触轨一般为钢铝复合轨，常见截面有工字形、C 形两种。自重负载的表达式为：

$$G = (S_s\gamma_s + S_a\gamma_a)g \times 10^{-9} \tag{5-1}$$

式中：G——自重负载（kN/m）；

S_s、S_a——分别为钢带、铝轨的横截面积（mm²）；

γ_s、γ_a——分别为钢、铝的密度（kg/m³）；

g——重力加速度（m/s²）。

由于防护罩、中间接头、膨胀接头、中心锚结及电缆连接板等接触轨附件的存在，其附加负载也应计算在内，一般可以根据相关经验或零部件资料取单位长度附件重力负载。当计算最恶劣条件时，应考虑如膨胀接头附近等附件集中安装的情况。

（2）冰负载

计算冰负载时，冰壳计算厚度 b 应不小于实际观测到的 5 年至少出现一次的最大覆冰厚度。对于接触轨的覆冰重力负载，可按照在防护罩上覆冰进行计算。冰负载乃是冰的重力负载，其方向垂直，按其作用的时间，属于瞬时负载，可由式(5-2)表示：

$$G_{b0} = \gamma_b b d g \times 10^{-9} \tag{5-2}$$

式中: G_{b0}——防护罩的覆冰重力负载（kN/m）；
　　　b——覆冰厚度（mm）；
　　　d——防护罩外表面宽度（mm）；
　　　γ_b——覆冰密度（kg/m³）。

垂直方向的负载是接触轨悬挂的主要负载，在曲线处由于接触轨弯曲会存在水平方向的力；中心锚结承受顺线路方向的负载，其大小与所在锚段长度、坡度、各卡爪与接触轨的平滑程度相关。

受热胀冷缩影响，绝缘卡爪与接触轨顺线路方向会产生摩擦力，若两者间出现卡滞，则顺线路方向绝缘支架的受力与锚段推移支架的距离成正比，当锚段伸缩量过大时，甚至会出现绝缘支架损坏的情况。水平及顺线路的负载影响因素较多，计算复杂，一般按经验值进行考虑。

2）膨胀接头补偿量计算

接触轨锚段之间安装膨胀伸缩接头，以补偿接触轨由于温度变化引起的纵向伸缩。接触轨的锚段伸缩按照温度变化引起线性膨胀计算，其系数根据材料而定。其补偿量计算如下：

$$\delta_1 = \alpha L \delta_t \times 10^3 \tag{5-3}$$

式中: δ_1——膨胀接头补偿量（mm）；
　　　α——接触轨线性膨胀系数（1/℃）；
　　　L——接触轨锚段长度（m）；
　　　δ_t——温差（℃）。

5.1.3　DC1.5kV 接触轨设计方法

1）设计范围

DC1.5kV 接触轨的设计范围主要包括技术标准和系统方案，接触轨平面设计，装配设计，结构设计，与其他相关专业的接口配合设计及工程量统计等。

2）设计接口

（1）与牵引供电专业的接口

牵引供电专业负责确定供电系统图和各供电回路电流参数以及接触轨载流能力；接触轨专业负责向牵引供电专业提供接触轨电气参数。

（2）与变电所专业的接口

接触轨专业与变电所专业的接口分界在上网隔离开关的进线端子。接触轨专业负责自上网隔离开关馈线至接触轨侧的设计；变电所专业负责自变电所至上网隔离开关进线侧的设计。

接触轨与变电所综合接地网之间的接口在变电所设备接地主母排。接触轨专业负责将接地扁铝引至变电所接地母排接线端子的设计；变电所专业负责预留接触轨接地端子的设计。

（3）与电力监控专业的接口

接触轨专业负责电动隔离开关操作机构的安装设计，向电力监控专业提出监控要求；电力监控专业负责上网电动隔离开关以及联络开关的遥控、遥信等功能的接线设计。

（4）与杂散电流腐蚀防护专业的接口

接触轨专业负责牵引接触轨和相关设备设计，杂散电流腐蚀防护专业负责钢轨间的回流电缆、均流线及相关设备的设计。正线钢轨轨缝、车场钢轨轨缝连续线由杂散电流腐蚀防护专业负责设计。

接触轨专业负责确定正线与车辆段线路之间接触轨电分段的位置，并与杂散电流腐蚀防护专业协商确定正线与车辆段线路之间钢轨绝缘节的位置。该处如采用正负极联动隔离开关，接触轨专业负责设计该处的越区回流设施；如采用单向导通装置，杂散电流腐蚀防护专业负责设计该处的越区回流设施。

（5）与动力照明专业的设计接口

接触轨专业负责向动力照明专业提出车辆段、停车场车库内静调电源柜及带电显示装置用电需求及位置。动力照明专业负责配电箱至静调电源柜及带电显示装置电缆敷设及电缆敷设路径的设计。

（6）与土建相关专业的接口

建筑、结构专业负责车场车库建筑内接触轨设施安装空间的预留、土建预埋件设置、检算土建结构对接触轨荷载的承受能力，以及车场内直流馈线电缆沟的设计。接触轨专业负责确定车场车库建筑内空间预留要求、预埋件设置要求、接触轨施加在土建结构上的荷载，以及确定车场内直流馈线电缆和库内接触轨连接电缆的走向或径路。

（7）与限界专业的接口

限界专业负责各类限界的制定和建筑限界范围内各类设备、管线空间位置的协调。接触轨专业负责确定接触轨设施占用空间，并规定接触轨带电体对其他各类管线的安全距离。

（8）与车辆专业的接口

接触轨专业负责向车辆专业提供有关接触轨技术参数等资料；车辆专业负责向接触轨专业提供有关受电靴、车辆的有关尺寸、动态包络线等资料。车辆专业负责提出车辆运营维修工作对接触轨隔离开关设施的配置要求和车库内特殊供电方式的技术要求；接触轨专业负责接触轨和相关设备的选型安装及与车辆运营维修工作的适配性。

（9）与行车专业的接口

行车专业负责规定正常运行和事故状态降级运行模式下的行车交路。接触轨专业负责接触轨电气分段和隔离开关布置，合理地满足各类运营模式要求。

（10）与轨道专业的接口

轨道专业负责确定轨枕和道床类型。当接触轨支架需要直接安装在特型轨枕上时，轨道专业负责特型轨枕设计及相应预留预埋，以及接触轨连接电缆保护管在整体道床内的预留预埋。接触轨专业负责确定接触轨支架与轨道结构的相对位置和连接方式,以及确定接触轨连接电缆保护管的规格类型及设置位置。

3) 主要设计原则

接触轨系统是供电系统中一个极其重要的组成部分,由于接触轨是没有备用设备的供电装置,因此接触轨的安全可靠是保证城市轨道交通安全运营的必要条件。接触轨系统应满足以下设计原则:

(1) 接触轨系统应满足本工程运营初期、近期与远期的行车要求,在特定的气候环境条件、线路条件和行车条件下安全可靠地向列车提供电能。

(2) 接触轨系统应能够满足列车最高行车速度的要求,使受电靴与接触轨之间的动态作用控制在允许范围内,并保证受电靴取流质量。

(3) 除与机车车辆有相互作用的接触轨设施外,在任何情况下接触轨设备不得侵入设备限界,以确保行车安全。

(4) 接触轨系统结构简单、安全、可靠、稳定性好,便于安装和维修。

(5) 接触轨设备及零部件应具有技术先进、经济合理、耐腐蚀性好、寿命长、少维修的特点,关键受力件采用强度高、性能好的模锻或精密铸造有色金属零件。

(6) 接触轨系统的零部件及设备在其寿命周期内的投资及运行维护费用应尽量低。

(7) 在满足技术要求的前提下,应尽量采用国产设备。

(8) 接触轨系统的绝缘距离应符合国家标准的要求,接触轨带电部分和结构体、车体之间的最小净距:静态为150mm,动态为100mm,绝对最小动态为60mm。

(9) 接触轨载流总截面应满足供电区段远期运营高峰小时最大持续载流量的要求。

(10) 接触轨系统应架设全线贯通的接地扁铝,所有支持固定接触轨的非带电体均应连接至接地扁铝。

(11) 采用安全可靠的防护措施,在满足功能要求和维护、检修等工作需求的前提下,保证工作人员的人身安全。

(12) 应综合考虑对线网规划中其他线路的预留设计。

4) 设计方案

(1) 接触轨安装位置

一般情况下,接触轨安装于列车行进方向的右侧;在道岔等特殊区段换边布置,车站布置在站台对面。接触轨的安装限界与接触轨整体绝缘支架的安装尺寸及受电靴动态包络线有关。受电靴的受流位置决定了接触轨的安装位置。

广州地铁4号线接触轨中心至线路中心的水平距离为1510mm,授流面距走行轨顶面的垂直距离为200mm。圆曲线及缓和曲线上,接触轨安装根据曲线情况与走行轨保持一致。

(2) 接触轨的安装方式

绝缘支座是接触轨系统中支撑接触轨并起绝缘作用的装置,一般有绝缘子式及整体绝缘支架式两种形式，目前主要采用整体绝缘支架形式。绝缘支座的安装固定主要有两种方式：预制基础方式与支架底座安装方式。

预制基础方式中，预制的基础与道床整体浇筑，基础上预留安装孔与整体绝缘支架连接安装。整体绝缘支架的间距可以保持定值，支架的受力状态良好，但接触轨的安装定位难度大，尤其在圆形隧道里，隧道净空有限，为固定预制的基础需加大轨道的高度，造成土建工程量的浪费。

支架底座安装为整体绝缘支架通过支架底座与道床直接相连，此种方式施工简便，支架定位准确，对隧道安装要求较低，为国内新建线路广泛采用的方式。

地下整体道床区段接触轨安装在整体绝缘支架上，整体绝缘支架和支架底座相连，通过螺栓将支架底座直接固定在整体道床上，如图 5-1 所示。

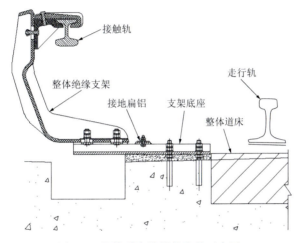

图 5-1　整体道床接触轨安装示意图

高架板式道床区段接触轨安装在整体绝缘支架上，整体绝缘支架和支架底座相连，通过螺栓将支架底座直接固定在板式道床上，支架底座安装在走行轨两扣件之间，如图 5-2 所示。

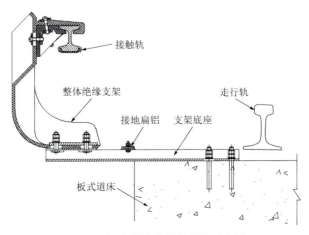

图 5-2　板式道床接触轨安装示意图

混凝土轨枕区段接触轨安装在整体绝缘支架上，整体绝缘支架和支架底座相连，通过螺栓将支架底座直接固定在加长的混凝土轨枕上，轨枕在工厂制作时预留螺栓安装孔，如图 5-3 所示。

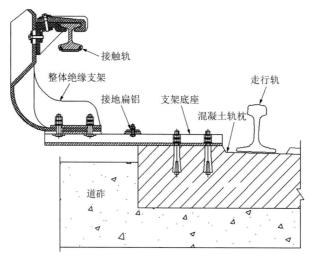

图 5-3　混凝土轨枕接触轨安装示意图

（3）接触轨的跨距

当受电靴的性能确定后，为获取优异的授流质量，要求接触轨与受电靴接触的滑动面平滑顺直，接触轨连续不平滑程度变化应尽量小。连续不平滑程度由接触轨的挠度来决定，在接触轨技术参数一定的情况下，跨距增大意味着挠度的增加，对授流不利。为了提高列车的受流质量，必须减小接触轨的挠度，合理布置接触轨的跨距。

接触轨跨距应结合行车速度、支架形式、道床形式、轨枕间距等因素综合确定。经计算，5m 跨距对应的挠度仅为 1.7mm、6m 跨距对应的挠度则为 3.5mm，其不平滑程度发生了较大变化。若考虑接触轨安装施工精度及工程结构、线路等因素的变化，挠度值还将增大，从而影响受电靴的取流质量。因此接触轨跨距最大不宜超过 5m，在膨胀接头、端部弯头、道岔及曲线处间距应相应减小，膨胀接头处跨距以不大于 3m 为宜。

接触轨的跨距通常为轨枕间距的整数倍，轨枕间距一般为 0.595m。广州地铁 14 号线跨距考虑为 7 个轨枕间距，则标准跨距取 4.165m。

（4）接触轨断口设置

接触轨断口分为电气上不断开和电气断开两种形式，断轨处接触轨端部均设置端部弯头。电气上不断开形式主要设置在道岔、人防门、车站换边、车站步梯等人行位置，以及包含小半径曲线（$R \leqslant 300m$）的线路。断轨采用自然断开方式，两断轨间用电缆进行电气连接。

电气上断开形式（即电分段）设置应满足正常运营情况下双边供电，一个变电所解列时构成大双边供电的原则；车场供电分段满足供电需要，同时考虑接触轨检修需要。电分段主要设置位置包括：正线有牵引变电所的车站，电分段设在列车惰行区段（进站端）；正线间的渡线、折返线、停车线与正线之间；本工程与其他线路的联络线之间。电分段采用接触轨自然断开方式，两断轨间电气不连接。断口长度受到受电靴在列车上的分布、电气连接情况以及受电靴与三轨端部弯头始触点的位置等因素影响，需根据实际情况由供电专业和车辆专业协商确定。

在接触轨的布置中，尽可能按照少断轨的原则，一般根据线路的实际情况，尽量选用道岔、人防门等处的断轨做电分段，要保证列车在行车过程中，不应出现整车失电的情况。

（5）电连接的设置

同一供电分区相邻断轨之间设置电连接，采用电缆将断口两端接触轨上的电缆连接板进行电连接。膨胀接头处的连接采用铜板或铜杆连接。

（6）锚段长度

两组膨胀接头之间的钢铝复合轨长度称之为一个锚段。锚段长度主要是根据膨胀接头伸缩补偿范围、接触轨单根标准长度（15m）及施工安装误差等因素综合确定。

广州地铁 4 号线地面段标准锚段长度为 90m，隧道内标准锚段长度为 105m。广州地铁 14 号线地面段标准锚段长度为 75m，隧道内标准锚段长度为 90m，针对该工程高架桥梁多采用连续刚构形式，伸缩缝变化范围较大，高架范围跨连续刚构桥梁伸缩缝的锚段长度按照 60m 设计。不同线路距洞口 500m 范围内的锚段长度均按地面段考虑。

（7）中心锚结设置原则

中心锚结（防爬器）一般设置在锚段的中部，其作用是防止接触轨因温度变化或其他原因产生纵向位移。中心锚结的设计应有足够的夹紧力施加在接触轨上，使锚结对接触轨有足够的握紧力，防止接触轨在该处滑动。

线路纵向坡度小于 20‰时，由于两侧接触轨的长度和温差引起的接触轨伸缩量基本相等，普通的中心锚结即可保证接触轨向两侧均匀伸缩，安装示意如图 5-4 所示。在线路纵向坡度比较大（20‰以上）的地段，由于接触轨的重力作用，在中心锚结处产生很大的"下滑力"，普通中心锚结已经不能保证接触轨向两侧均匀伸缩，同时对安装中心锚结的整体绝缘支架的荷载加大，使其成为整个接触轨系统的薄弱点。此时采用斜拉绝缘子式或双组普通中心锚结式中心锚结，分别如图 5-5、图 5-6 所示。

广州地铁 4 号线及 14 号线在线路纵向坡度小于 20‰时，中心锚结均采用图 5-4 所示的安装方式。线路纵向坡度大于 20‰时，4 号线采用图 5-5 所示的安装方式，14 号线则采用图 5-6 的安装方式。

（8）道岔区段接触轨布置

道岔区段接触轨布置应满足列车正常、安全行驶的要求，以保证列车在正线行驶时，受电靴不碰触岔线敷设的接触轨；列车由正线驶入岔线或由岔线驶入正线时，不碰触正线敷设的接触轨。另外在道岔转辙机 500mm 范围内不敷设接触轨。

道岔区段接触轨的布置与接触轨的安装位置、车辆外轮廓尺寸（受电靴处）、道岔型号及转辙机的位置等有关。当上述条件给定时，接触轨在道岔区段的布置即可形成。广州地铁 4 号线 9 号道岔和 12 号道岔接触轨布置示意图分别如图 5-7、图 5-8 所示。

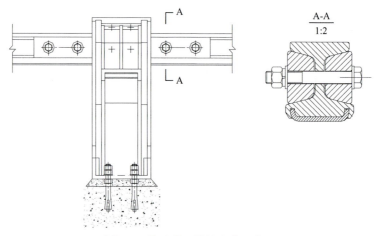

图 5-4　普通中心锚结安装示意图

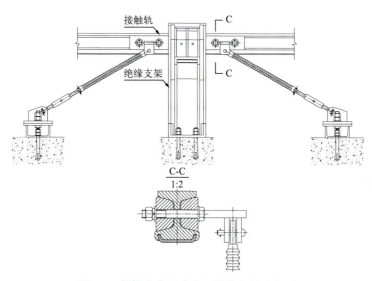

图 5-5　斜拉绝缘子式中心锚结安装示意图

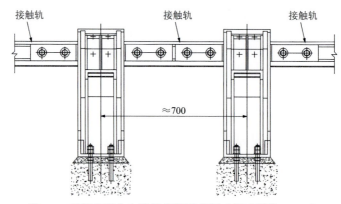

图 5-6　双组普通中心锚结安装示意图（尺寸单位：mm）

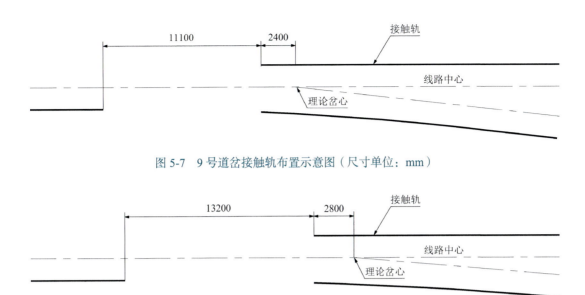

图 5-7　9 号道岔接触轨布置示意图（尺寸单位：mm）

图 5-8　12 号道岔接触轨布置示意图（尺寸单位：mm）

5.2　DC1.5kV 接触轨零部件

5.2.1　接触轨

导电轨根据材质的不同分为低碳钢接触轨和钢铝复合接触轨。低碳钢接触轨在早期地铁建设中采用较多，如北京地铁 1 号线，这种接触轨有耐磨、价廉、安装简单等优点，但也存在自重大、电阻率高、电能损耗大等缺点，如今新建线路已不采用。为了降低电阻率，以减少供电系统中牵引变电所的数量，降低运营时接触轨能量的损耗，导电性能及耐磨性能都较好的钢铝复合轨应运而生。

钢铝复合轨导电性能好、重量轻且耐磨性能好，一般由轨头、轨腰、轨底三部分构成。钢铝复合轨是由不锈钢带（光滑、耐磨）通过机械方法与铝合金型材（导电性能好）结合的接触轨，采用特殊的结构使不锈钢卡在铝合金型材上，使之不会脱落，由高导电性铝型材料作为导电主体，用不锈钢作为接触轨的耐磨工作表面。

典型的钢铝复合轨为工字形，标准制造长度为 15m，最长可以达到 18m。钢铝复合接触轨根据不锈钢带与铝型材紧扣工艺分为双包式钢铝复合轨（图 5-9）和外包式钢铝复合轨（图 5-10），目前主要采用双包式钢铝复合轨。由于铝合金的热膨胀系数大于不锈钢，如何使不锈钢带紧扣在铝合金上尤为重要，不能出现分层脱离的现象，并且始终保持铝合金与不锈钢带的良好导电率，同时还需考虑不锈钢带与铝合金本体的电极电位及复合界面可能产生的电化学腐蚀。

图 5-9 双包式钢铝复合轨截面

图 5-10 外包式钢铝复合轨截面

5.2.2 中间接头

与刚性架空接触网的汇流排相同,接触轨系统也是由单位标准长度的接触轨连接而成。中间接头(鱼尾板)用于固定、连接相邻接触轨并传导电流,按用途分为普通接头和电缆连接板,均通过螺栓安装于钢铝复合接触轨的腰部。

(1)普通接头

普通接头用于钢铝复合轨之间进行连接并传导电流的装置,本体采用挤压成形,具有表面强度高、表面粗糙度值小、外形尺寸准确的特点。普通接头应具有连接固定钢铝复合轨的结构强度要求及持续承载接触轨系统电流的要求。普通接头无安装方向要求,但应与钢铝复合轨腰面紧密接触连接,载流量不应低于钢铝复合轨载流量的 1.1 倍,具体安装示意如图 5-11 所示。

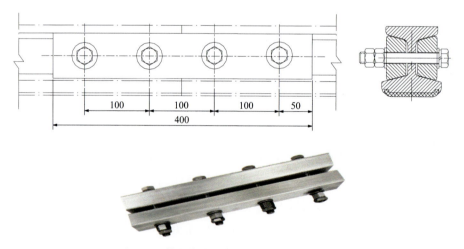

图 5-11 普通接头示意图(尺寸单位:mm)

(2)电缆连接板

电缆连接板(图 5-12)是用于将电缆和钢铝复合轨进行连接的导电装置,能安装在接触轨的任何位置,例如牵引变电所出口、接头、端部弯头、电分段或道岔处。每套电缆连接板包括一块普通接头、一块连接板本体及配套的标准紧固件,连接板本体由普通接头焊接电连接板构成。电缆连接板有多种类型和规格型号,可以接多根电缆。电缆连接板应与钢铝接触轨腰面应紧密接触连接，载流量不应低于钢铝复合轨载流量的 1.1 倍。

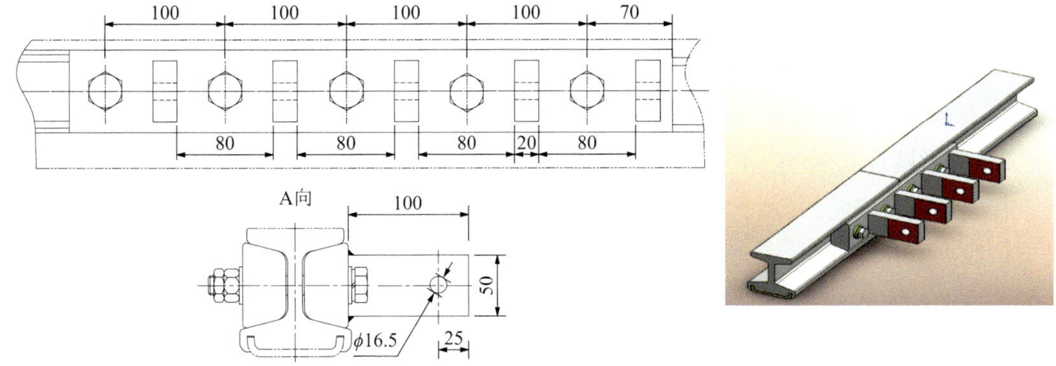

图 5-12 电缆连接板示意图（尺寸单位：mm）

5.2.3 端部弯头

端部弯头是用于保证受电靴可以平滑地过渡到接触轨水平接触面的装置，安装于一段接触轨断口处，用于引导受电靴可靠进入或平稳离开一个锚段接触轨，保证受电靴顺利平滑通过接触轨断口处，如图 5-13 所示。

图 5-13 接触轨端部弯头

端部弯头采用与系统所用相同类型的接触轨加工制造。端部弯头与接触轨采用中间接头连接，可确保其接口处高度相同。端部弯头构造无任何方向性，可被安装在任何一个区段的末端。端部弯头与接触轨通过中间接头连接的部位没有坡度，因此能够保证端部弯头与接触轨之间密贴，而不会形成高低差，保证受电靴顺利通过。

按照列车运行速度，端部弯头可分为高速端部弯头、普通端部弯头和低速端部弯头。高速端部弯头和普通端部弯头适用于正线，低速端部弯头适用于车场线。接触轨端部弯头接触面具有特定的斜率，安装面支架安装位置为平直槽。

广州地铁 14 号线所采用端部弯头中，高速端部弯头（图 5-14）长度为 7.4m，纵向坡度为 1∶60；普通弯头（图 5-15）长度为 5.2m，纵向坡度为 1∶41；低速端部弯头（图 5-16）长度为 3.4m，纵向坡度为 1∶22。

由于受电靴从"离轨"到"触轨"与行车速度、线路条件等密切相关，同时受电靴和接触轨的"离合"是在带电状态下完成的。因此，端部弯头应具有良好的耐电弧烧损、耐冲击特性，且具有自熄弧功能。

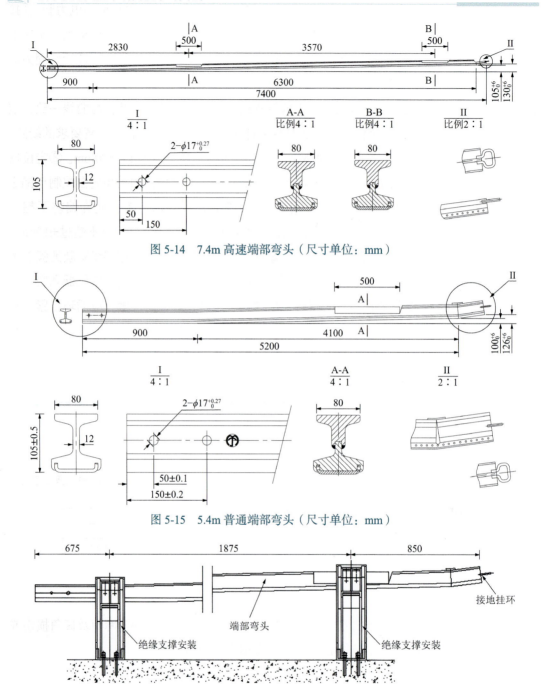

图 5-14　7.4m 高速端部弯头（尺寸单位：mm）

图 5-15　5.4m 普通端部弯头（尺寸单位：mm）

图 5-16　3.4m 低速端部弯头安装示意图（尺寸单位：mm）

5.2.4　膨胀接头

膨胀接头是用于相邻锚段中间设计的机械断口，使其两侧的接触轨可沿着纵向中心线自由热胀冷缩且保持电流通畅，并能使列车受流器不间断取电的装置。由于外部环境温度或接触轨在运行过程中电流的变化，接触轨会随之发生改变，导致接触轨在热胀冷缩的效应下产生伸缩，因此需要安装膨胀接头。在实际工程中，每隔一锚段长度将安装一个膨胀接头装置，用来保证接触轨的线性变化量，并保证不影响其导流能力。

通过普通接头及接触轨端部预留的螺栓孔，用鱼尾板螺栓将鱼尾板与接触轨轨腰紧固在一起，从而将接触轨与膨胀接头相连接。膨胀接头载流量不低于钢铝复合轨载流量的1.2倍，各部件之间不应发生电化学腐蚀，且抗震、防松性能好，便于装卸，既不妨碍防护罩安装，又能保证对地的绝缘距离，起始滑动力不应大于500N。

膨胀接头因制造厂家的不同而有多种型号，广州地铁14号线所用膨胀接头如图5-17所示，膨胀接头由两根长轨（左右滑轨）和一根短轨组成，闭合长度为1775mm，补偿量为200mm。

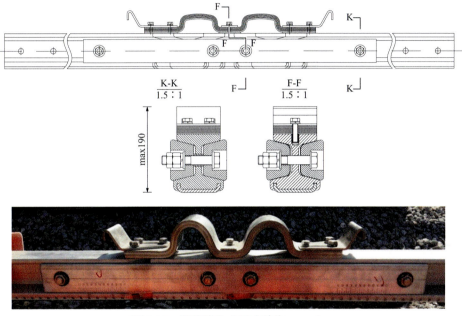

图5-17 膨胀接头（尺寸单位：mm）

5.2.5 中心锚结

在绝缘支座的两侧，通过螺栓安装于钢铝复合接触轨的腰部，用于固定接触轨以保证锚段内接触轨从中部向两端均匀伸缩。防爬器包括两块防爬器本体及2套紧固件，如图5-18所示，其中紧固件包括螺栓、螺母、垫圈等。

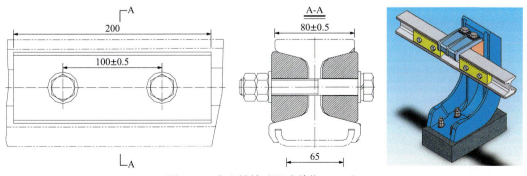

图5-18 中心锚结（尺寸单位：mm）

5.2.6 分段绝缘器

分段绝缘器适用于实现接触轨电气分段处机械贯通的连接件,各部件之间不应发生电化学腐蚀,且应有优良的耐弧性。分段绝缘器应为耐高温、耐腐蚀、自润滑、介电性能等综合性能优良的聚合材料,耐磨性能必须满足设计通过的弓架次的要求。

分段绝缘器因制造厂家的不同而有多种型号,广州地铁 14 号线采用的接触轨分段绝缘器结构由分段绝缘器本体和分段绝缘器滑轨两部分组成,分段绝缘器滑轨被两件分段绝缘器本体夹持,分段绝缘器本体并排放置,两端截面与鱼尾板相同,通过螺栓与接触轨轨腰相连,如图 5-19 所示。分段绝缘滑轨与受电靴接触的表面开有一定角度的槽,保证车辆运行时受电靴平滑通过,且可避免表面附着的导电颗粒引起的绝缘闪络及电流泄漏故障。

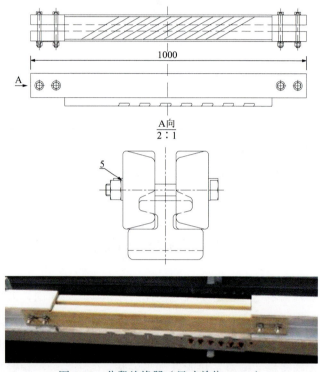

图 5-19 分段绝缘器(尺寸单位:mm)

5.2.7 绝缘支座

绝缘支座是接触轨系统中支撑接触轨并起绝缘作用的装置。目前通用的接触轨下接触式绝缘支座分为两种,一种为碳钢加绝缘子的绝缘钢支架,另一种为国内普遍采用的玻璃钢材质的整体绝缘支架。

(1)绝缘钢支架

绝缘钢支架(图 5-20)本体材质为碳钢 Q235 方钢管,并经由焊接而成,支撑接触轨部位的绝缘子材料采用片状模塑料(SMC)制成,具有优异的电绝缘性能、机械性能、热稳定性、耐化学防腐性。

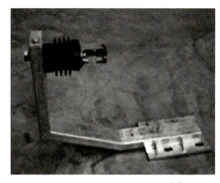

图 5-20　绝缘子式绝缘支座

绝缘钢支架直接安装在轨道道床上，接触轨安装于绝缘钢支架绝缘子上，其限界调整只能通过绝缘钢支架本身进行，限界调节范围较小。整套装置螺栓较多，安装难度较大，后期维护工作程序复杂，工作量大，在国内应用不广泛。

（2）整体绝缘支架

整体绝缘支架（图 5-21）包括绝缘支架本体、卡爪、托架、支座及不锈钢紧固件等。整体绝缘支架本体采用玻璃纤维增强不饱和聚酯塑料（玻璃钢）模压工艺制造，本体材料中添加紫外线吸收剂，具有抗紫外线功能。卡爪及托架满足接触轨自由伸缩的要求，且含防卡滞结构。

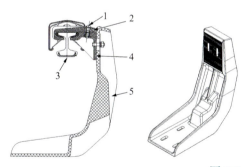

图 5-21　整体绝缘支架

1-不锈钢紧固组件；2-卡爪；3-钢铝复合轨；4-支座；5-绝缘支架本体

整体绝缘支架安装于支架底座上，接触轨安装在整体绝缘支架上，其限界调整利用整体绝缘支架上的螺栓及支架本体共同完成。整体绝缘支架上总共有 3 套螺栓，易于安装及限界调整，且后期维护工作量较小，在国内应用广泛。

整体绝缘支架根据高度分为不同的型号，如 458 型、528 型、565 型等。广州地铁 4 号线是国内第一条 DC1.5kV 供电制式且使用整体绝缘支架的地铁线路，目前绝缘支架运营情况良好。

整体绝缘支架满足对接触轨、膨胀接头及端部弯头的支撑定位和绝缘，能承受系统中所有静态负荷（包括接触轨自重、伸缩引起的摩擦力、防护罩支架及防护罩自重、风载、弯头冲击荷载等）、动态负荷（绝缘支架能够承载动态和震动负荷，由于车辆的运行造成轨道或土建结构的震动以及由于短路造成的冲击，短路电流按 110kA 考虑）。

5.2.8 防护罩

防护罩用于钢铝复合接触轨的绝缘防护，尽可能地避免工作人员或乘客无意中触碰到接触轨等带电设备。接触轨防护罩包括托块（图 5-22）、普通防护罩（图 5-23）、支架防护罩、膨胀接头防护罩、电缆连接板防护罩、受电靴防护罩等。

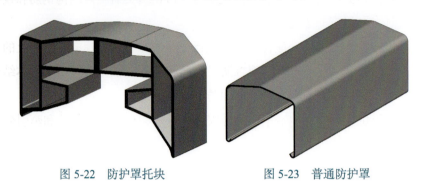

图 5-22　防护罩托块　　　　　　图 5-23　普通防护罩

防护罩本体采用玻璃纤维增强不饱和聚酯塑料（玻璃钢）片状模压料，并且本体材料中需添加紫外线吸收剂，具有低烟无卤、难燃、耐大气老化、耐酸碱、耐腐蚀、耐热老化、抗紫外线等性能特点。

受电靴防护罩用于车站内防止异物掉落引起供电短路，广州地铁 4 号线黄村站所用受电靴防护罩如图 5-24 所示。

图 5-24　受电靴防护罩

第 6 章

交流（AC）600V 接触轨

6.1 AC600V 接触轨设计

6.1.1 相关设计标准

（1）《地铁设计规范》（GB 50157）；
（2）《城市轨道交通工程项目规范》（GB 55033）；
（3）《城市轨道交通工程项目建设标准》（建标 104）；
（4）《城市轨道交通直流牵引供电系统》（GB/T 10411）；
（5）《铁路电力牵引供电设计规范》（TB 10009）；
（6）《电气化铁路接触网零部件技术条件》（TB/T 2073）；
（7）《电气化铁路接触网零部件试验方法》（TB/T 2074）；
（8）《电气化铁路用铜及铜合金接触线》（TB/T 2809）；
（9）《钢结构设计标准》（GB 50017）；
（10）《建筑结构荷载规范》（GB 50009）。

6.1.2 AC600V 接触轨设计方法

1）设计范围

AC600V接触轨的设计范围主要包括正线与车场接触网平面设计、装配设计和结构设计以及与其他相关专业的接口配合设计。

2）设计接口

（1）与变电所专业的接口

接触轨专业与变电所专业的分界点位于变电所 600V 馈线的出线端。接触轨专业与变电所专业的分界点位于轨旁的接地端子排，接地端子排由变电所专业负责提供。

（2）与电力监控专业的接口

电力监控专业将控制电缆引至接触轨旁开关控制箱进线端子，实现对轨旁开关的监测与控制。

（3）与低压配电专业的接口

接触轨专业与低压配电专业的分界点位于轨旁的接地引出端子，接地端子排由低压配电专业负责提供。

（4）与轨道专业的接口

接触轨专业与轨道专业的分界点位于栓焊于导向轨上的用于供电轨的不锈钢螺栓（M12×60mm）。接触轨专业提出螺栓焊接的位置要求及其他开孔、预留要求，轨道专业负责设计与实施。

（5）与防淹门专业的接口

防淹门处接触轨断开5m，为保证全线接触轨电气连通，在防淹门处道床底板下预留5根直径为100mm的消磁不锈钢管。

3）主要设计原则

接触轨系统是供电系统中一个极其重要的组成部分，由于接触轨是没有备用设备的供电装置，因此接触轨的安全可靠是保证城市轨道交通安全运营的必要条件。

目前广州和上海开通的APM线路，接触轨系统主要设计原则大体相同。广州地铁APM线接触轨系统主要设计原则如下：

（1）接触轨系统具备安全、可靠的性能，满足列车最高运行速度60km/h的运行要求，持续地向列车提供电能。

（2）满足初期、近期与远期的行车要求，根据供电计算确定供电轨的截面，满足远期高峰小时运能的要求。

（3）接触轨所有紧固件采用不锈钢件。

（4）接触轨应采用安全可靠的防护措施，确保人身及设备安全。

（5）在满足技术要求的前提下，优先选用安全可靠的国产设备。

（6）设备和器材技术先进、可靠、耐腐蚀、寿命长，尽量减少接触轨系统维修量。

（7）接触轨的设计寿命不小于30年。

（8）接触网带电体部分与结构体、车体之间的最小静距：静态为25mm；动态为25mm。

4）设计方案

（1）接触轨系统结构组成

接触轨采用侧面授流方式，共设置五个接触面与车辆相配合，如图6-1所示。正线由3根供电轨（A相、B相、C相）、2根接地轨组成，车场由3根供电轨（A相、B相、C相）、1根接地轨、1根信号轨组成。

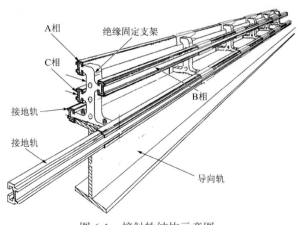

图6-1 接触轨结构示意图

接触轨系统主要由供电轨、接地轨、防护罩、供电轨接头、电缆连接器、固定支架、道岔装置、快速端部接头、通过导向轨引导电缆的电缆夹、断路器、上网电缆等构成，具体悬挂组成见表6-1。同时根据接触轨应用的地方不同，分为直轨、曲线轨及道岔连接部件等。

接触网类型及组成表　　　　　　　　　　　　　　　　　　　　表6-1

线路类别	接触网类型	悬挂组成
车场线（包括出入线、维修线等）	接触轨	5根钢铝复合轨
正线	接触轨	5根钢铝复合轨
重修线	移动电源	设置三相移动电源

（2）接触轨系统线材

接触轨标准的单位制造长度取10m，具体线材规格见表6-2。

接触轨系统线材规格表　　　　　　　　　　　　　　　　　　　表6-2

线材名称	截面积	线材张力	接触轨类型	接触表面
3根供电轨	每根约640mm²	无张力	钢铝复合轨	3mm厚304不锈钢
2根接地轨	每根约640mm²	无张力	钢铝复合轨	3mm厚304不锈钢

在环境温度为40℃时供电轨的电流额定值为1000A（50Hz），接触轨温升不超过45℃。供电轨/接地轨组件安装完成之后，供电轨的阻抗不大于$(0.06\Omega + j0.1518\Omega)/km$（50Hz）。

（3）接触轨安装方案

接触轨沿线路中心线安装，距离轨道中心线误差不大于3mm。接触轨通过绝缘固定支架固定于导向轨上，所有5根接触轨与底部导向轨结构绝缘安装。接触轨横断面水平投影竖轴线与线路中心线重合，接触轨共5个授流面。圆曲线及缓和曲线上，接触轨安装根据曲线情况进行调整。

根据线路的设计情况，正线线路的曲线半径均不小于350m，钢铝复合轨可以在施工现场直接打弯。车场线路半径小于120m，需要在工厂预弯。根据轨道的实际情况，曲线段运行道有超高设计，最大超高的坡度为7%，曲线段的导向轨与接触轨均适应运行道的设计，保证车辆能够顺利通过。

（4）绝缘距离

接触轨系统采用三相交流600V供电制式，系统最高电压为690V。接触轨带电体距接地体最小绝缘距离为：静态25mm、动态25mm。

（5）接地方案

接地轨每隔50～80m与导向轨相连接，采用螺栓连接方式；导向轨每隔50～80m与沿线的接地装置或者接地端子连接，采用熔焊连接方式，且接地电阻不大于1Ω。

（6）防淹门处接触轨布置方案

接触轨通过防淹门时，两侧接触轨断开，断开长度不大于10m，满足防淹门整体结构宽度及操作要求。断轨的设置与正线供电分区的划分相结合。

（7）接触轨跨距

直线段两个固定架间距为1.5m，接触轨连接处间距为1m，在曲线段、或非标准锚段处则会有所调整，但间距不大于 1.5m。

（8）断轨的设置

接触轨断口有电气分段和电气上不断开两种方式，断轨处接触轨端部均设置快速端部接头。断轨点主要存在于道岔和防淹门等处。断轨采用自然断开方式，两断轨间用电缆进行电气连接，断轨长度不大于 10m。电分段主要设置位置包括正线有牵引变电所的车站，电分段设在列车进站段；正线每两个供电分区中间设置电分段；正线间渡线、折返线、停车线与正线间设电分段。每两个供电分区之间设置非桥接的绝缘过渡段，过渡段的长度不小于一列车长，即 40m。

在接触轨的布置中，应遵循少断轨的原则。根据线路的实际情况，尽量在道岔、防淹门等处的断轨设置电分段。

（9）中心锚结设置

中心锚结一般设置在两膨胀接头之间（即一个锚段）的中部，单个标准锚段长度为 100m。正常情况下锚结设置一组，在大坡度区段的上坡始端、坡顶、下坡终端等处选用特殊的锚结装置。

（10）轨旁断路器设置

牵引变电所馈线与接触网连接处设置电动操作的断路器，车辆段供电分区之间的电气联络设置电动断路器，道岔区域及车辆段洗车线、停车线及检修线前设电动带接地断路器，存车线与正线电分段处设置手动断路器。

6.2 AC600V 接触轨零部件

6.2.1 钢铝复合轨

钢铝复合轨通过绝缘支架固定于导向轨上，用于向车辆提供交流三相牵引电力（3 根供电轨）和接地功能（接地轨/信号轨）。钢铝复合轨标准长度为 10m，接触轨之间通过连接组件连接。

图 6-2 钢铝复合轨

钢铝复合轨的载流主体采用 6101B 铝合金，热处理为 T65 状态；受流面为 3mm 厚的 304 不锈钢，有效宽度为 18mm，如图 6-2 所示。钢带与铝合金基体采用成熟的复合工艺，满足供电轨机械性能和电气性能的要求，且满足车辆 60km/h 的取电性能要求。

6.2.2 绝缘分段接头

绝缘分段接头用于接触轨之间需要绝缘分段连接的部位，实现相邻供电分区之间的电气隔离，同时保证供电轨的可靠连接。绝缘分段接头由绝缘分段本体、衬板及紧固件等组成。本体材质为玻璃钢，为低烟无卤的阻燃材料；衬板位于本体与接触轨之间，材质为不锈钢，如图 6-3 所示。

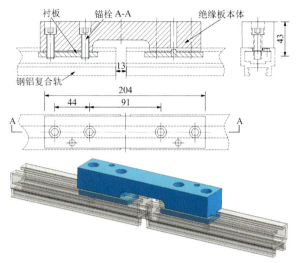

图 6-3　绝缘分段接头（尺寸单位：mm）

绝缘分段接头应具有一定的强度和刚度，能承受接触轨纵向、横向的机械张力。主要应用于相邻供电分区之间、正线间联络线、渡线、车场线与正线间等需要电气分段的地方。

6.2.3　中间接头

中间接头用于实现相邻接触轨之间的机械及电气连接，由中间接头本体、不锈钢薄垫板及紧固件组成，如图 6-4 所示。

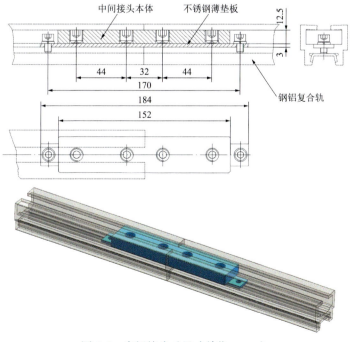

图 6-4　中间接头（尺寸单位：mm）

中间接头本体采用铜材料载流，铜载体表面采用铜铝过渡工艺覆盖铝合金，使中间接头本身的载流量与供电轨相匹配；并且有一定的机械强度，使中间接头在运营中的任何一种模式下均能够正常使用。

6.2.4 快速端部弯头

快速端部接头设置在断轨两端，用于引导车辆受电靴进入或离开接触轨，并能承受一定的机械张力，实现车辆受电靴的平稳过渡。快速端部接头由接头本体、螺栓绝缘护套、绝缘护板、T形绝缘支架及相关紧固件、附件组成。除紧固件及附件材料为不锈钢材料外，其余部件材料均为玻璃钢，如图 6-5 所示。

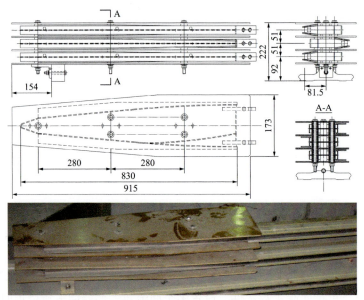

图 6-5　快速端部弯头（尺寸单位：mm）

6.2.5 绝缘支架

绝缘支架采用玻璃钢材质制成，用于支撑定位供电轨/接地轨，将供电轨绝缘固定于导向轨上，如图 6-6 所示。绝缘支架安装于工字钢导梁上，应能承受系统中所有动态、静态负荷，还需能够承受电动力的冲击。并能可靠实现 A、B、C 三相及供电轨与接地轨间的绝缘，且绝缘电阻不小于 $10^{11}\Omega$。

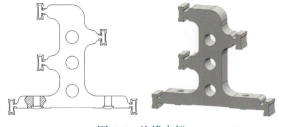

图 6-6　绝缘支架

6.2.6 防护罩

防护罩主要是将除了供电轨和车辆受电靴间接触面以外的供电轨覆盖起来，达到保护乘客及维修人员的目的，如图 6-7 所示。防护罩材质为聚氯乙烯（PVC），采用拉挤工艺制造，具有抗紫外线、耐老化的特性，靠自身弹性紧扣在供电轨表面上。防护罩主要设置在供电轨表面，接地轨、信号轨表面不设置防护罩。防护罩包络范围包括三根供电轨、膨胀接头、电连接接头处及绝缘支架，分为普通防护罩、支架防护罩、绝缘接头防护罩、电连接器防护罩及上网电缆连接处防护罩。

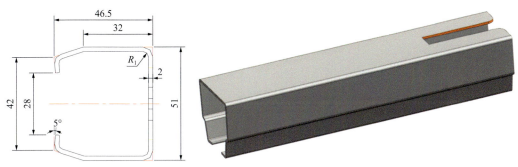

图 6-7　普通防护罩（尺寸单位：mm）

6.2.7 膨胀接头

膨胀接头设置在两个锚段的连接处，主要用于补偿接触轨由于热胀冷缩引起的纵向形变，补偿量为 200mm，所采用的材料为不锈钢，如图 6-8 所示。

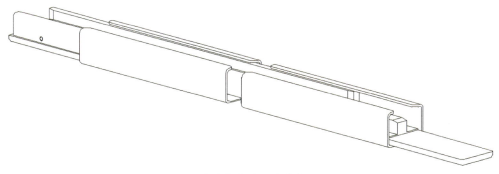

图 6-8　膨胀接头（尺寸单位：mm）

膨胀接头两端接触轨的电气连续性通过软电缆（$1 \times 95 mm^2$）来保持，电缆载流量必须与接触轨的载流量相当。

6.2.8 铜触头

铜触头设置于接触轨道岔处断轨的端头，用于满足车辆受电靴平稳过渡的需要，由铜触头本体及紧固件构成，本体材质为 T2 纯铜，如图 6-9 所示。

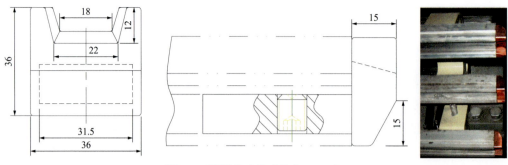

图 6-9　铜触头（尺寸单位：mm）

6.2.9　接地轨接地装置

接地轨接地装置是实现接地轨与导向轨电气连接的装置。接地装置一端连接接地轨，另一端连接导向轨。接地装置还包括从导向轨至线路走行道侧接地扁钢间的连接装置。

接地轨接地装置主要包括：与接地轨连接的电缆连接支座、与导向轨连接的接地本体、与接地扁钢的电缆连接装置以及接地电缆，如图 6-10 所示。

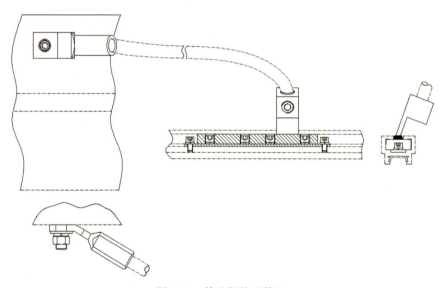

图 6-10　接地轨接地装置

6.2.10　供电分段及电连接

（1）轨旁断路器的设置

牵引变电所馈线与接触网连接处设置电动操作的断路器，车辆段供电分区之间的电气联络设置电动操作断路器，道岔区域及车辆段洗车线、停车线及检修线前设电动带接地断路器，存车线与正线电分段处设置手动断路器。轨旁断路器能够在控制中心进行控制。

（2）电连接设置

接触轨同一供电分区相邻断轨之间设置电连接。

6.2.11 支持装置、绝缘件的选用

（1）支持装置

正线区段接触轨采用整体绝缘固定支架，固定支架可以将供电轨、接地轨可靠绝缘，能满足供电轨最大载流量情况下的机械性能及绝缘性能。两段相邻的接触轨间采用连接线夹、膨胀接头、绝缘接头三种方式，需要视不同情况采用不同的支持方式。

（2）绝缘件

绝缘件包括正线接触轨区段、车场线采用的固定支架、用于电气分段的绝缘接头以及保护罩等。绝缘件能够保证在正常运行的电压范围内的可靠绝缘。

（3）绝缘件的燃烧性能

本系统所有非金属材料应为不放射有毒气体、低烟、低热量的难燃材料，应按《塑料用氧指数法测定燃烧行为 第 2 部分：室温试验》（GB/T 2406.2—2009）来检测氧指数指标的要求；按《建筑材料及制品燃烧性能分级》（GB 8624—2012）检测非金属材料的燃烧性能指标；这些材料的烟密度按《建筑材料燃烧或分解的烟密度试验方法》（GB/T 8627—2007）进行检测，检测结果必须满足难燃材料 B1 级的要求。

6.2.12 防护措施

为保证人身安全，体现"以人为本"的工程理念，正线、联络线、折返线及渡线等所有架设的接触轨上均设防护罩。接触轨除需要与受电靴接触而暴露的一侧外，其他各侧用绝缘防护罩封盖。防护罩标准段长度为 1450mm，在供电轨就位后安装，安装后的防护罩将固定在支架之间。

防护罩在正常电压的情况下，应能保证接触防护罩人员的安全。防护罩直接扣在供电轨上，不使用紧固件及黏合剂，需要在高温下具有自熄、无毒、无烟和耐火的性能。

第 7 章

牵引回流与接地系统

7.1 牵引回流网设计

7.1.1 相关设计标准

(1)《地铁设计规范》(GB 50157);
(2)《城市轨道交通直流牵引供电系统》(GB/T 10411);
(3)《地铁杂散电流腐蚀防护技术标准》(CJJ/T 49);
(4)《城镇燃气埋地钢质管道腐蚀控制技术规程》(CJJ 95);
(5)《交流电气装置的接地设计规范》(GB/T 50065);
(6)《建筑物防雷设计规范》(GB 50057);
(7)《轨道交通 地面装置 电气安全、接地和回流 第2部分：直流牵引供电系统杂散电流的防护措施》(GB/T 28026.2)。

7.1.2 牵引回流网设计计算

1) 排流网截面计算

城市轨道交通直流牵引供电系统中，普遍将整体道床和浮置板道床内结构钢筋按一定要求焊接，作为杂散电流收集网（即"排流网"）。排流网是道床内电气连通的结构钢筋网络，作为牵引回流系统重要组成部分，其截面大小需要满足钢筋极化电位小于标准值的要求，一般可根据供电区段内排流网纵向电压降阈值，得到排流网纵向电阻，从而折算排流网截面的面积为：

$$U = \frac{L^3}{12} \times \frac{IR_g R_s}{R_{g/s}} \tag{7-1}$$

$$S_w = \rho \frac{1}{R_s} \tag{7-2}$$

式中：U——排流网允许电压降（V）；

L——排流网长度（km）；

I——正常双边供电条件下高峰小时平均电流（A）；

R_g——走行轨单位长度电阻（Ω/km）；

R_s——排流网单位长度电阻（Ω/km）；

$R_{g/s}$——钢轨与排流网之间绝缘电阻（Ω/km）；

ρ——排流网结构钢筋电阻率［(Ω·mm²)/km］；

S_w——排流网截面积（mm²）。

对于地下车站及区间隧道钢筋网，将车站主体结构及隧道结构钢筋按一定要求焊接，形成监测网。在牵引变电所附近设置道床的排流端子，结构钢筋预留排流端子，并在牵引变电所设置排流柜。杂散电流排流柜由硅二极管D_1、可调节电阻R_1、固定限流电阻R_2、自动排流部分、显示部分和保护部分组成，一般设置于正线牵引变电所内，具有单向极性排流、自动调节排流电流值、自动监测记录排流网排流电流值、与电力监控系统通信功能。排流柜在城市轨道交通运营初期一般并不投入运行，而是在运营过程中，根据对杂散电流腐蚀状况的监测结果判断是否投入运行。当道床排流网钢筋计划电位值超过设定值后，排流柜则开始投入运行。杂散电流排流柜原理如图 7-1 所示。

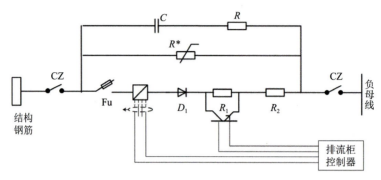

图 7-1　杂散电流排流柜原理图

2）钢轨电位/杂散电流计算

根据直流牵引供电系统特点，建立地上电路等值模型，考虑地网结构，建立"钢轨—排流网—结构钢筋—大地"四层杂散电流地下微元分析模型（图 7-2），通过地上电路等值模型求解牵引变电所供电电流及列车牵引电流，并将各供电电流及牵引电流视为等效注入电流代入地下微元模型（图 7-3），求解得出杂散电流分布。

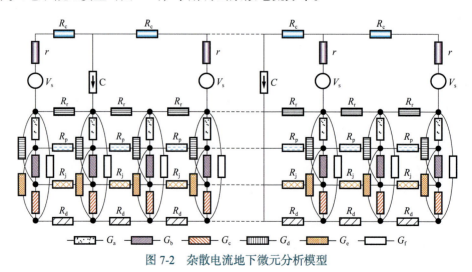

图 7-2　杂散电流地下微元分析模型

图中，C为列车等效电流源模型（A）；r为变电所等效电阻（Ω）；R_c、R_r、R_p、R_j、R_d分别为牵引网、钢轨、排流网、结构钢筋及大地等效电阻（Ω）；G_a、G_b、G_c、G_d、G_e、G_f

分别为钢轨与排流网、排流网与结构钢筋、结构钢筋与大地、钢轨与结构钢筋、排流网与大地、钢轨与大地的过渡电导（S）。

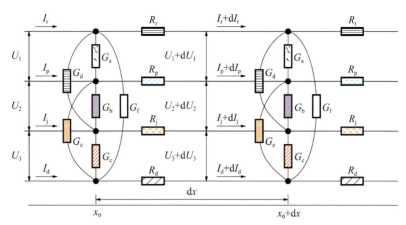

图 7-3　地下微元分析模型单元

图中：U_1、U_2、U_3 分别为钢轨电位—排流网、排流网—结构钢筋及结构钢筋—大地层间电位差（V）；I_r、I_p、I_j、I_d 分别为钢轨电流、排流网电流、结构钢筋电流及大地电流（A）。

根据地下微元分析模型单元，由基尔霍夫电路定律可得：

$$\begin{cases} U_1 + \mathrm{d}U_1 + I_r R_r \mathrm{d}x = U_1 + I_p R_p \mathrm{d}x \\ U_2 + \mathrm{d}U_2 + I_p R_p \mathrm{d}x = U_2 + I_j R_j \mathrm{d}x \\ U_3 + \mathrm{d}U_3 + I_j R_j \mathrm{d}x = U_3 + I_d R_d \mathrm{d}x \\ I_r = I_r + \mathrm{d}I_r + U_1 G_a \mathrm{d}x + (U_1 + U_2) G_d \mathrm{d}x + (U_1 + U_2 + U_3) G_f \mathrm{d}x \\ I_p = I_p + \mathrm{d}I_p + U_2 G_b \mathrm{d}x + (U_2 + U_3) G_e \mathrm{d}x - U_1 G_a \mathrm{d}x \\ I_j = I_j + \mathrm{d}I_j + U_3 G_c \mathrm{d}x - U_2 G_b \mathrm{d}x - (U_1 + U_2) G_d \mathrm{d}x \\ I_d = I_d + \mathrm{d}I_d - U_3 G_c \mathrm{d}x - (U_2 + U_3) G_e \mathrm{d}x - (U_1 + U_2 + U_3) G_f \mathrm{d}x \end{cases} \quad (7-3)$$

通过列写地下微元分析模型构成层间电压差及电流分布方程组，并根据运行列车等效电流以及电压、电流边界条件求解方程组，可计算得到地网结构的层间电压差及电流分布。

3）牵引供电系统贯通地线截面积计算方法

在交流牵引供电系统中，综合接地系统的电流分配值决定了各类导体选择的截面，各类导体的阻抗及耦合关系决定了牵引回流电流值在其中的分配系数。对单一导体流过的电流值而言，一种为正常牵引负荷，另一种为短路故障电流。选择导体的截面时应同时满足正常牵引负荷的长期载流和短路情况下的动热稳定要求。综合贯通地线所能承受的短路电流数值见表 7-1。

（1）模拟仿真计算下的正常牵引负荷和短路故障电流

综合贯通地线与钢轨、保护线（PW 线）或回流线以及大地共同组成牵引供电回流系统。牵引供电回流系统各平行导体与沿线接触网、正馈线之间为多重电磁耦合平行支路，同时与综合贯通地线引接线、吸上线、自耦变压器等多重垂直支路共同组成一个复杂的分布式参数电气网络。为了正确评价综合接地系统电气特性及其相关影响，必须采用高维矩阵进行仿真计算。

综合贯通地线所能承受的短路电流数值表　　　　　　　　　　　表 7-1

截面积（mm²）	0.1s 所能承受的短路电流（A）
25	9092
35	12728
50	18183
70	25456

（2）短路故障电流

综合贯通地线的截面选择不仅和正常负荷大小有关还由短路条件下的热稳定性决定。导线截面与承受短路电流能力的关系：

$$S_{\mathrm{d}} = \frac{I_{\mathrm{d}}}{C}\sqrt{t} \tag{7-4}$$

式中：I_{d}——短路电流（A）；

　　　t——保护装置切除短路电流的时间（s）；

　　　C——导体的热常数（铜取 210，钢取 70）；

　　　S_{d}——导体的截面积（mm²）。

短路故障下的短路电流主要取决于电力系统的短路容量、供电电压等级和牵引变压器的接线型式、容量（包括短路阻抗）。在正常情况下，当变电所出口处发生短路时，短路电流将在钢轨、PW 线、综合贯通地线以及大地中进行分配后共同流回变电所，流经综合贯通地线的电流必然小于短路电流。在最极端的情况下，变电所出口处上下行综合贯通地线与钢轨扼流变压器的连接线断裂、综合贯通地线也发生断裂，同时变电所出口处接触网直接与综合贯通地线连通时，综合贯通地线将承受最大短路电流。因此，贯通地线截面积主要应满足的要求为：

①应满足正常情况下及远期流过贯通地线最大牵引回流的需要；

②应满足接触网短路（短路时间按不大于 100ms 计）通过瞬间大电流时热稳定的要求。

4）接触电位/跨步电压计算

人工接地网由多个垂直接地体和水平接地体构成，设于地下车站底板下方。接地网通过接地引出线及接地电缆连接到变电所强、弱电接地母排。各车站或建筑物的人工接地网设计，应满足在电气故障条件下实际接触电位差、跨步电压差不超过下列数值：

$$U_{\mathrm{t}} = (174 + 0.17aC)/\sqrt{t} \tag{7-5}$$

$$U_s = (174 + 0.7aC)/\sqrt{t} \tag{7-6}$$

式中：U_t——最大接触电位差（V）；

U_s——最大跨步电位差（V）；

a——人脚站立处地表面的土壤电阻率（Ω·m）；

C——表层衰减系数；

t——接地短路（故障）电流的持续时间（s）。

人工接地网设计应按进入接地网的接地故障电流校核接地网电位；强、弱电接地引出端子应分开，每个接地引出端子应与车站底板绝缘。

7.1.3 牵引回流系统设计

1）设计范围

直流牵引供电系统中，牵引回流系统设计主要包括：正线负回流系统设计、正线杂散电流监测系统设计、停车场负回流系统设计、停车场杂散电流监测系统设计、车辆段负回流系统设计、车辆段杂散电流监测系统设计、综合接地系统设计、杂散电流防护及接地对相关专业的要求。

交流牵引供电系统中，牵引回流系统设计主要包括：回流系统设计、综合接地系统设计、接地对相关专业的要求。

2）设计接口

（1）与供电系统专业的接口

牵引回流系统设计专业与供电系统专业接口位于车站、区间、停车场、车辆段。供电系统专业提供供电系统图，牵引回流系统设计专业核实负回流系统图中回流电缆规格是否与供电系统一致。

（2）与变电所专业的接口

牵引回流系统设计专业与变电所专业接口位于排流端子处、均回流箱接线端子处、钢轨电位限制装置接线端子处、人工接地网接地引上线处。

①牵引回流系统设计专业提出对变电所设备及自身设备安装要求，确定各种设备接地要求，并提出牵引回流系统设备用电需求及通信接口需求。

②钢轨至综合接地母排电缆连接、均回流箱或集中接地回流箱与钢轨之间的电缆由牵引回流系统设计专业负责；均回流箱或集中接地回流箱与钢轨电位限制装置、变电所负极柜之间的电缆由变电所专业负责。

③车站及停车场、车辆段人工接地网由牵引回流系统设计专业负责，综合接地母排设置、接地引上线至强弱电母排之间的电缆由变电所专业负责。

④牵引回流系统设计专业提供排流端子设置里程；排流柜的安装、从排流端子至排流柜的电缆、排流柜至负极柜电缆由变电所专业负责。

（3）与接触网专业的接口

牵引回流系统设计专业与接触网专业全线均有接口。牵引回流系统设计专业对接触网专业的牵引回流系统设计提出要求。

①吸上线设置及与回流线连接由接触网专业负责；吸上线与钢轨连接由牵引回流系统设计专业负责。

②接触网专业负责全线防雷方案设计，牵引回流系统设计专业提供相关土建设置需求。

（4）与变电所综合自动化专业的接口

牵引回流系统设计专业与变电所综合自动化专业接口位于牵引变电所排流柜智能测控装置通信端口、监测装置、单向导通装置、智能传感器电源、通信接线端子处。

①牵引回流系统设计专业负责提供通信接口、监控要求以及通信接口类型；变电所综合自动化专业负责排流柜、监测装置、单向导通装置与综合自动化屏之间的通信电缆敷设。

②牵引回流系统设计专业负责提出杂散电流设备电源需求，排流柜、监测装置、智能传感器、单向导通装置电源电缆由变电所专业负责。

（5）与轨道专业的接口

牵引回流系统设计专业与轨道专业全线均有接口。轨道专业提供钢轨及道床类型，提出在钢轨上作业的技术要求。牵引回流系统设计专业提供对轨道及道床的具体要求，由轨道专业落实。

（6）与建筑专业的接口

牵引回流系统设计专业与建筑专业接口位于车站。牵引回流系统设计专业提出牵引回流系统对建筑专业的设计要求。

（7）与结构专业的接口

牵引回流系统设计专业与结构专业全线均有接口。牵引回流系统设计专业提出牵引回流系统设计对结构钢筋的焊接要求、连接端子、测量端子等设置要求，以及接地钢板的预埋要求。

（8）与通信专业的接口

牵引回流系统设计专业与通信专业接口位于正线、车辆段、停车场。通信专业提出设置方式，牵引回流系统设计专业提出绝缘安装要求。

（9）与信号专业的接口

牵引回流系统设计专业与信号专业接口位于正线、车辆段、停车场。牵引回流系统设计专业对信号专业提出电气化股道附近的信号设备绝缘安装要求与绝缘结设置要求，由信号专业统筹考虑；牵引回流系统设计专业还需提供负回流系统图，由其落实轨缝接续线的连接（停车场/车辆段信号采用轨道电路制式）。

（10）与其他系统的金属管线的接口

牵引回流系统设计专业与其他系统的金属管线接口位于沿线金属管线。其他系统金属管线的安装应满足杂散电流腐蚀防护的要求。

（11）与车辆段、停车场专业的接口

牵引回流系统设计专业与车辆段、停车场专业接口位于车辆段、停车场。牵引回流系统设计专业对车辆段、停车场提出牵引回流系统设计要求。

3）主要设计原则

（1）全线合理设置均回流电缆，减小钢轨纵向电阻，加强回流。

（2）对整体道床内的结构钢筋进行电气连接，直流牵引供电系统需设置排流端子接入牵引所排流柜，排流柜运营前期不投入运行，根据监测数据启动排流。

（3）整体道床钢筋与车站/隧道结构钢筋设置测量端子，直流牵引供电系统杂散电流监测系统应根据杂散电流分布的特点，合理设置监测点，监测系统应可靠并便于运营维护管理。

（4）各车站设置一个综合接地网，并校验接触电势和跨步电压。

（5）各车站接地网通过贯通接地体、接触网架空地线等途径互相连接，在全线范围内形成统一的高低压兼容、强弱电合一的接地系统。

（6）直流牵引供电系统杂散电流腐蚀防护设计应按照"以堵为主，以排为辅，堵排结合，加强监测"的原则设计。

①堵：隔离、控制所有可能的杂散电流泄漏途径，减少杂散电流进入城市轨道交通主体结构、设备、金属管线及其他相关设施。牵引回流系统杂散电流防护主要体现在两方面，一是加强走行轨对地绝缘，即通过对钢轨采取绝缘法安装及其他附加措施，增大钢轨泄漏电阻；二是降低走行轨的纵向电阻，即适当设置均流电缆，对回流电缆的截面、回流钢轨提出技术要求，保证回流通路的通畅，以降低钢轨电位，减少回流电阻值，从而控制杂散电流泄漏量。通过控制杂散电流泄漏总量，减少杂散电流进入城市轨道交通主体结构及沿线的城市管线和地下结构的可能性。

②排：通过杂散电流的收集及排流系统，提供杂散电流返回牵引变电所的金属通路，以限制杂散电流继续向地铁系统以外泄漏，减少杂散电流对金属管线及金属构件的腐蚀。

③测：设计完备的杂散电流监测系统，监视、测量杂散电流的大小，为运营维护提供依据。设置完备的杂散电流监测系统，监测隧道结构钢筋、整体道床钢筋、车站结构钢筋对周围混凝土介质的极化电位，监视杂散电流对城市轨道交通主体结构钢筋和设备的腐蚀情况，以便及时采取相应的措施。

（7）杂散电流腐蚀防护系统应符合我国现行标准，对于我国标准尚未涉及的部分设计内容，参照欧洲相关标准；杂散电流腐蚀防护与接地系统应根据各车站的具体结构形式，采用合理的设计方案，以满足杂散电流腐蚀防护与接地标准。

（8）直流牵引供电系统钢轨需采用绝缘安装，城市轨道交通走行轨和牵引变电所直流设备采用绝缘安装；由城市轨道交通外部引入内部或由内部引出的金属管线均应进行绝缘处理；在城市轨道交通盾构区间采用隔离法对盾构管片结构钢筋进行防护。

4) 设计方案

(1) 回流系统

①直流牵引供电系统

城市轨道交通牵引供电系统普遍采用钢轨回流，正线牵引回流系统由钢轨、负回流电缆、上下行均流电缆组成；停车场/车辆段牵引回流系统由钢轨、负回流电缆、均流电缆以及单向导通装置组成。

a. 全线正线钢轨应保持电气贯通，道岔区段、设置鱼尾板和轨缝处，每根钢轨加设连接电缆，正线同一行两根钢轨之间设置均流电缆。同时，在区间联络通道等条件合适区域，设置上下行间均流电缆，在牵引变电所设置回流箱，上下行钢轨通过回流电缆连接至回流箱接至牵引变电所。在车站两端设置均流箱，上下行钢轨通过均流电缆连接至均流箱实现上下行并联，在设置有回流箱的含牵引变电所的车站，回流箱设置于车站一端，不再设置均流箱，另一端设置均流箱。

b. 停车场/车辆段钢轨应保持电气贯通并应焊接成无缝钢轨，钢轨接头电阻一般要求小于3m长的回流钢轨阻值，以减少回流电阻。若采用由鱼尾板和螺栓连接的短钢轨，则鱼尾板两侧相邻钢轨间应再用直流铜芯电缆与钢轨可靠连接。电气化线路中，道岔辙岔的连接部分应设置连接线，连接线采用直流铜芯电缆与钢轨可靠连接，停车场/车辆段库内外不同股道间的钢轨及同一股道的两根钢轨均应设置均流电缆，均流电缆应与钢轨可靠连接。

c. 在正线与停车场/车辆段线路之间，停车场/车辆段内检修库、停车库与外线路之间、静调库与库外线路之间设置轨道绝缘结，并装设单向导通装置，检修库内线路与库外线路间设轨道绝缘结，尽头线每条轨道的车挡装置与电气化股道间应进行绝缘分段，所有的电气化与非电气化区段间应设置绝缘结。

广州地铁12号线牵引供电系统采用钢轨回流形式，正线采用60kg/m的钢轨。全线正线钢轨应保持电气贯通。道岔区段和设置鱼尾板处，每根钢轨加设连接电缆，连接电缆采用2根150mm²截面的DC1.5kV铜电缆。连接牵引变电所负母线至上下行钢轨的负回流电缆采用400mm²截面铜电缆。在正线各车站两端上下行钢轨间设置均流电缆，但在设置牵引变电所的车站有负回流电缆的一端，上下行钢轨间不再设均流电缆；另外，若上下行隧道有区间逃生通道，则利用该通道设置上下行均流电缆。同方向两根钢轨间每隔200m左右设置一处均流电缆。均流电缆选择2根150mm²截面的DC1.5kV铜电缆，上下行隧道区间联络通道处，利用该通道设置上下行均流电缆，选择2根截面150mm²的DC1.5kV铜电缆。典型车站连接端子、测量端子及排端子设置示意如图7-4所示；典型变电所回流系统示意如图7-5所示。

第7章 牵引回流与接地系统

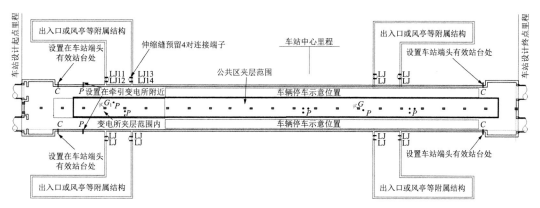

图 7-4 典型车站连接端子、测量端子及排端子设置示意图

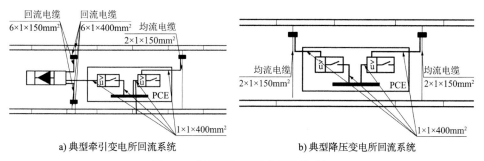

a) 典型牵引变电所回流系统　　　　b) 典型降压变电所回流系统

图 7-5 典型变电所回流系统示意图

②交流牵引供电系统

交流牵引供电回流系统中，钢轨、回流线、大地，为列车回流通路，为加强回流、降低轨电位，正线回流系统采用如下措施：

a. 回流系统由钢轨、回流电缆、钢轨间均流电缆、接触网回流线以及大地组成。

b. 主变电所设置集中接地回流箱，广州地铁 22 号线正线在白云城市中心站、方石站设置回流点，回流点处回流线及钢轨利用交流铜芯软电缆分别接入白云主变电所、空港主变电所集中接地回流箱。集中接地回流箱与主变电所下方接地网连接，实现地回流。

c. 吸上线采用 1 根 $240mm^2$ 截面的交流铜芯软电缆，约每 1200m 结合联络通道或车站设置一处。在接触网吸上线处，吸上线一端与接触网回流线可靠连接，另一端与钢轨可靠连接。

d. 在上下行每股道的两根钢轨之间顺线路方向每隔约 800m 设置一处并联电缆，每处采用 2 根 $240mm^2$ 截面的交流铜芯软电缆。

e. 在地下区间内每一联络通道处上下行钢轨间设置均流电缆，道岔两端上下行钢轨间设置均流电缆，均流电缆采用 2 根 $240mm^2$ 截面的交流铜芯软电缆。

f. 车站屏蔽门两端有效站台起始里程处，上下行钢轨分别通过 1 根 $240mm^2$ 截面的交流铜芯软电缆及交流钢轨电位限制装置与变电所单独设置的接地母排相连。

g. 正线道床结构伸缩缝连接端子之间采用电缆连接，实现电气贯通。正线车站、疏散救援定点、区间风井两端道床结构连接端子通过接地电缆与变电所综合接地母排相连。轨行区接地电缆穿保护管敷设。

车辆段/停车场回流系统采用如下措施：

a. 车辆段牵引回流系统接近主所电源侧，不设置回流线，由钢轨、回流电缆、钢轨间均流电缆、大地组成。

b. 车辆段在库前设置回流点，每处回流点钢轨采用交流铜芯软电缆接入钢轨与主变电所集中接地回流箱。

c. 电气化与非电气化股道之间设置绝缘结。

广州地铁 18 号线工程牵引供电系统采用 AC27.5kV 供电制式，动力照明供电系统采用 110kV/33kV 两级集中供电方式，工程钢轨及回流线为列车主要回流通路。正线回流系统由钢轨、回流电缆、钢轨间均流电缆、接触网回流线以及大地组成。主变电所设置集中接地回流箱，正线在回流点处的回流线及钢轨利用交流铜芯软电缆接入主变电所集中接地回流箱。集中接地回流箱与主变电所下方接地网连接，实现地回流。吸上线采用交流铜芯软电缆，可结合联络通道或车站设置。在接触网吸上线处，吸上线一端与接触网回流线可靠连接，另一端与钢轨可靠连接。在上下行每股道的两根钢轨之间顺线路方向并联电缆采用交流铜芯软电缆。在地下区间内每一联络通道处上下行钢轨间设置均流电缆，道岔两端上下行钢轨间设置均流电缆，均流电缆采用交流铜芯软电缆。车站屏蔽门两端有效站台起始里程处，上下行钢轨分别交流铜芯软电缆与变电所单独设置的接地母排相连。

车辆段牵引回流系统接近主所电源侧，不设置回流线，由钢轨、回流电缆、钢轨间均流电缆、大地组成；车辆段在库前设置回流点，每处回流点钢轨采用交流铜芯软电缆接入钢轨与主变电所集中接地回流箱；电气化与非电气化股道之间设置绝缘结。

（2）整体道床结构

整体道床结构钢筋通过焊接连成一体，道床伸缩缝两侧的道床钢筋利用埋入式连接端子与道床内钢筋进行焊接，两侧的埋入式连接端子利用软电缆进行连接，连接后的钢筋应保证在实施时沿线纵向电路贯通。

整体道床结构钢筋焊接在道床上，相邻两个变形缝之间的道床称为一个道床结构段，道床结构段内的结构钢筋应电气连续，即每个结构段内的纵向钢筋的搭接处必须焊接，搭接长度不小于钢筋直径的 5 倍，在搭接处对钢筋两面焊接，焊缝高度不小于 6mm。每个道床结构段内，每隔 5m 选一根横向结构钢筋与所交叉的所有纵向钢筋焊接，在每个整体道床伸缩缝的两侧，用扁钢焊接成闭合圈，并和上下层及侧边交叉的所有纵向钢筋焊接。焊接缝不小于 6 倍钢筋直径，焊缝厚度一般不低于 6mm，埋入式连接端子与侧边竖向扁钢箍筋焊接并引出。埋入式连接端子与竖向扁钢的焊接缝长度不小于 6 倍埋入式连接端子圆钢直径，焊缝厚一般不低于 6mm。整体道床在伸缩缝处埋入式连接端子上表面应高出混凝土表面 5～15mm，防止埋入式连接端子上表面没入混凝土。每行线路每个整体道床结构段（相邻伸缩缝间）两端共引出 4 个连接端子，相邻整体道床结构段连接端子通过电缆进行连接。

在直流牵引供电系统中，全线用于排流的道床结构钢筋称为排流网，作为排流网的结构钢筋总截面根据杂散电流防护计算并配合相关专业落实，在垂直轨道下方，选两根纵向结构钢筋和所有的横向钢筋焊接作为排流条，排流网钢筋与其他结构钢筋、金属管线不得有任何电气连接。同时，沿线路方向，一般在每座车站端部以及距车站约250m的区间位置，从整体道床排流网中引出1个测量端子，每行分别设置，在测量端子1m范围内，混凝土中预留参比电极安装孔用于排流网电位监测，孔直径为(75 ± 5)mm，深度为(170 ± 5)mm。

广州地铁12号线工程道床结构全线敷设杂散电流排流网，道床连接端子、测量端子焊接及排流条设置如图7-6所示。

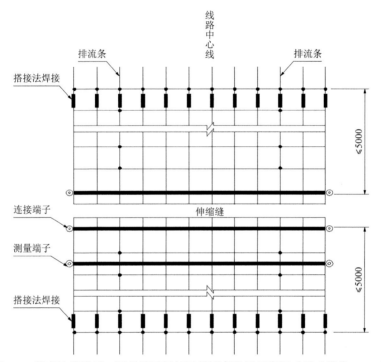

图7-6　道床连接端子、测量端子焊接及排流条设置示意图（尺寸单位：mm）

广州地铁18号线正线道床结构伸缩缝连接端子之间采用电缆连接，实现电气贯通。正线车站、疏散救援定点、区间风井两端道床结构连接端子通过接地电缆与变电所综合接地母排相连，轨行区接地电缆穿保护管敷设，将轨旁设备、线缆、构造物金属部件接入综合接地系统，形成等电位连接。

（3）区间结构钢筋

①盾构区间方案

盾构区间隧道结构钢筋采用隔离法进行杂散电流防护。隔离法可充分利用盾构管片的结构及安装特点，由于盾构隧道是由盾构管片构成，盾构管片纵向长一般大于1m，盾构管片间存在用于防水的橡胶垫圈，且盾构管片内部结构钢筋同管片之间的连接螺栓通过素混凝土隔离，这样客观上隔断了盾构管片的相互连接，使得管片内钢筋所收集的杂散电流量非常小，从而实现盾构管片内部结构钢筋的钝化腐蚀，达到防护目的。

广州地铁 12 号线区间隧道采用盾构法施工时，就利用了隔离法对盾构管片结构钢筋进行保护。

②明挖区间方案

明挖区间隧道每个结构段（相邻两个伸缩缝之间为一个结构段）内的纵向钢筋、横向钢筋应电气连续，若有搭接，应进行搭接焊，搭接长度不应小于钢筋直径的 5 倍，焊缝高度不小于 6mm。每个伸缩缝的两侧引出连接端子，两个连接端子一般采用截面面积为 95mm² 的铜电缆连接，同时，每个结构段两端第一排（或第二排）横向钢筋应与内表层所有纵向钢筋焊接；在每个结构段中，可在每隔 5m 处将内表层横向钢筋与内表层纵向钢筋全部焊接。

广州地铁 12 号线区间隧道采用明挖法施工时，结构钢筋通过焊接连成一体，伸缩缝两侧的钢筋利用埋入式连接端子与隧道结构内钢筋进行焊接，两侧的埋入式连接端子利用软电缆进行连接，作为杂散电流监测网。底板上层结构钢筋中，选取 2 根钢筋（垂直轨道下方）与结构段内所有内表层横向钢筋焊接，成为排流条。

③高架区段方案

高架区段的道床钢筋焊接形成排流网，排流网的端子布置原则同盾构区段。在高架桥箱梁结构具备电气贯通条件时，高架箱梁结构应与下部作为防雷接地体的立柱、承台等结构钢筋电气隔离，利用箱梁结构钢筋作为杂散电流监测网。墩梁固结区段中，桥梁结构钢筋与立柱结构钢筋连接，作为自然接地体，不作为杂散电流监测网。高架车站主体结构作为自然接地体，不作为杂散电流监测网。另外，作为杂散电流监测网的桥梁结构应与不作为监测网的结构体电气隔离。

④特殊地段方案

针对下穿河流区域、邻近市政管线区域等特殊地段，牵引回流系统需加强杂散电流防护手段。一般加强防护手段主要有：

a. 减少杂散电流泄漏量：增加特殊地段的排流网截面积或道床下增设绝缘垫层。

b. 加强监测：加强线路相关区段的杂散电流监测。并建议市政管线所属管理部门加强监测，根据市政管线腐蚀情况，采取强化防腐层等措施。

c. 阴极保护：排流柜预留一路市政管线排流支路，后期可根据监测数据，与市政管线所属管理部门协商后接入排流系统。

（4）车辆基地方案

①直流牵引供电系统

车辆基地在采用钢轨（走行轨）作为回流轨时，牵引回流系统应设置合理的回流系统与监测系统，主要措施如下：

a. 降低杂散电流泄漏总量：停车场内线路与正线之间设置钢轨绝缘结并装设单向导通装置，限制正线区段钢轨通过停车场内的钢轨回流，可降低场段内部杂散电流泄漏水平；各种电气化库内与库外线路之间设置钢轨绝缘结并装设单向导通装置，限制钢轨电流通过库内钢轨泄漏。电气化股道与非电化股道之间、电气化股道尽头线与车挡设备之间设置钢轨绝缘结。

b. 就近回流：根据实际工程条件，设置多个回流点，使牵引电流就近回流。

c. 均匀电流、降低钢轨电位：适当设置均流电缆，使钢轨电流均匀分布，达到限制钢轨电流泄漏和降低钢轨电位的作用。

d. 设置杂散电流监测系统：结合车辆基地道床类型，利用柱式检查坑结构钢筋及底板钢筋焊接成杂散电流监测网，同时利用监测网测量端子、参比电极、智能传感器，监测装置将杂散电流数据传输至杂散电流监控微机管理系统，且监测网可预留接入排流系统条件。

②交流牵引供电系统

a. 车辆段在库前设置回流点，每处回流点钢轨采用交流铜芯软电缆接入钢轨，并与主变电所集中接地回流箱，电气化与非电气化股道之间设置绝缘结。

b. 主体结构钢筋焊接并与人工接地网等电位连接，道床结构钢筋结合道床类型进行焊接并纳入接地系统。

（5）轨道绝缘节

走行轨在下列部位应实现电气隔离：所有的电气化与非电气化区段之间；运营线路与正在建设的线路区段之间；运营正线与车辆段或停车场联络线之间；两条正线之间的联络线；地下线路与地面线路之间；线路末端车挡装置安装有接地线时，该装置与电气化股道之间。

广州地铁12号线杂散电流防护示意如图7-7所示。

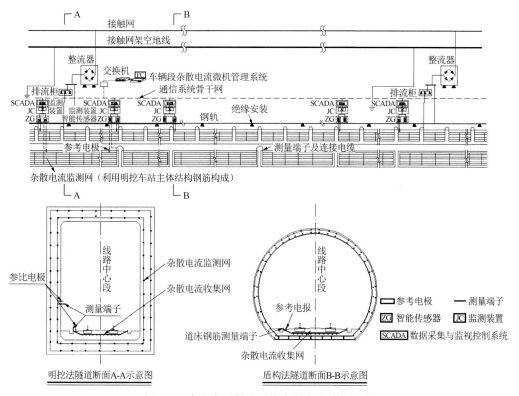

图7-7 直流牵引供电系统杂散电流防护示意图

（6）杂散电流排流柜

排流柜可采用智能排流柜，安装于牵引变电所内，一端接负极柜内的直流负母排，另一端接排流网，但排流柜在初期不投入运行。在城市轨道交通运营过程中，应通过对腐蚀电位进行监测，判断城市轨道交通内钢筋受腐蚀水平决定排流柜的投入与否。智能排流柜采用绝缘栅双极型晶体管（IGBT）电子开关，方便杂散电流系统的组网联动和杂散电流的自动排流，并通过软件控制排流电流大小，一方面避免出现过排流现象，尽量达到排流与降低钢轨电位的平衡，减少排流的副作用；另一方面通过对排流量的控制也可对排流设备主要元器件进行过载的保护。

（7）杂散电流监测系统

直流牵引回流系统杂散电流腐蚀防护系统的建立，能够把杂散电流限制在一定的范围之内，但随着运营年度的增加，绝缘不断老化，隧道防水性能逐渐降低，钢轨的泄漏阻抗会逐渐变小，产生的杂散电流也将逐年增加。因此，需设置完备的杂散电流监测系统，监视杂散电流对城市轨道交通主体结构钢筋和设备的腐蚀情况，以便及时采取相应的措施。监测系统可监测隧道结构钢筋、整体道床钢筋、车站结构钢筋对周围混凝土介质的极化电位，并将相关信息传送至管理系统，有利于运维人员掌握线路牵引回流系统状态并指导维护管理。

杂散电流监测系统由参比电极、道床结构钢筋排流网测量端子、隧道/车站结构钢筋监测网测量端子、智能传感器、通信电缆、监测装置、微机管理系统组成，如图7-8所示。

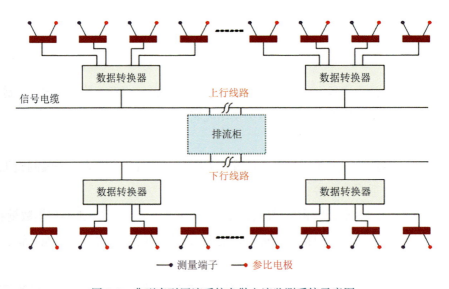

图7-8 典型牵引回流系统杂散电流监测系统示意图

杂散电流监测系统可以检测结构钢筋、整体道床钢筋以及钢轨电位，并可以检测钢轨纵向电阻和各区段的钢轨泄漏电阻。沿线设置测量点，在每个测量点，将参比电极端子和测量端子接至智能传感器，将该车站区段内的上行/下行智能传感器的采集数据通过通信电缆分别传输到设置于车站变电所的监测装置。同时，监测装置还可采集直流馈线柜馈线电流、负极柜回流电流、排流柜排流电压与排流电流、钢轨电位限制装置工作状态与接地电压及电流等数据；单向导通装置工作状态、二极管回路总电流等参数。

上述杂散电流监测数据传输至系统后台，实现对线路的测量、控制，并实现数据保存、查看、检索、报表、曲线、分析、预测等功能，并能通过分析软件预测杂散电流泄漏区间，为检修及防护提供指导。杂散电流监测系统由参比电极、道床结构钢筋排流网测量端子、隧道/车站结构钢筋排流网测量端子、智能传感器、通信电缆、监测装置、微机管理系统组成。

广州地铁 12 号线杂散电流监测系统示意如图 7-9 所示，具体系统设置方案如下：

①测量端子设置

a. 在地下车站范围内，车站站台的两端进出站附近的道床和隧道壁上分别设置一个测量端子。

b. 在隧道区间范围内，靠近车站 250m 的道床和隧道壁上分别设置一个测量端子；在盾构区间隧道内，只在道床上设置测量端子。

c. 上/下行线路分别按照上述原则设置测量端子。

d. 在连接端子附近可以利用连接端子做测量端子。

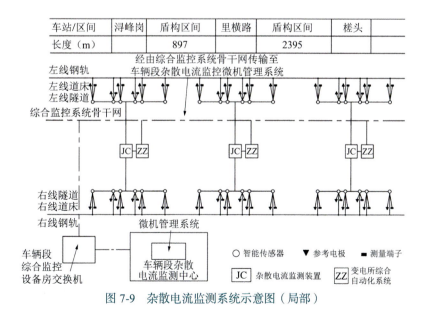

图 7-9 杂散电流监测系统示意图（局部）

②参比电极设置

a. 参比电极采用技术性能较好的氧化钼参比电极。

b. 对应每个测量端子，在相距不超过 1m 的范围内设置参比电极。

参比电极布置示意如图 7-10 所示。

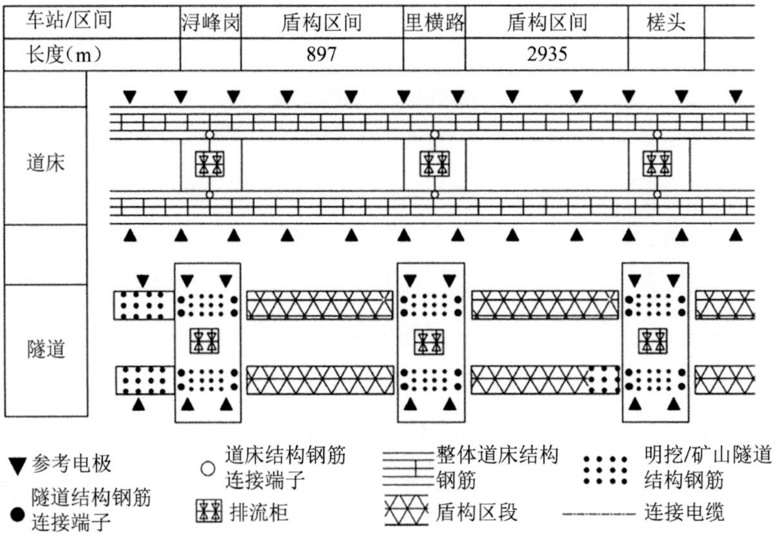

图 7-10 参比电极布置示意图（局部）

（8）综合接地系统技术方案

①直流牵引供电系统综合接地

各车站接地网通过贯通接地体、电缆金属铠装等途径互相连接，使全线形成一个统一的综合接地系统。

城市轨道交通空间狭小，人员密集，机电设备种类繁多，数目庞大。为保证人身安全和设备安全、可靠地运行，并尽量减少系统投资，在全线（包括停车场）建立统一、简明、安全的综合接地系统是非常必要的。该系统应具备以下功能：满足变电所设备工作接地和安全接地要求；满足各类通信、信号、计算机等弱电设备的工作接地和安全接地要求；满足其他车站设备工作接地和安全接地要求；满足接触轨系统工作接地和防雷接地要求。

变电所应利用车站结构钢筋或变电所结构基础钢筋等自然接地极作为接地装置，焊接要求见 7.2 节。自然接地体与整体道床排流网之间互相独立，无电气连接。每个车站单独设置一个接地网，车站综合接地网接地电阻应不大于 1Ω，区间变电所接地电阻应不大于 4Ω；并校验接触电势和跨步电压。

对于地下车站，车站强电、弱电系统应分别设接地引出线。强电接地母排设在变电所，供变电所设备工作接地和安全接地用，从强电接地母排引出电缆至车站设备接地母排，供车站设备工作接地和安全接地用。弱电接地母排供车站通信、信号、控制等弱电设备接地使用。每个接地引出线应与车站结构底板绝缘，且其位置应该靠近垂直接地体。广州地铁 12 号线综合接地方案示意如图 7-11、图 7-12 所示。

高架车站按第二类防雷建筑物进行设计，利用金属屋面板做接闪器，屋面板间的连接是持久的电气贯通，可采用铜锌合金焊、熔焊、卷边压接、缝接、螺钉或螺栓连接。在凸出屋面的玻璃处增加不锈扁钢避雷带作为接闪器，形成防雷网格。金属屋面板和不锈扁钢避雷带可靠连接，并与车站结构主体可靠连接，实现电气贯通，前期土建工程在站台层外侧结构柱梁上镀锌预埋钢板作为防雷引下线连接点。金属屋面板通过镀锌钢带引下线将电流引到屋面下的钢檩条上，钢檩条再和支撑整个车站的钢结构连成一个整体，钢结构同时与车站的基础钢筋可靠连接。

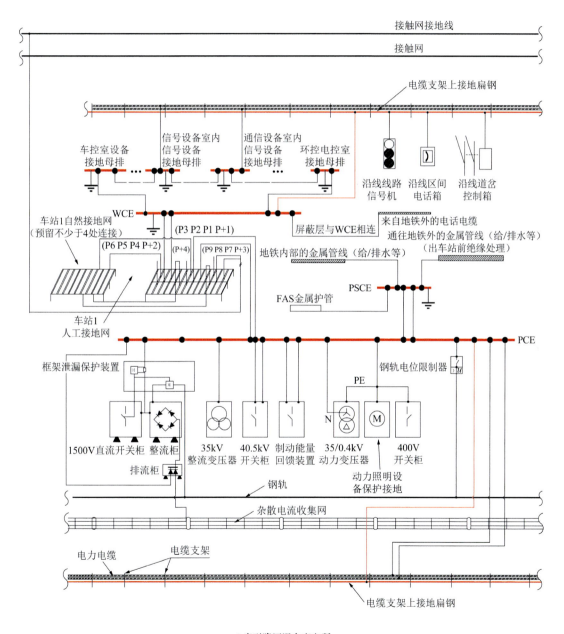

a) 牵引降压混合变电所

图 7-11

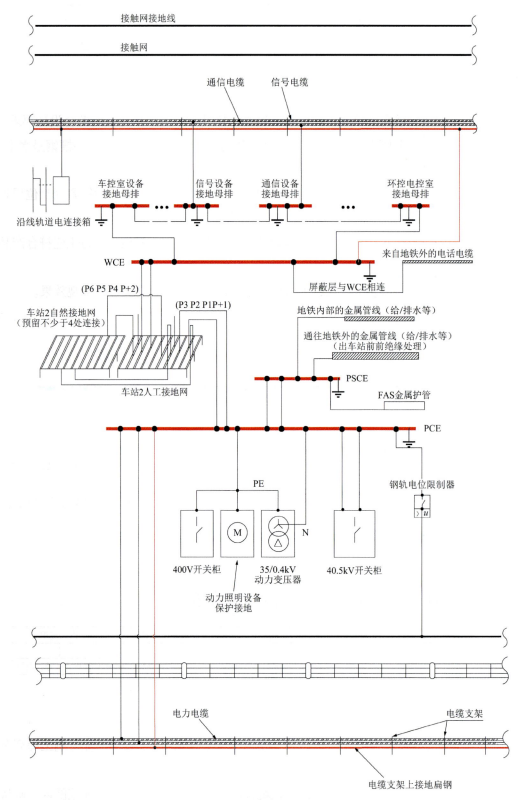

b) 车站降压变电所

图 7-11

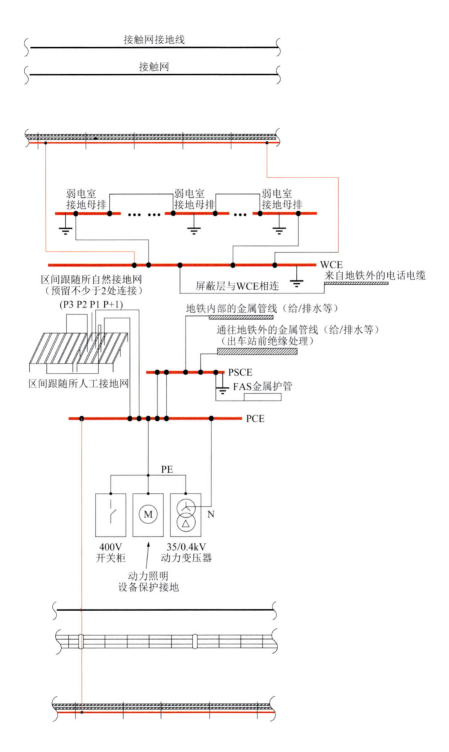

c) 区间跟随式降压变电所

图 7-11 正线综合接地系统示意图

高架区间防雷采用镀锌扁钢防雷带,并用膨胀螺栓安装在梁两侧挡板上。每跨梁在桥墩位置将设置在人行道挡板上的两条防雷带通过横向钢筋和疏散平台下的钢立柱焊接于一体，与桥墩内作为引下线的主钢筋相连。利用承台和桩内的钢筋作为自然接地体。每根桩的两根主钢筋（直径方向）必须通过辅助钢筋与承台底层或顶层钢筋焊接。承台顶层、底层及侧面钢筋通过焊接，必须形成一个钢筋笼。承台钢筋绑扎完毕及U形螺栓安装完后均要求需要进行接地电阻测试，测试结果需满足接地电阻要求。

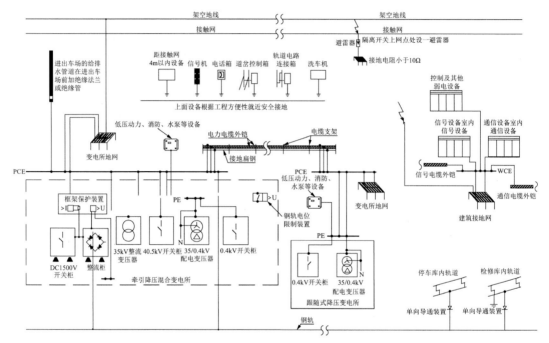

图 7-12　车场综合接地系统示意图
WCE—弱电设备接地母排；PCE—强电设备接地母排

接触网（轨）系统及电气设备接地设置方案具体应包括：

a. 在牵引变电所处，将接触网架空地线或接触轨接地扁铝接至变电所内的接触轨接地母排；

b. 各车站设置钢轨电位限制装置；

c. 变电所设备应通过变电所接地母排接地；

d. 区间电气设备金属外壳接至区间接地扁钢上；

e. 车辆基地内沿线电气设备应根据现场实际情况选择适当方式接地；

f. 低压配电应采用 TN-S 系统。

②交流牵引供电系统综合接地

在距接触网带电体 5m 范围内的电子系统设备的接地均应就近接入贯通地线，位于建筑物室内的电子系统的接地应接入建筑物共用接地系统。沿线长途通信电缆、电缆槽支架、漏泄电缆悬吊钢索等的接地均应接入贯通地线，无线通信基站及区间中继设备的杆塔等的接地装置应单独设置，达到要求后再接入综合接地系统。

接触网支柱基础接入综合接地系统。保护线（PW线）或回流线（NF线）与轨道必须通过扼流变压器或空心线圈中性点连接。贯通地线和完全横向连接线连接点、PW线或NF线的引下线与扼流变压器或空心线圈中性点连接点宜在同一里程。牵引变电所应采用不少于两回独立的架空回流线或回流绝缘电缆（线）经扼流变压器中性点与钢轨相连接并将回流线引入牵引变电所。回流电缆（线）的截面应满足另一回电缆（线）故障情况下的最大载流量需要。牵引网中的防雷接地装置在贯通地线上的接入点与其他设备在贯通地线的接入不应共用同一接地母排。牵引变电所围墙内外的管道附属设备的金属外皮应与变电所地线网相连。

沿轨道交通线20m范围内电力设施的接地应接入综合接地系统的设施包括：电力架空线及其柱上设备（断路器、负荷开关、电容器）的接地装置；变压器接地装置；电力电缆中间接头、终端头。

无砟轨道道床上层敷设非预应力接地钢筋，每100m分隔为一个标准段，纵向专用接地钢筋按每100m左右与贯通地线单点T形连接一次，钢筋混凝土站台上（包括混凝土的内部）的金属构件应可靠接地，有条件时应就近与综合接地系统的贯通地线可靠连接。

城市轨道交通沿线处于接触网带电体5m范围内的构件，应与贯通地线可靠连接，这些构件包括：跨电气化轨道交通的建筑物及构筑物外露的金属防护栅网及护栏应单独接地，有条件时可接入综合接地系统；采用综合接地系统的电气化轨道交通，距轨道交通两侧20m范围以内的轨道交通设备房屋的接地装置应接入综合接地系统。

综合接地系统在城市轨道交通沿线形成了面积巨大的接地网，接地电阻足够低，满足小于1Ω的要求，且沿线预设接地母排，为信号、通信、电力和电气化等专业设施和设备提供简易方便的接地条件，降低了牵引回流在轨道交通沿线设施中产生的电位和电位差，为设备的可靠运行、人身安全提供了安全保证。

为保证综合接地系统实现功能目标，综合接地系统在设计中应考虑如下要素。

a. 等电位连接：将轨旁设备、线缆、构造物金属部件接入综合接地系统，形成等电位连接。在发生强电系统大电流接地闪络时使得各设备间的电位差足够低以避免出现反击，保证设备安全运行。为避免强电系统大电流接地闪络可能产生的较高电位对弱电系统的影响，弱电系统接入综合接地系统的接入点与强电系统接入综合接地系统的接入点原则上应不共用同一接地母排。

b. 接地电阻：信号、通信、电力、电气化等专业电气设备在正常运行中有接地要求，接地电阻均在1Ω以上，综合接地系统具有良好的接地性能。现场实测结果表明综合地线沿线各点的接地电阻均显著小于1Ω。为沿线设备提供了一个良好的接地平台，满足各专业的接地电阻要求。各专业接地均可直接接入综合接地系统，大大减轻了接地电阻的处理工作，为各专业设备的正常运行奠定了基础。为保证人身安全、设备可靠运行，要求综合接地系统平台上任何一点的接地电阻不大于1Ω。

c.钢轨电位、跨步电压和接触电压：钢轨回流在钢轨上将产生较高的钢轨电位，对轨旁设备产生较高的电位差并造成接触电压，如不采取措施，较高的钢轨牵引回流引起的轨道电位可能超过规定的安全值。钢轨电位是产生接触电压的原因之一，要尽可能采取可靠的措施来控制牵引回流的分布，降低钢轨电位，将接触电压控制在规定范围内。上下行钢轨横向连接是改善牵引回流分布和降低钢轨电位的有效措施。

广州地铁18号线牵引供电系统采用AC27.5V供电制式，动力照明供电系统采用110kV/33kV两级集中供电方式；钢轨及回流线为列车主要回流通路。全线正线钢轨保持电气贯通，并合理设置均回流电缆，减小钢轨纵向电阻，加强回流。将轨旁设备、线缆、构造物金属部件接入综合接地系统，形成等电位连接。为避免强电系统大电流接地闪络可能产生的较高电位对弱电系统的影响，弱电系统接入综合接地系统的接入点与强电系统接入综合接地系统的接入点距离应不小于20m。此外，正线信号制式采用移动闭塞制式系统，钢轨不是信号轨，无绝缘节和扼流变；车辆基地信号制式采用轨道电路，钢轨是信号轨。综合接地系统示意见图7-13，具体设计方案如下：

变电所应利用车站结构钢筋或变电所结构基础钢筋等自然接地极作为接地装置。每个车站、区间风机房、开闭所等设置供电系统设备的房间单独设置一个接地网，综合接地网接地电阻应不大于1Ω；并校验接触电势和跨步电压。

地下车站的接地网设不少于4组引出接线点，每组接线点设3个引出线。4组引上线分别为强电接地引上线、弱电接地引上线、综合接地引上线和预留接地引上线。一组引出线接至强电接地母排，另一组引出线接至弱电接地母排，这两组引出线沿接地极的电气距离应大于20m。强电接地母排设在变电所，供变电所设备工作接地和安全接地用。从强电接地母排引出二回电缆至车站设备接地母排，供车站设备工作接地和安全接地用。弱电接地母排供车站通信、信号、控制等弱电设备接地使用。同时，于站台板下层设置一组综合接地母排，供车站、区间风井范围钢轨接地。

接触网架空地线与接触网立柱连接，在地下车站范围内，将接触网架空地线接至变电所内的强电接地母排，变电所设备应通过变电所接地母排接地，区间电气设备的金属外壳及电缆外皮、电缆支架分别接至区间强弱电贯通接地体上，低压配电采用TN-S系统。车站主体结构钢筋与人工地网之间等电位连接，鉴于盾构管片自身结构特点，盾构区间结构钢筋互不连通、分段隔离，明挖区间、矿山法区间结构钢筋焊接成电气贯通，道床结构钢筋焊接成电气贯通。钢轨要求绝缘安装，主体结构钢筋焊接并与人工接地网等电位连接；道床结构钢筋结合道床型式进行焊接并纳入接地系统。

第 7 章 牵引回流与接地系统

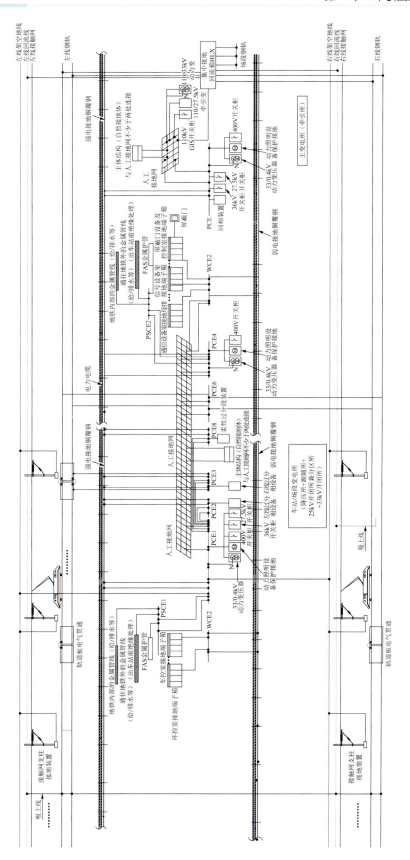

图 7-13 综合接地系统示意图

7.2 牵引回流网零部件

7.2.1 结构钢筋焊接

结构钢筋焊接点严禁虚焊，钢筋焊接尽量采用双面焊，当确实无法双面焊时，可采取单面焊，但焊接长度必须增加一倍，焊接完毕后，焊缝应做防腐蚀处理，交叉焊接与搭接焊接示意分别如图 7-14、图 7-15 所示。

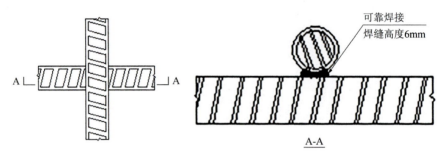

图 7-14　钢筋交叉焊接示意图

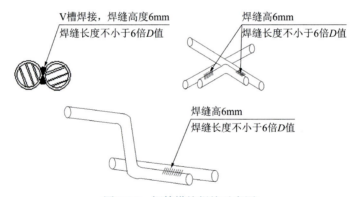

图 7-15　钢筋搭接焊接示意图

注：D 为需要焊接钢筋的直径，当两钢筋直径不同时，D 取两者的平均值。

7.2.2 埋入式端子

整体道床在伸缩缝处埋入式端子及测量端子铜端头与镀锌圆钢之间采用放热焊等方式连接。铜端子为热锻压工艺制造，铜含量不低于 99%。焊接点直流电阻小于 30μΩ，单个埋入式端子整体电阻不大于 180μΩ，铜端子与下部材料焊接结合处面积不小于 800mm²，载流量不小于 600A。铜端头顶部开螺栓孔，铜端头应有防扭动措施，如设置侧翼，防止螺栓拧入时，造成埋入式端子发生同步旋转而破坏混凝土或使下部焊接松动。铜端子表面应具有尼龙或塑料保护盖，防止土建施工时其他杂质覆盖铜端子表面或进入螺栓孔洞而影响其导电及连接。端子示意及参比电极安装如图 7-16、图 7-17 所示。

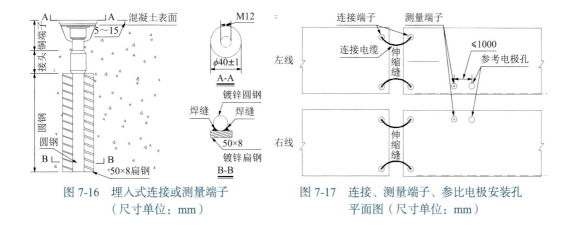

图 7-16　埋入式连接或测量端子
（尺寸单位：mm）

图 7-17　连接、测量端子、参比电极安装孔
平面图（尺寸单位：mm）

7.2.3　整体道床排流端子

整体道床排流端子从牵引所附近的整体道床中每行设置 1 个埋入式端子，靠近站台侧、上下行分别设置。在地下段安装排流端子位置处，用截面不小于 50mm×8mm 的镀锌扁钢焊接成闭合圈，并和上下层及侧边交叉的所有纵向钢筋焊接。同时将下层镀锌扁钢引至站台外沿下，向上 90°折起至上表层结构钢筋处，并与埋入式端子焊接；或下层镀锌扁钢水平引至站台外沿下，与呈 90°角的埋入式端子焊接。埋入式端子与竖向扁钢的焊接缝长度不小于 6 倍埋入式端子镀锌圆钢直径 D，焊缝厚不低于 6mm。排流端子安装示意如图 7-18 所示。

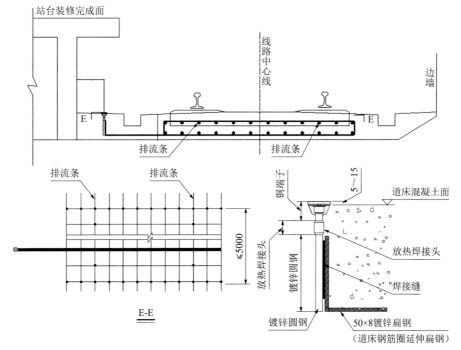

图 7-18　排流端子安装示意图（尺寸单位：mm）

7.2.4 区间结构钢筋焊接

直流牵引供电系统中，明挖区间隧道每个结构段内的纵向钢筋、横向钢筋应电气连续，若有搭接，应进行搭接焊，搭接长度不应小于 5 倍钢筋直径，焊缝高度不小于 6mm。在每个伸缩缝的两侧引出连接端子，两个连接端子用 95mm² 的铜电缆连接。铜电缆长度应为两连接端子的直线距离加 80mm。每个结构段两端第一排（或第二排）横向钢筋应与内表层所有纵向钢筋焊接。在每个结构段中，每隔 5m 将内表层横向钢筋与内表层纵向钢筋全部焊接。

在结构段内部两端的变形缝附近焊接引出连接端子，两侧连接端子距结构缝边缘的水平距离不小于 150mm，距轨顶面的距离为 300mm。当中墙没有钢筋时，取消中墙钢筋之间的焊接及中墙的连接端子。连接端子可兼做测量端子。不同断面钢筋焊接示意如图 7-19～图 7-22 所示。

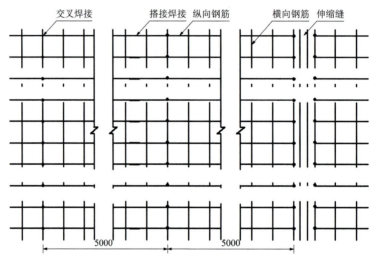

图 7-19　明挖法区间纵断面钢筋焊接示意图（尺寸单位：mm）

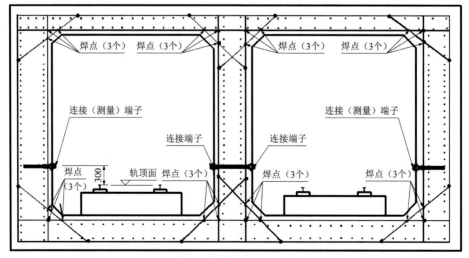

图 7-20　明挖法区间横断面钢筋焊接示意图（尺寸单位：mm）

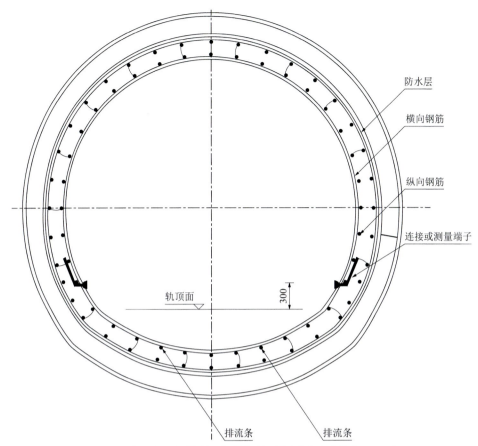

图 7-21 矿山法区间横断面钢筋焊接示意图（尺寸单位：mm）

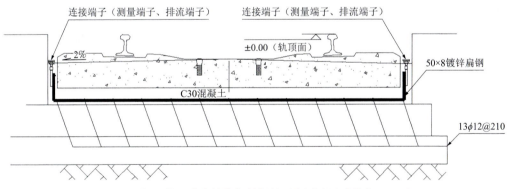

图 7-22 场段典型道床结构钢筋焊接示意图（尺寸单位：mm）

第 8 章

施工与验收

8.1 施 工 准 备

施工前应做好施工准备工作，主要包含5个方面：施工调查、施工图核对、施工方案选择及资源配置、施工作业指导书、施工技术交底。

1）施工调查

施工单位应依据获取的施工设计文件及相关资料，进行施工调查，并编制施工调查报告。施工调查应包括下列内容：

（1）工程概况，包括工程环境、气候特征、工程地质、水文地质、工程规模数量和特点。

（2）工程的施工条件，包括施工运输、施工用水源、电源、通信、场地布置、征地、拆迁、青苗补偿情况等。

（3）相关的营业线技术设备现状、对施工的制约和要求、行车组织等与施工有关的资料。

（4）施工材料调查，包括供应条件及料源的分布情况。

（5）施工生活保障调查，包括生活供应、医疗、卫生、防疫、民俗及工地周边社会治安情况等。

（6）土建工程中接触网预留基础、沟、槽、管、线、人孔（井）、手孔等预留情况；施工范围内既有地下管、线、缆等设备路径。

（7）施工前应对电缆线路路径走向及过轨、桥、涵、隧、站台、公路、水沟、路基等具体数量、长度和防护方式进行定测，定测完毕应做好记录。

2）施工图核对

施工前施工单位应对批准的施工图进行现场核对，确保无误后方可使用。施工图核对应包括下列内容：

（1）图纸的组成内容是否符合有关规定。

（2）施工图纸是否齐全，有无遗漏或错误，与现场实际是否一致。

（3）设计说明书、工程数量表及主要设备和器材的规格、数量表是否与图纸相符。

（4）设计文件中选用的主要设备的生产落实，新设备图纸及安装、检查验收技术标准。

（5）各设计专业的接口及相互衔接。

（6）施工方案、方法和技术措施，对设计响应性的优化。

施工单位应全面熟悉设计文件，并会同设计、监理单位进行现场核对，核对中发现的问题应及时与建设、设计、监理单位联系解决。施工图核对完毕应留存完整记录。

3）施工方案选择及资源配置

（1）施工方案的选择

①施工方案符合安全可靠、技术先进、切实可行、好中选优的原则。

②施工单位应根据土建、房屋等相关工程进度和设备到达等情况合理选择施工方案，安排进度计划。

（2）施工机具、仪器仪表和主要材料、设备等资源配置

①施工机具、仪器仪表的配置应符合施工内容、工期及质量控制需要，以经济、高效为主要原则。

②各种施工机具、仪器仪表应状态完好，仪器仪表应处于检定有效期内。

③施工单位应设专人维护施工机具、仪器仪表。

（3）设备、材料以及人力资源的配置

①按照甲供、甲控、自购的相关规定，以及设备、材料的规格、数量和施工进度要求进行采购或进货。对特殊设备材料应提供较准确的供应计划，如有变化及时通知供应方调整，确保施工需要。

②按相关规定核查设备、材料供应方出具的产品质量证明文件，设备和材料的规格型号应符合设计文件要求。

③应设置足够空间的设备、材料仓库，防盗、防火、防潮、防晒、防雨等应符合相关规定。

④建立健全设备、材料管理制度，并配备相应管理人员。

⑤人力资源的配置应符合工程规模、进度安排、专业技术等要求。施工单位应做好施工人员的技术和安全培训。特殊工种作业人员应按相关规定持证上岗。

4）施工作业指导书

牵引网关键工序应编制施工作业指导书。主要包括施工测量、支持结构安装、下锚补偿装置安装、承力索及接触线架设、弹性吊索等安装与调整、接触悬挂调整、接触网检测及受电、接触网精调。

关键工序施工作业指导书的主要内容包括：适用范围、作业准备、技术要求、施工程序与工艺流程、施工要求、劳动组织、材料要求、设备机具配置、质量控制及检验、安全及环保要求。

施工作业指导书的编制应符合以下原则：工艺方法先进成熟、生产组织科学合理；质量目标、安全要求明确；符合工程实际，可操作性强；图文并茂，简明易懂；符合首段定标要求。

5）施工技术交底

施工单位应逐级组织管理层、技术层、作业层施工技术交底。施工技术交底应根据施工进度分阶段进行，包括下列主要内容：质量目标和要求，安全目标和要求，环境保护目标和要求，施工部位，工艺流程及工艺标准，验收标准，施工材料、机具、仪器仪表，操作要点，施工质量控制点。

施工技术交底可采用会议、书面、班前讲话等形式。通过施工技术交底，施工人员可明确和掌握施工工艺、质量标准、安全技术要求等内容。

8.2 柔性架空接触网施工与验收要求

8.2.1 施工技术要求

柔性接触网安装工程由接触网施工作业队负责施工，按照进度计划将作业队分成若干施工组，以便合理利用施工机具和施工断面，展开平行流水作业。接触网施工示意图见图 8-1。

图 8-1　接触网施工

施工作业队根据线路中心以及接触网的设计图制定测量方案；根据测量结果，对每一个定位进行编号，并汇编安装数据表；按照轨道情况进行基坑开挖及基础浇筑、支柱组立、埋入杆件预埋；按照设计数据安装吊柱、腕臂底座及定位索底座，并测量、计算数据，进行腕臂预配安装、硬横跨预制安装；根据设计安装图进行悬挂安装、下锚补偿装置安装、设备安装；按照线索锚段进行线索架设调整；将接触网所有不带电金属部分与地线连接，地线与变电所内接地网连接，构成柔性接触网系统接地保护回路。

对安装后的接触悬挂、接触网、架空地线进行全面检查，设备在满足冷滑和热滑试验的条件后，进行供电系统联调和全系统联调。施工流程如图 8-2 所示。

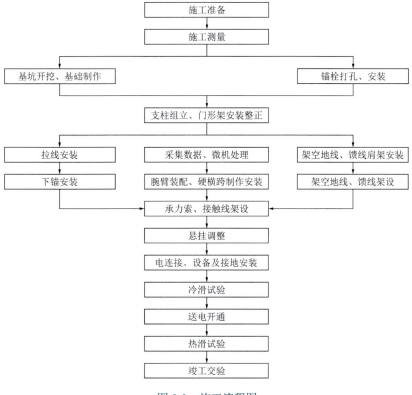

图 8-2　施工流程图

1）定位测量

（1）作业流程

柔性架空接触网定位测量作业流程如图 8-3、图 8-4 所示。

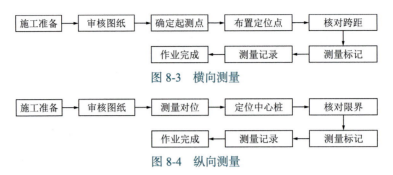

图 8-3　横向测量

图 8-4　纵向测量

（2）技术要求

①纵向测量

a. 起测前应对起测点基桩进行复核，确保起测点的正确性。

b. 使用钢卷尺进行测量，杜绝使用皮卷尺测量，施工现场测量示意图见图 8-5。

c. 曲线上沿曲线外侧进行测量，根据曲线半径计算跨距增长量，依此增加跨距测量值。

d. 测量中，定位点如处于上盖结构的伸缩缝、横梁缝、结构风管处等无法定位的空挡上时，按设计原则，合理分摊相邻定位点跨距，并做好记录，报设计和监理工程师确认。

e. 核对道岔柱是否尽可能位于标准定位处，锚柱拉线是否侵入限界或妨碍交通。

图 8-5　施工测量图

②横向测量

a. 核对支柱中心至钢轨中心距离与设计数据是否准确，悬挂底座中心点与拉出值是否重合，固定绳底座是否达到设计高度。

b. 软横跨悬挂定位底座、固定绳底座测量定位时避开顶部伸缩缝、混凝土硬度不达标处、渗水或漏水等部位，锚栓到接缝边缘距离不小于 150mm。

c. 对于两孔以上的底座，制作出和底座孔相同、孔径与钻孔径相同的各种专用模板，并标出中心线，定测时划出底座中心线位置后，直接套模确定出钻孔孔位。

d. 定位测量时使用钢筋探测仪，探测出定位点处的钢筋分布情况，以使钻孔孔位避开钢筋位置。

2）基坑开挖、基础浇筑

（1）作业流程

接触网支柱基坑开挖及基础浇筑作业流程如图 8-6 所示。

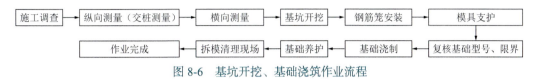

图 8-6　基坑开挖、基础浇筑作业流程

（2）技术要求

①基坑开挖弃土远离坑口，一般不小于 0.6m。弃土堆积不可过高，不能影响工程列车通过，不得污染道床。基坑开挖施工如图 8-7 所示。

②开挖过程中及时检查修理坑壁，确认坑口尺寸误差在 +50mm～0mm 范围内，确认坑壁的稳定，必要时采用模板支护。对于高水位坑采用沉水坑抽水施工，或大开挖施工。

③开挖时，一人坑内作业，一人坑上辅助并监护不出现超挖和欠挖现象。遇有大雨、暴雨、连阴雨时禁止基坑开挖施工。

④在坑底铺一层 100mm 厚的 C10 混凝土，用钢卷尺测量，确定其厚度。钢筋骨架放入基坑中，安装高度符合图纸规定，四周用锥形楔片卡紧固定。钢筋骨架外边缘与坑壁的距离不小于 50mm（即保护层厚度 50mm）。

⑤浇筑混凝土时要均匀灌注，每浇筑 200～300mm 厚的混凝土用电动振捣器捣固，保证混凝土强度均匀、密实，使基础在任何部位无蜂窝、麻面等缺陷。

⑥基础浇筑保证其铅垂中心线位于基坑中心、基础侧面限界以符合设计要求，允许误差为 0～+100mm。浇筑过程一次性完成。基坑浇筑施工如图 8-8 所示。

图 8-7　基坑开挖施工图　　图 8-8　基坑浇筑施工图

⑦抽样试验标准每 50m³ 混凝土需制作一组立方体试块（试块边长 150mm 或 100mm）。拉线基础按照每个车站、区间制作一组混凝土试块，试块养护条件与基础相同。

⑧门形架左右基础面水平高程一致，其误差控制在 0～5mm，左右基础中心保证在一条直线。支柱预埋地脚螺栓群的中心连线与线路中心线垂直，其顺线路方向的相对误差控制在 0～±20mm，预埋钢板中部预留孔中的混凝土不高于预埋钢板顶面。

⑨预埋地脚螺栓垂直于水平面。每个螺栓垂直度偏差不大于 1°，即每个螺栓外露部分的顶部相对铅垂线的误差不大于 2mm；预留地脚螺栓外露长度的误差控制在 0～+10mm。

⑩预埋地脚螺栓外露部分在施工完毕后进行涂油，并采用有效措施对螺栓外露部分进行防护，以避免螺纹在支柱安装前损坏。

⑪基础螺栓布置方向正确。

⑫基础表面覆盖草袋，按标准养护条件进行养护，设专人负责，养护用水采用干净自来水。另外在基础四周用红色警示带围住，以防止行人及其他施工单位人员误入，损坏基础表面。

⑬硅酸盐水泥的养护时间不得少于 7d；掺用缓凝型外加剂或有抗渗要求的混凝土养护时间不得少于 14d；浇水次数应以保持混凝土表面经常湿润为准；气温低于 5℃时不得浇水养护。

⑭轨基高差符合设计要求，基础顶面预埋钢板与基础顶面平齐，允许误差为 0～+5mm；基础外表面不得有蜂窝、麻面、漏筋或脱落等缺陷。

3）打孔及锚栓安装

（1）作业流程

隧道内接触网吊柱安装打孔及锚栓安装示意如图 8-9 所示。

图 8-9　打孔及锚栓安装作业流程

（2）技术要求

图 8-10　接触网打孔施工图

①锚栓的埋设位置、埋设深度、规格型号应符合设计要求。接触网打孔施工示意如图 8-10 所示。

②螺纹完好，镀锌层完好，螺纹外露部分应涂油防腐。废孔需用 C20 混凝土进行封堵。

③严格按规定的测试负荷进行锚栓拉力测试，拉拔测试结果应符合设计要求。

4）支柱组立

（1）作业流程

接触网支柱组立作业流程示意如图 8-11 所示。

图 8-11 支柱组立作业流程

（2）技术要求

①基础规格型号应符合设计要求，外露部分表面平整，不应有蜂窝麻面及棱角损伤或露筋现象。各种预埋件型号、规格正确，不得有损伤、变形。

②高架段支柱预留法兰盘应在设计位置，侧面限界符合设计要求。

③地脚螺栓不应弯曲、锈蚀，保证镀锌层及螺纹完好。各种预埋件位置应符合设计要求，不应有裂纹、松动，各连接件应连接紧密、牢固。

④确认支柱到位，确认基础位置，根据基础实际位置选用汽车起重机或轨道式起重机。

⑤使用水平尺检查基础面平整度，利用垫片将基础初步整平后再进行支柱安装。

⑥根据支柱用途、直线/曲线、下锚张力等情况确认支柱垂直度，利用经纬仪进行支柱整正。支柱斜率整正到位后，将地脚螺栓对角循环紧固。

⑦支柱整正到位后，对基础地脚螺栓及螺母进行涂油防腐，作业完成后清理现场。支柱组立施工如图 8-12 所示。

图 8-12 支柱组立施工图

5）支柱装配

（1）作业流程

接触网支柱装配作业流程如图 8-13 所示。

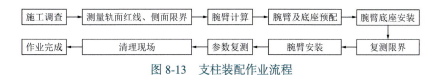

图 8-13 支柱装配作业流程

（2）技术要求

①上、下底座安装高度符合设计要求，误差不超过±20mm；底座间距符合设计要求，误差不超过±10mm。底座本体与支柱密贴，顺线路方向与线路中心平行。底座槽钢呈水平，双腕臂底座安装时，必须采用水平尺调平。

②底座固定螺栓应从底座穿向抱箍，紧固力矩符合设计要求。螺栓力矩紧固到位后外漏丝扣不小于 15mm。

③腕臂各部件应在同一垂面内，平腕臂顶端管帽封堵良好。螺栓紧固力矩应符合产品使用说明书的要求。

④铝合金腕臂应保持表面清洁，无碰伤、划伤痕迹、油污，有良好的景观效果。

⑤钢结构腕臂装置的镀锌层良好，无锈蚀、漏镀、脱落等缺陷。

⑥腕臂安装后应呈水平（转换柱非支、道岔柱、中心柱抬高支除外）状态，允许偏差不超过+30mm，平腕臂外露约200mm考虑。

⑦腕臂底座与棒瓷连接的螺栓销穿向为"面向支柱由左手侧穿向右手侧"。

⑧腕臂参数：承力索高度、拉出值与设计值一致，高度误差不超过±50mm，拉出值误差不超过±30mm。

⑨瓷质绝缘子外观良好，瓷釉均匀无脱落，损伤面积大于300mm²时不得使用。硅橡胶绝缘子外观良好，无破损、无污染等，腕臂绝缘子必须有放水孔，安装时需朝下。

⑩侧面限界符合设计要求，腕臂安装到位后检测，所有零部件不得侵入受电弓动态包络线。

⑪螺栓用扭力扳手紧固后，支柱侧（不带电）采用双螺母形式进行锁固，线路侧（带电）的零部件采用止挡片进行锁固或采用防松螺母进行锁固，紧固后用标记膏按照顺线路方向对螺栓进行标识。

6）腕臂安装

（1）作业流程

接触网腕臂安装作业流程如图8-14所示。

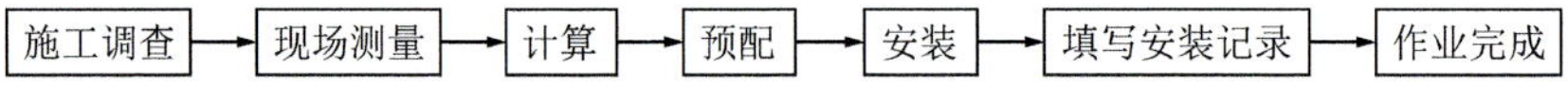

施工调查→现场测量→计算→预配→安装→填写安装记录→作业完成

图8-14 腕臂安装作业流程

（2）技术要求

腕臂现场测量应按下列要求进行：①支柱倾斜率（mm/m）宜采用经纬仪测量，精确到毫米。②现场实测线路曲线外轨超高，精确到毫米。③支柱限界及基础顶面高程在轨道未铺设前，利用轨道工程基桩控制网（CPⅢ）测量；在轨道铺设完成达标后则直接测量。④测量腕臂上下底座中心距最低轨的高度。

图8-15 腕臂装配施工图

腕臂各部尺寸应采用腕臂预配软件计算，计算精确到毫米。腕臂预配（图8-15）应按下列要求进行：①腕臂实行工厂化预配。②腕臂利用专用预配台具预配，预配完毕后应复测预配的各项长度尺寸偏差不大于5mm。③零部件的连接螺栓使用力矩扳手进行紧固，力矩值符合产品技术要求。④防松止动垫片的长片弯折与零部件本体侧面贴紧，短片弯折在螺母六方侧平面并贴紧。⑤零部件连接销钉与开口销穿向正确，开口销双向夹角不小于120°，B型开口销应正确安装。⑥定位管吊线预制：压接应使用专用压接钳及配套的模具，压接力符合产品技术要求。心形环与压接管距离应小于6mm，线索重叠距离不得小于10mm，滑动荷载符合设计要求。⑦防风拉线制作采用专用预制平台及配套的专用工具。⑧需现场安装的线夹螺母应预拧紧。

腕臂安装应按下列要求进行：①螺栓应使用力矩扳手进行紧固，力矩值符合产品技术要求。②连接销钉与开口销穿向正确，开口销双向夹角不小于120°，B型开口销应正确安装。③定位管吊线套入拉线固定钩环时，宜先把线环顺绞制方向旋转90°后套入钩环里，再恢复到正常位置。④腕臂棒式绝缘子排水孔朝下安装。⑤抬头的平腕臂和定位管应安装管帽，低头的平腕臂和定位管不宜安装管帽。⑥腕臂安装完成后，应复测腕臂上、下底座间距及下底座至轨面间距。

7）定位装置

（1）作业流程

接触网定位装置安装作业流程如图8-16所示。

施工调查 → 定位管安装 → 定位器安装 → 定位装置调整 → 填写安装记录 → 作业完成

图8-16 定位装置安装作业流程

（2）技术要求

定位管应按下列要求进行安装：①定位管支撑两端连接的销钉、开口销完整齐全，安装正确。②定位管吊线应顺直受力，定位管吊线与弹性吊索间隙大于50mm。③定位管外露长度不应少于50mm。④定位管在支持器外露长度为50～80mm，水平或抬头的定位管应带管帽。

定位器应按下列要求进行安装：①在设计平均气温时，定位器垂直于线路中心线安装，温度变化时，偏移量与接触线在该点的伸缩量一致。②接触线拉出值及工作面正确，定位线夹或锚支定位卡受力面符合产品技术要求，定位线夹与接触线的接触面应涂电力脂。③接触线能随温度变化自由伸缩。④转换支柱处两定位器能分别随温度变化自由移动、不应卡滞。⑤接触线非工作支和工作支定位器、定位管间的间隙不应小于50mm，螺栓紧固力矩值符合设计要求。

定位装置应按下列要求进行调整：①腕臂顺线路偏移量与腕臂安装偏移曲线一致，定位管与腕臂在同一垂面内，定位管的状态符合设计要求。②有V形天窗停运营要求的线路，复线上、下行两定位管间的绝缘距离不应小于2000mm，困难时不小于1600mm。③定位器不应处在受压状态下，其倾斜度符合实际受力平衡状态。④定位器的抬高应在控制范围之内，采用异径塞尺测量限位定位器的限位间隙应符合设计要求，施工允许偏差不超过±1mm；非限位定位器根部与接触线高度之差符合设计要求，施工允许偏差不超过±10mm。⑤定位器的防风拉线长环安装在定位管端，短环在定位器端。⑥电气连接线安装的弧度不应与定位器底座上的限位止钉相互摩擦，铜铝双面垫片安装正确，铝面与定位器和底座接触，铜面与电气连接线鼻子接触。⑦所有连接螺栓应逐个拧紧，U形螺栓应循环拧紧，紧固力矩符合设计要求。⑧拉出值符合设计要求，施工允许偏差不超过±30mm，宜采用激光测量仪测量拉出值。

8）承力索架设

（1）作业流程

接触网承力索架设作业流程如图 8-17 所示。

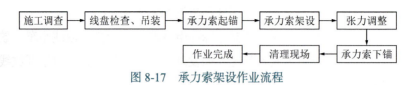

图 8-17　承力索架设作业流程

（2）技术要求

①架线区段上方无高压线等障碍物，平交道口限界门已安装。

②承力索外观检查符合设计及规范要求，安装前及展放过程中，不得有断股、交叉、折叠、硬弯、松散等缺陷。

③棘轮装置应转动灵活、棘齿齐全、外观良好。安装后应保持铅垂，制动卡块间隙为 10~15mm，补偿绳不得有松股、断股等缺陷，更不得有接头，保证坠砣串随温度变化上、下移动自如，坠铊无卡滞现象。

④锚段两端的调整螺丝分别安装在两条承力索上。

图 8-18　承力索架设施工图

⑤放线时，施工人员应保证两条线平行，不能打绞。紧线过程中，巡回人员应密切监视线索及支柱动态，如有异常立即通报指挥人员，停止紧线并及时进行处理。站场放线前应编制放线计划，正线及重要线的承力索应在下方，侧线及次要线的承力索放在上方。承力索架设施工如图 8-18 所示。

⑥承力索接头数：正线不超过 1 个，站线承力索一个锚段不超过 2 个接头，两接头间距不超过 150m，接头距悬挂点距离不得小于 2m。接头型号符合设计要求，紧固力矩符合产品说明书要求。

⑦放线过程中，线盘观察人员发现线索有断股、散股等现象时，应立即通知作业负责人，以便采取应急措施。

⑧放线时，作业车司机应和作业负责人配合好，确保车辆平稳运行。

⑨放线过程中，调度员、防护员、现场负责人应时刻保持联系，随时掌握临线车运行情况和封闭点到点情况。

⑩当线盘上的线索还剩几圈时，应放慢车速，并采取防护措施，防止线头弹出伤人。

⑪曲线内支柱放线前，应对腕臂进行加固，放线时应注意铁丝套所挂的位置和开口滑轮的朝向；倒承力索时，应注意导线的受力和操作员的站位，确保人身安全。

⑫下锚完毕后,应对整个锚段进行巡视检查,清理现场,完成作业。

9)接触线架设

(1)作业流程

接触网接触线架设作业流程如图 8-19 所示。

图 8-19　接触线架设作业流程

(2)技术要求

①接触线外观检查符合设计及规范要求,线索架设后线面正确。

②棘轮装置应转动灵活、棘齿齐全、外观良好。安装后应保持铅垂,制动卡块间隙为 10~15mm,补偿绳不得有松股、断股等缺陷,更不得有接头。

③坠砣应完好无损、无变形,排列整齐,数量正确,缺口方向错开 180°。

④锚段两端的调整螺丝分别安装在两条接触线上。

⑤放线时应保证两条线平行,不能打绞。紧线过程中,巡回人员应密切监视线索及支柱动态,如有异常立即通报指挥人员,停止紧线并及时进行处理。

⑥站场放线前应编制放线计划,正线及重要线的接触线应在下方,侧线及次要线的接触线放在上方。

⑦正线接触线不允许有接头,站线接触线一个锚段允许有一个接头,接头距悬挂点距离不得小于 2m。接头型号符合设计要求,线夹处平滑不打弓,紧固力矩符合产品说明书要求。

⑧架线车放线时车速不得大于 5km/h,架线车组正常运行或通过高度较低的盖梁时,作业平台上不得有人,且应将作业平台降至最低高度。接触线架设作业如图 8-20 所示。

图 8-20　接触线架设作业图

10）中心锚结

（1）作业流程

接触网中心锚结安装作业流程如图8-21所示。

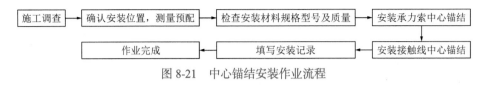

图8-21 中心锚结安装作业流程

（2）技术要求

中心锚结安装位置、形式、采用的线材及连接件规格型号应符合设计要求。承力索中心锚结安装应按下列要求进行：①承力索架设完成后应及时安装承力索中心锚结。②承力索中心锚结绳的安装弛度和张力应符合设计安装曲线要求。③硬横跨防窜中心锚结安装时，预先安装一个承力索中心锚结线夹，然后检测中心锚结线夹处接触线高度符合要求后，再安装另一个承力索中心锚结线夹。

接触线中心锚结安装应按下列要求进行：①在接触线新线蠕变及两端坠砣高度符合要求，且中心锚结中心柱定位器及相邻两跨吊弦布置完毕后方可安装接触线中心锚结。②两端坠砣高度不能同时符合要求时，可在接触线中心锚结和相邻两跨吊弦、中心锚结定位器安装后，解除起锚处棘轮补偿装置的临时固定，先使一端坠砣高度基本符合要求，接触悬挂安装完成后再将两端坠砣高度调整到位。③中心锚结辅助绳的长度应符合设计要求，施工允许偏差不超过±20mm。④接触线中心锚结线夹处接触线高度应与相邻吊弦点处接触线高度相等，施工允许偏差为不超过±10mm。中心锚结线夹与接触线、承力索、中心锚结绳等的接触面应涂电力脂。线夹间距、连接螺栓紧固力矩符合设计要求。

11）架空地线架设

（1）作业流程

接触网架空地线架设作业流程如图8-22所示。

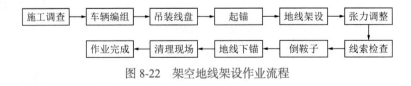

图8-22 架空地线架设作业流程

（2）技术要求

①线索架设前应对其锚段号、线索型号、锚段长度、线盘编号进行复核。

②线索在展放过程中应注意不应发生摩擦、断股、背扣等现象，发现缺陷和损伤时应及时做出明显标记，以便处理。

③线索的架设应符合设计弛度安装曲线的要求，在锚段中部选取弛度观测点，测量跨距不小于3跨。

④未经检验及不合格的材料禁止使用。

⑤看护线盘人员应根据情况用木板制动线盘,使线索展放均匀、不散股、乱盘。

⑥锯断线索时,应保证断面平齐,并用钢锉将毛刺锉掉,锥形楔筒安装到位。

⑦一个耐张段内允许接头数:500m 时为 1 个,1000m 及以下时为 2 个,1000m 以上时为 3 个,接头距悬挂点距离不小于 2m,接头间距不小于 150m。

⑧架空地线线夹内铜衬垫(或预绞式保护条)安装到位,架空地线线夹螺栓紧固力矩与产品说明书要求一致,U 形螺栓两端外漏基本一致。

⑨终端锚固线夹紧固力矩为 80N·m,终端锚固线夹制作完成后,在出线位置使用红色油漆记号笔做好标记。

⑩所有下锚连接件外观良好,无锈蚀。所有开口销双面掰开,角度不小于 120°。

⑪架空地线跳线安装到位后检查,接地跳线禁止与架空地线本体或肩架摩擦。

⑫地线与馈线不安装在同一竖直面上,如果地线与馈线必须进行交叉,绝缘距离应不小于 500mm,困难情况下,绝缘距离小于 500mm 时,在交叉点左右各 2m 范围内,馈线采用增加绝缘护套或其他绝缘保护措施。架空地线架设作业如图 8-23 所示。

图 8-23 架空地线架设作业图

12)接触悬挂调整

(1)作业流程

接触网接触悬挂调整作业流程如图 8-24 所示。

图 8-24 接触悬挂调整作业流程

(2)技术要求

①悬挂点接触线距轨面水平连线的高度应符合设计要求(正线标准导高 4600mm),施工允许偏差不超过±30mm,定位点两侧的第一悬挂处接触线高度宜与悬挂点等高,施工允

许偏差不超过±10mm，但不得出现 V 字形。

②两悬挂点接触线高度相对偏差不得大于 20mm。正线区段接触线高度发生变化时，坡度一般不应大于 2‰，坡度变化率不应大于 1‰，车场内接触线高度发生变化时，坡度应符合设计要求。

③拉出值的布置应符合设计要求，曲线上以导线拉出值为准，将承力索与接触线调整到同一铅垂面，施工允许偏差不超过±20mm。

④锚段关节转换柱处两接触线间垂直高差 200mm、水平距离（绝缘 400mm，非绝缘 200mm）应符合设计要求，允许偏差不超过±20mm，三跨关节两转换柱中间两接触线应等高，四跨关节中心柱处两接触线应等高，接触线高度符合设计要求。

⑤腕臂应保持表面清洁，无碰伤、划伤痕迹、油污，有良好的景观效果，腕臂各部件应在同一垂面内，平腕臂顶端管帽封堵良好。螺栓紧固力矩应符合产品使用说明书的要求。

⑥腕臂、定位管的偏移应满足腕臂安装曲线要求，平均温度时垂直于线路中心线；正定位管在支持器的外露应为 50～80mm，反定位管应水平，允许略有抬头为 0～30mm，反定位管外露应为 150～300mm，多余部分截去防腐处理后管帽封堵。

⑦定位的坡度相对轨面不应小于 1/10，保证定位线夹处接触线工作面与轨面平行。保证定位装置与腕臂在同一铅垂面上；两定位器平行，采用 60 定位双环时水平间距为 160mm，采用 48 长定位支座时水平间距为 110mm。

⑧定位器安装方向面对支柱左线路、右田野进行安装（车站双肩挑吊柱相反），定位线夹主面（有夹环）位于受力侧，两接触线间距为 40mm。

⑨防松锁片安装符合标准，长面锁本体、短面锁螺母。开口销双面掰开，角度不得小于 120°，所有螺母有字侧面向外侧。

⑩接触线电连接线夹处导高（距离轨面的高度）应与最近整体吊弦处导高相等。承力索与接触线之间电连接线安装后应垂直于接触线，电连接线不得出现散股、断股等现象。

⑪线索及电连接线夹接触面应清理干净，涂一层电力复合脂。连接螺栓应逐个循环拧紧，紧固力矩应符合设计及产品说明书的要求。（直式电连接线夹螺栓力矩为 25N·m，D1 电连接线夹力矩为 44N·m）。

⑫接触线上两直式电连接线夹螺栓均从两线中间向外穿，曲线上直式电连接线夹螺栓高轨穿低轨，当非支接触线出现扭面现象时，直式电连接线夹螺栓从低轨往高轨穿过。

⑬锚段关节转换柱与下锚柱之间吊弦安装应符合设计要求，在转换柱上的非工作支接触线采用斜拉线形。接触悬挂调整作业如图 8-25 所示。

图 8-25　接触悬挂调整作业图

13）线岔安装及调整

（1）作业流程

接触网线岔安装及调整作业流程如图 8-26 所示。

图 8-26　线岔安装及调整作业流程

（2）技术要求

①线岔型号符合设计要求。在平均温度时，线岔的中点应位于接触线的交叉点，接触线在线岔里能随温度变化自由纵向移动。若安装温度高于平均温度，限制管的中心应向下锚方向偏移，反之应偏向中心锚结方向。

②道岔柱拉出值布置应符合设计要求，正线导线距侧线线路中心、侧线导线距正线线路中心水平投影 400～850mm 范围为无线夹区域，在该范围内不得安装任何线夹。

③D 型、SS 型线岔工支侧两线间距 500mm 处两接触线应等高，或侧线比正线高 0～10mm；DS 型线岔工支侧两线间距 500mm 处两接触线应等高，或单线比双线低 0～10mm；菱形道岔两端均为工作支时两端 500mm 处均应等高，误差不超过±10mm；不应出现打弓、钻弓现象。

④单开道岔标准定位两接触线应相交于道岔导曲线的两内轨轨距为 900～1250mm，横向位置位于两内轨距中心，施工偏差不超过±50mm。非工作支抬高量应符合设计要求。

⑤工作支拉出值按照设计要求调整误差±20mm，任何情况下工作支拉出值不得大于 300mm，侧线拉出值可适当加大或减小。

⑥正线侧线承力索在交叉点处不得相磨，承力索交叉点与接触线交叉点在同一铅垂面上；接触线交叉点处侧线接触线应位于正线接触线与线岔管之间，呈自由状态，不得压在接触线上或抬线岔限制管。

⑦道岔定位器支座不得侵入受电弓动态包络线。否则应使定位器加长，并采用特殊弯形定位器，以保证定位器的端部不侵入其他线的受电弓限界。

⑧安装线岔，线面端正时螺栓从两线之间向外穿，线面偏斜时螺栓从低往高穿。线岔安装及调整作业如图 8-27 所示。

⑨线岔形式为单双线布置时，需对线岔始触区用拉力计模拟受电弓动态抬升力进行测试以免发生接触线侧磨故障。

图 8-27　线岔安装及调整作业图

14）隔离开关安装及调整

（1）作业流程

接触网隔离开关安装及调整作业流程如图 8-28 所示。

图 8-28　隔离开关安装及调整作业流程

（2）技术要求

①隔离开关的安装位置应符合设计要求，隔离开关安装应严格按设计和产品安装说明书安装。

②隔离开关安装前应进行检查：隔离开关本体外观无损坏，零件配套齐全，绝缘子整洁、完好，主触头接触良好，绝缘电阻、接触电阻值均符合要求。

③隔离开关底座安装时应保证底座水平且间距符合设计要求，三台隔离开关并列安装时，应保证所有底座安装面都在同一水平面上，且各底座间距均符合设计要求。

④隔离开关安装后应保证隔离开关分、合闸时带电体至隧道壁或其他接地体最小距离符合要求。

⑤隔离开关瓷柱中心线应铅垂，传动轴垂直于操动机构轴线，传动轴与隔离开关、电动操作机构连接应牢固，无松动现象。

⑥电动机构当地操作和远程操作时隔离开关分、合闸角度均应符合要求，触头接触良好、无回弹现象。电动操作机构分、合闸动作可靠，分、合闸指示与隔离开关的实际分合状态一致。

⑦隔离开关触头接触部分、接线端子与连接板接触位置应涂抹导电油脂，电动机构的转动部分、传动轴涂润滑油。

⑧隔离开关引线电缆接线端子连接紧密、牢固，电缆应平行整齐排列、弯曲自然、不相互层叠，电缆固定卡安装牢固、布置合理。

⑨隔离开关引线电缆安装应尽量靠近悬挂定位点，电缆应预留导线随温度变化引起的伸缩量，所预留电缆弯曲方向与导线伸缩方向相同。

⑩隔离开关所有底座均应通过接地跳线与架空地线相连通可靠接地。隔离开关及引线安装作业如图 8-29 所示。

图 8-29　隔离开关及引线安装作业图

15）分段绝缘器安装及调整

（1）作业流程

接触网分段绝缘器安装及调整作业流程如图 8-30 所示。

图 8-30　分段绝缘器安装及调整作业流程

（2）技术要求

①分段绝缘器安装位置符合设计要求，连接牢固可靠，各部螺栓紧固力矩符合产品设计要求，与接触线接头处平滑、无硬点，分段绝缘器距轨面连线高度应符合设计要求，且受电弓接触面应与轨面水平连线平行，保证受电弓通过时平滑无打弓现象。分段绝缘器安装及调整作业如图 8-31 所示。

图 8-31　分段绝缘器安装及调整作业图

②分段绝缘器承力索上的绝缘棒应位于分段绝缘器的正上方，两侧导流板间隙满足设计要求。

③安装分段绝缘器后，应保证原有锚段张力及补偿坠砣至地面高度保持不变，分段绝缘器的导流板距邻线导线距离大于 1.5m。

④分段绝缘器底部高度等于既有安装分段绝缘器位置导高加弹簧秤抬升高度（单线抬升力为 100N，双线抬升力为 140N）。

⑤滑道下缘横向连线与轨面连线平行，调整安装好的分段绝缘器滑道下缘、绝缘拉杆下缘及接触线下缘构成平面应与轨道面平行。

⑥分段绝缘器终端线夹内侧 120mm 处剪断接触线，并将接触线余头向上弯曲。检查所有连接螺栓的紧固情况，确保无误后去除接触线紧线器，消除接触线上可能存在的折弯现象。

16）电连接安装

（1）作业流程

接触网电连接安装作业流程如图 8-32 所示。

图 8-32　电连接安装作业流程

（2）技术要求

①电连接安装位置、安装形式、线材型号、线夹型号应符合设计要求，电连接线夹与导线接触面应清理干净、平整、光洁。电连接安装作业如图 8-33 所示。

图 8-33　电连接安装作业图

②接触线电连接线夹处导高应与最近整体吊弦处导高相等。承力索与接触线之间电连接线安装后应垂直于接触线，电连接线不得有散股、断股、松弛等现象。

③线索及电连接线夹接触面应使用砂纸打磨并清理干净，涂一层电力复合脂。连接螺栓应逐个循环拧紧，紧固力矩应符合设计及产品说明书的要求（直式电连接线夹螺栓力矩为 25N·m，D1 电连接线夹力矩为 44N·m）。

④所有电连接线应平顺美观，不得有散股、断股现象，所有安装线夹位置均应用细砂纸打磨干净，用酒精擦拭后涂抹导电膏安装线夹，所有线夹与线索连接之间严禁有绝缘胶带，影响电气性能。

⑤接触线上的直式电连接线夹螺栓均从两线中间向外穿，曲线上直式电连接线夹螺栓高轨穿低轨，当非支接触线出现扭面现象时，直式电连接线夹螺栓从低轨往高轨穿。

⑥隧道柔性电连接的固定统一采用尼龙扎带、户外段统一采用塑包钢扎带。

⑦所有在电缆和接地体有连接的地方，电缆外部需再加电缆护套保护。

17）避雷器安装

（1）作业流程

接触网避雷器安装作业流程如图 8-34 所示。

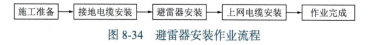

图 8-34　避雷器安装作业流程

（2）技术要求

①避雷器运达现场前应对其进行检测，其质量应符合有关标准的规定。

②避雷器安装位置、规格型号、引线方式应符合设计要求，引线连接正确牢固，并预留因温度变化而引起的位移长度。避雷器安装作业如图 8-35 所示。

图 8-35　避雷器安装作业图

③托架水平，接地电阻不大于 10Ω；引线连接外加应力不超过端子本身所承受的应力，连接处涂电力复合脂。

④避雷器不得任意拆开，破坏密封和损坏元件，避雷器各连接处的金属接触表面除去氧化膜及油漆，并涂一层电力复合脂。

⑤150mm² 电缆终端采用热缩终端头，电缆弯曲半径不小于 $6D$（D 为电缆外径）。电缆所有安装固定卡箍位置、与棱角接触位置均加装绝缘皮保护。

⑥正线上避雷器 200m 上下行交错布置，停车场的试车线 200m 安装一处避雷器，架空地线应装设在线路的最上方起到避雷线的作用。

18）号码牌安装

（1）作业流程

接触网号码牌安装作业流程如图 8-36 所示。

图 8-36　号码牌安装作业流程

（2）技术要求

①支柱号码牌粘贴时首先将粘贴位置擦拭干净。

②号码牌贴在支柱上，粘贴应横平竖直、平整密贴，无气泡翘脚现象，粘贴牢固。

③终端标示牌要用紧固件连接，不要使用铅丝进行绑扎。

19）冷滑试验

（1）作业流程

接触网冷滑试验作业流程如图 8-37 所示。

图 8-37 冷滑试验作业流程

①第一阶段：检测车往返行驶速度为 5km/h，检测内容包括检查导高、拉出值是否在设计允许范围内；观测导线高度变化是否平稳，有无突变或跳动；导线的接触面顺直，是否存在不允许的硬点、硬弯；两导线接触面与两轨面连线是否保持平行，是否存在偏磨现象；受电弓通过线岔、关节、分段绝缘器、刚柔过渡时往返转换是否平滑接触，有无脱弓或刮弓的危险；电连接最低点与受电弓的垂直距离是否符合规定；受电弓至接地体的距离是否符合规定；检查从隔离开关到接触网的电缆连接是否正确，稳固；检查有无其他设备或物体侵入接触网限界。

②第二阶段：检测车往返行驶速度为 20km/h，在第一次冷滑检查缺陷全部克服完成后进行，主要检查拉出值、硬点、关节过渡、线岔过渡、分段绝缘器过渡状态。

③第三阶段：检测车往返行驶速度为 60km/h 或设计速度，在前两次检查问题全部克服后进行，检测高速冷滑弓网运行状态，受电弓冷滑应平稳顺畅，导线接触良好。冷滑试验作业如图 8-38 所示。

图 8-38 冷滑试验作业图

（2）技术要求

①冷滑试验使用的受电弓性能，应与实际使用的车辆受电弓一致。

②冷滑时受电弓对接触线的压力应调至 120N，并保持压力恒定。

③冷滑用受电弓应设置紧急脱弓的预防措施。

④受电弓通过线岔时应往返进行冷滑，以确定受电弓从两个方向均能顺利通过线岔。

20）绝缘测试、接触网受电、热滑试验

（1）作业流程

接触网绝缘测试、接触网受电、热滑试验作业流程如图 8-39 所示。

现场调查 → 热滑条件确认 → 热滑试验 → 问题汇总 → 作业完成

图 8-39　绝缘测试、接触网受电、热滑试验作业流程

①现场调查：进行热滑试验前，接触网所有冷滑工作已经结束且所有冷滑缺陷均已处理完毕。

②热滑条件确认：受电弓开通前进行绝缘测试；接触网已受电，末端电压满足设计要求；将线路各种临时设施及障碍拆除，满足电客车安全运行的要求；接触网受电热滑通知或告示已张贴在能明显提醒禁止进入轨道施工作业的地方；电客车视频设备良好，车辆及受电弓状态已经车辆公司确认。热滑试验作业如图 8-40 所示，热滑试验电客车内录像如图 8-41 所示。

图 8-40　热滑试验作业图　　　图 8-41　热滑试验电客车内图

③第一次热滑试验：检测车行驶速度为 15km/h，检测内容包括检查导高、拉出值是否存在超标情况；观测导线高度变化是否平稳，有无突变或跳动；受电弓通过线岔、关节、分段绝缘器时平滑过渡无拉弧现象；电连接、上网引线无明显放电痕迹；检测车无离线情况。

④第二次热滑试验：检测车行驶速度为 35km/h，在第一次热滑检查缺陷全部克服完成后进行，检查内容与第一次一致。

⑤第三次热滑试验：检测车按照设计速度运行，在前两次检查问题全部克服后进行，检测高速冷滑弓网运行状态，受电弓冷滑应平稳顺畅，导线接触良好，无离线、拉弧等缺陷。

⑥问题汇总：对三次热滑所发生问题及已处理的问题进行分类汇总，未处理的缺陷列入问题库。

⑦作业完成：热滑完成后，拷贝视频资料。检测车按照调度要求返回停车库，热滑施工结束。

（2）技术要求

在理想干燥条件下，接触网绝缘电阻值应大于 1.5MΩ/km；对困难、潮湿区段和供电电缆较长地段进行绝缘测试，允许使用 500V 兆欧表，最小绝缘电阻值应不小于 0.1MΩ/km。

8.2.2 验收要求

（1）基础

基础的混凝土试块的抗压极限强度值在与基础同等条件养护下不应小于设计值。基础位置、外形尺寸、地脚螺栓位置及型号应符合设计要求。同一组硬横梁两基础中心连线应垂直于车站正线（或施工图标明的线路），偏差不应大于2°。

（2）埋入杆件

埋入杆件的埋设位置、埋设深度、规格型号、荷载检测应符合设计要求，化学锚固螺栓所使用的化学填充剂必须在有效期内使用。杆件螺纹完好，镀锌层完好，化学锚固螺栓孔填充密实。螺纹外露部分应涂油防腐。埋入杆件的施工允许偏差应符合表8-1的规定。

埋入杆件位置施工允许偏差表　　　　　　　　　　　　　　　　表8-1

项目	允许偏差	备注
化学锚固螺栓深度	−3/+5mm	—
成组杆件中心垂直线路方向	±20mm	—
成组杆件个体相对间距	±2mm	不超出安装孔范围
成组杆件横向布置其轴线应与线路中心线垂直，纵向布置其轴线应与线路中心线平行，其偏斜度	≤3°	—
杆件对隧道拱壁切线的垂直度或铅垂度	≤1°	刚性悬挂支持装置的埋入杆件顺线路方向铅垂度应以汇流排在线夹内间隙为原则

（3）立柱

支柱外观质量及型号应符合设计要求和产品质量标准。硬横梁支柱及横梁、H形钢柱表面镀锌层完好，焊接处无裂缝；支柱安装应符合设计要求，单开道岔的标准定位支柱纵向位置应在道岔导曲线外侧两线间中心距180～200mm处，非标准定位应符合设计要求；支柱限界符合设计要求，限界值一般不应小于2350mm，并在任何情况下严禁侵入基本建筑限界；单腕臂中间支柱应垂直于邻轨中心线。机动车辆活动场所及货物站台上的支柱防护应符合设计要求，在任何情况下不得侵入基本建筑限界。限界门安装应符合设计要求，限制高度不得大于4.5m，支柱受力后应直立并略有外倾。

（4）支持装配

腕臂安装应符合设计安装曲线要求。简单悬挂的平腕臂宜水平安装，允许偏差不超过±20mm。隧道内腕臂安装应满足绝缘距离、结构高度、导线高度的设计要求。腕臂及拉杆底座、地线、馈线肩架安装高度应符合设计要求，其安装应紧固平整，底座槽钢、角钢应水平；钢柱腕臂柱上的各悬挂底座上、下安装高度允许有±20mm的误差。

（5）定位器或定位管

定位器或定位管的安装应符合设计要求，在平均温度时应垂直线路中心线，温度变化时，偏移量与接触线在该点的伸缩量一致，其偏转角最大不超过18°。定位器或定位管的倾斜度符合设计要求，保证导线工作面与轨面连线平行。转换柱或道岔柱处两定位管或定位器应能随温度变化可自由移动，不应卡滞，非工作支接触线和工作支定位器、管之间的间隙不小于 50mm，线索与腕臂之间间隙不小于 50mm，螺栓紧固力矩符合设计要求。

（6）承力索、接触线架设

各种线材的规格型号应符合设计要求，并应有产品合格证书或检验报告等技术资料。各种绞线不应有断股、交叉、折叠、硬弯、松散等现象；接触导线不得有硬弯、扭弯、砸伤等现象。承力索、接触线的张力应满足设计要求，张力补偿的"b"值应符合设计的安装曲线。承力索、接触线在锚段范围内不应有接头，终端回头长度符合设计要求。承力索、接触线的规格型号应符合设计要求，硬铜绞线 TJ150 承力索 19 股中断一股，可用同材质线扎紧使用；绞线有交叉、松散、折叠应修复使用。

（7）中心锚结

中心锚结安装应符合设计要求，中心锚结线夹应端正、牢固可靠，螺栓紧固力矩符合设计要求。中心锚结范围内应无吊弦，中心锚结线夹处接触线高度应比正常高度抬高：双接触线区段为 0~20mm，单接触线区段为 20~80mm。

（8）架空地线

所有固定的金属底座、支撑装置、下锚底座均应与架空地线连接。接地线材质和截面应满足设计要求，在隧道壁上应稳固固定，接地电缆敷设应符合电缆施工及验收规范要求，两端连接牢固可靠。安装隔离开关和避雷器的支撑装置与架空地线连接；避雷器的接地端与接地极连接，接地极接地电阻值应不大于 10Ω。接地体的埋深及安装应符合设计要求。

（9）接触悬挂调整

接触线的拉出值应符合设计要求，一般直线段拉出值不大于 200mm，曲线段拉出值不大于 250mm。接触线悬挂点距轨面的高度应符合设计要求。正线锚段关节内，按图施工，垂直方向符合设计要求。

（10）补偿装置

承力索、接触线在张力补偿器处的额定张力应符合设计要求，坠砣串重量的偏差为额定重量的±1%，坠砣串无卡滞现象。棘轮间钢丝绳缠绕正确，长度应满足设计要求，棘轮轴应注黄油防腐。棘轮及动滑轮应转动灵活。补偿终端的断线制动装置应动作可靠，其制动块与棘轮齿间距离为 7~10mm。

（11）线岔

线岔型号应符合设计要求，且安装端正牢固，在平均温度时线岔的中点位于接触线的交叉点，交叉点处静态时上、下接触线间隙为 1~3mm，接触线在线岔里能随温度变化自由纵向移动。两支均为工作支时，侧线略高于正线 0~10mm；一支为非工作支时，非工作支侧抬高大于 50mm。单开道岔标准定位应位于两轨轨距为 200mm 处，左右最大偏差为 20mm，非标准定位应符合设计要求。

（12）隔离开关安装

隔离开关型号应符合设计，应具有产品合格证书，隔离开关的本体外观应无明显的损坏，绝缘子应完好、清洁。隔离开关的安装位置、型号和各部尺寸、绝缘性能符合设计文件的要求；连接牢固可靠；各转动部分灵活。

手动隔离开关操作机构传动操作应轻便灵活，操作机构的分、合闸指示与开关的实际分、合位置一致。电动隔离开关的电源和控制回路接线正确，能正确、可靠动作；有连锁要求的开关，连锁关系正确可靠；机构的分、合闸指示与开关的实际分、合位置一致；现场手动操作和遥控电动操作动作一致。

隔离开关分、合顺利，角度符合产品技术文件要求；触头接触良好，无回弹现象。隔离开关底座和操作机构底座应与架空地线相连；隔离开关触头带电部分至顶部建筑物距离不小于500mm，至隧道壁不小于150mm。隔离开关的电缆连接正确、规范，设备接线端子与隔离开关连接接触面涂电力复合脂。开关触头连接的电缆不能把重力及弯曲变形力作用于触头上。

（13）分段绝缘器

分段绝缘器运达现场应对其进行检查，其质量应符合设备采购合同的要求。分段绝缘器绝缘间隙应符合设计要求。承力索绝缘棒在主绝缘正上方，误差不超过±15mm。分段绝缘器紧固件应齐全，连接牢固可靠，分段绝缘器上的锚固螺母和螺杆的旋紧扭矩为50N·m；分段绝缘器与接触线接头处应平滑，与受电弓接触部分与轨面连线平行，受电弓双向通过时无打弓现象。

（14）电连接

电连接线所用绞线或电缆的材质、线夹规格型号及安装形式应符合设计要求，不应有松股、断股现象。电连接线夹型号应符合设计，螺栓紧固力矩应符合要求、接触良好，接触面应涂电力复合脂。

（15）避雷器

避雷器的型号、规格应符合设计要求，避雷器外观应完好无损，绝缘性能良好，应经试验合格。避雷器的安装位置、品种、牌号及引线方式符合设计要求，引线连接正确牢固，并预留因温度变化引起的位移长度。金属氧化物避雷器的接地电阻不大于10Ω，接地端与接地极连接可靠，接地极及引线应做防腐处理。

（16）标识、号码牌

"高压危险"标志牌安装在电气设备及行人较多的支柱上，设置高度距地面1.6~2.0m，标志牌面采用反光膜，为白底黑字、黑框、红闪电。"安全作业区""断""合""禁止双弓""接触网终点"预告标面采用反光膜，为白底、黑框、黑字，设置位置符合设计要求，埋设牢固可靠，在任何情况下均应便于瞭望，并不得侵入基本建筑限界。

（17）冷滑试验

冷滑试验及送电开通前，应对影响安全运营的路内外电力线路以及建筑物及树木进行全面检查，应符合以下规定：①电力线跨越接触网时，距接触网的垂直距离应符合有关规定。②跨越接触网的立交桥及构筑物防护栅网安装应符合设计要求，安装牢固，接地良好。③接触网距树木间的最小距离，水平不应小于 3.5m，垂直不应大于 3.0m。④受电弓在正常情况下距接地体瞬时间隙不应小于 200mm，困难情况下不应小于 160mm。⑤吊弦线夹、定位线夹、接触线接头线夹、中心锚结线夹、电连接线夹、分段绝缘器、分相绝缘器、线岔等无碰弓现象和不允许的硬点。

（18）送电开通

接触网工程送电开通应具备下列条件：①接触网已完成冷滑试验，发现的问题已处理完毕。②不符合安全运营要求的路内、外电线路以及建筑物及树木等均已处理完毕。③按供电臂确认送电开通区段接触网绝缘良好。④送电开通的安全技术措施应包括下列内容：在行人、车辆、通行道口及站台支柱以及有关作业车辆上悬挂"高压危险""禁止攀登"等警告提示牌。

接触网工程送电开通应符合下列程序：①分别按供电臂对接触网进行试送电，并在供电臂末端验电。②接触网送电空载运行 1h 无异常，可进行电力机车负载试验，在运行 24h 后，即可交付使用。

8.3 刚性架空接触网施工与验收要求

8.3.1 施工技术要求

刚性架空接触网施工主要包括：施工准备、定位测量、锚栓施工、支持装置安装、汇流排及附件安装、接触线架设及调整、附加导线架设及调整、接触悬挂调整、中心锚结安装、电连接安装、接地安装、设备安装及调整、标识牌安装；冷滑试验、热滑试验。

1）施工准备

（1）接触网工程施工前，应确定各重要工序的施工工艺，对工程有较大影响的关键工序，应进行现场首段定标，统一工艺标准。

（2）接触网工程施工应积极推行机械化、工厂化、专业化、信息化，不断提高施工水平和管理水平，实现质量、安全、工期、技术创新等建设目标。

（3）接触网工程每道工序完成时，应采取相应的检测手段检测施工质量，并做好记录。整个工程完成后，应对施工质量进行全面的综合检测，并将检测结果纳入竣工文件。

（4）接触网工程中采用的设备、器材，应符合现行国家和行业相关技术标准和规定，并有相关合格证明文件。设备、器材应要求进行进场验收，运输、储存和保管应符合产品技术文件的要求。

（5）施工前施工单位应对设计文件进行现场核对，确保无误后方可施工。

2）定位测量

定位测量施工包括纵向测量和横向定位。其中，纵向测量确定悬挂点顺线路布置的位置,横向定位确定悬挂点与线路中心线的相对位置。定位测量应采用检定合格的测量器具,测量尺应采用钢卷尺,严禁使用皮尺。测量过程中卷尺应拉紧,尺头对准钢轨上做好的米数标记,读数应准确,尽量减少测量积累误差。定位测量时应对影响接触网安装和侵入接触网限界的设备进行检查,如存在问题应作好记录,及时报相关单位处理。

纵向测量施工要求为:①应以正线钢轨为依据,从设计规定的起测点或从道岔开始测量。一个完整锚段测量完成后应进行锚段复核,确认锚段内全部悬挂点位置均满足设计要求后,方可进行后续施工作业。②纵向测量在曲线处可沿曲线外轨进行测量,跨距分布应根据该锚段跨距增长量,平均分配到曲线段跨距内。③跨距应符合设计要求,悬挂点受隧道内其他构筑物、隧道伸缩缝等影响需调整避让时,跨距可在−500~+500mm的范围内调整,道岔、关节处跨距应在−200~+200mm的范围内调整,调整后的跨距不得大于设计允许值,并应符合设计相邻跨距比的要求。

横向定位施工要求为:①横向定位时,测量道尺应垂直于线路中心线,垂直偏差不大于3°。②孔位定测位置应避开盾构管片接缝、渗水、漏水处,孔位中心距接缝边缘距离应满足设计要求。

3)锚栓施工

锚栓施工包括钻孔、锚栓安装、锚栓拉拔力测试。锚栓的类型、规格、埋深应符合设计文件要求,锚栓安装应严格按产品安装技术要求施工,锚栓螺纹及镀锌层应完好。

(1)锚栓的钻孔要求

①锚栓孔位、孔径、孔深应符合设计要求。

②先探明孔位处影响钻孔的因素,钻孔过程如碰到钢筋,应在设计允许偏差范围内重新确定孔位,保证钻孔中心距接缝边缘距离满足设计要求。

③钻孔时,孔位横向轴线应垂直于线路中心线,允许偏差不大于3°,纵向轴线应与线路中心线平行,其偏斜误差不大于3°。锚栓钻孔如图8-10所示。

④钻孔方向应结合悬挂结构类型,铅垂于隧道拱壁切线,允许偏差不大于1°。

⑤开始钻孔前,应先对定测孔位间距进行复核,钻第二个孔位时先开浅孔,复核无误后再深钻,以此类推,直到同组悬挂钻孔完成。

⑥后扩底锚栓钻孔完成后,应按产品要求对孔位底部进行环形扩削。

⑦现场存在的废孔应及时封堵处理。

(2)锚栓的安装要求

①锚栓安装前应使用钢丝刷及吹气筒对埋设孔进行清洁。

②化学锚栓安装前,应对外露部分做好保护,防止安装过程被药剂污染。

③化学药剂应在常温下储存,使用前应检查其是否在有效期内和有无变质情况,使用时应弃用未混合均匀部分。

④当采用化学锚栓安装时,严禁直接将锚栓推入孔底,应将锚栓按同一方向旋转推入,遇

推入困难位置可使用橡胶锤辅助推入。未达到药剂要求凝固时间前,严禁再次触动锚栓。

⑤化学锚栓安装完成后,药剂应从挡环四周稍有溢出,保证锚栓孔内胶体饱满充实。

⑥后扩底锚栓应使用专用工具安装,安装完成后锚杆应有明显到位的标志线。

⑦锚栓安装完成后,检查规格型号、埋入深度是否满足设计要求。

(3)锚栓的拉拔力测试要求

①锚栓拉力测试前应对角度不合适的锚栓进行微调,调整角度应满足产品要求,调整位置应在锚栓根部,不得反复折弯,防止锚栓因金属疲劳出现裂纹。

②千斤顶与测试锚栓根部连接处不应存在空隙,以免测试中加压导致锚栓变形。

③锚栓拉力测试荷载、测试时间、测试数量应满足设计要求。

4)支持装置安装

支持装置安装施工包括悬挂选型、悬挂安装。

(1)悬挂选型的施工要求

①支持装置安装前应根据测量记录的隧道类型、隧道净空高度、曲线外轨超高等数据,选择相应的悬挂类型。

②结合现场实际测量数据,对吊柱长度、吊柱底板角度进行计算,编制装配表。

③支持装置腕臂实行工厂化预配。

(2)悬挂安装的要求

①支持装置零部件运输和安装时应轻拿轻放,以防损伤镀锌层或碰伤绝缘子。各零部件现场存放应有保护措施,安装后应干净整洁,牢固可靠。

②绝缘子进场后应进行绝缘测试及外观检查,瓷釉表面光滑、清洁,无裂纹、缺釉、斑点、气泡等缺陷,瓷釉剥落总面积不大于 $30mm^2$;金属构件镀锌良好,无锈蚀。硅橡胶绝缘子金属连接件与芯棒连接可靠,密封良好,硅橡胶伞裙完整无破损。

③支持装置应安装端正、牢固可靠,各构件无变形,镀锌层完整,螺纹部分应作防腐处理。支持装置安装见图 8-42。

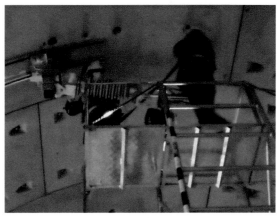

图 8-42 支持装置安装

④支持装置各部件连接螺栓紧固力矩应符合设计和产品技术要求，安装牢固可靠，紧固件齐全，螺栓最外侧螺母露出长度应满足设计要求。

⑤垂直悬吊式支持装置安装时，悬吊安装底座应水平安装，悬吊槽钢、绝缘横撑应与安装地点的轨面平行，与线路中线垂直，允许偏差不大于3°；吊柱及T形头螺栓应铅垂安装，允许偏差应不大于1°，汇流排定位线夹与绝缘子安装稳固，汇流排在汇流排定位线夹内应能自由伸缩、不卡滞。

⑥当水平悬臂式支持装置安装时，腕臂、定位线夹连接板应与安装地点的轨平面平行，与线路中心线垂直，允许偏差不大于3°；吊柱安装垂直面应满足设计要求，允许偏差应不大于1°。

5）汇流排及附件安装

汇流排安装施工包括预配加工、汇流排终端安装、汇流排安装。

（1）预配加工的要求

图 8-43 汇流排切割

①在膨胀接头两端、分段绝缘器两端、不满足汇流排中间接头距悬挂点距离位置等需使用非常规性尺寸汇流排时，应结合现场测量情况，预配加工符合设计要求长度的汇流排。

②加工汇流排时应使用专用机具，切割应垂直于汇流排切割中心线，割切后汇流排切割面与汇流排中心线呈 90°直角，且整个Ⅱ型截面切割平整，符合汇流排截面尺寸偏差要求，如图 8-43 所示。切割完成并达标后，使用钻孔夹具进行钻孔。

③预配加工完成后汇流排表面应无毛刺，整体光洁，并进行试对接，接缝应密贴，无错位偏斜现象。

（2）端部弯头的安装要求

①锚段长度应符合设计文件要求，汇流排终端至相邻悬挂点的距离应符合设计要求。

②在关节式锚段关节处，汇流排起始安装位置为汇流排终端。

③汇流排终端安装完成后，应在锚段第一个悬挂点两端对其进行刚性固定，防止在安装过程汇流排发生偏移。

④汇流排终端安装时注意关节处拉出值方向性，以免装反。

（3）汇流排的安装要求

①汇流排运输应轻拿轻放，不得扭曲碰撞。存放现场应做好保护工作，安装前检查汇流排槽口，不得有变形、损伤。

②一根汇流排的制造长度一般为 12m，安装时应整根安装，特殊情况时可根据实际长度及设计要求进行截取。

③汇流排定位线夹安装时应保持统一朝向，兼顾美观且方便维修的要求。

④汇流排定位线线夹应安装平整，不得相互错位，保证定位线夹能够水平灵活转动及汇流排在温度变化时顺线路自由滑动。

⑤弹性定位线夹应安装平整，不得相互错位。

⑥汇流排间连接的接触面应清洁，接缝两端夹持接触线的齿槽连接处平顺光滑，不平顺度不应大于 0.3mm；汇流排接缝处的缝隙不应大于 1.0mm；汇流排中间接头距相邻悬挂点的距离应符合设计要求。中间接头安装示意见图 8-44。

⑦汇流排中轴线应垂直于轨面，倾斜不应大于 1°。

⑧安装完成后汇流排表面光洁、无变形、无腐蚀、无污迹，腔内应无异物。

⑨紧固件齐全，螺栓紧固力矩应符合产品技术要求。

⑩安装至膨胀接头、分段绝缘器位置时，应根据设计图纸做好预留空隙。

6）接触线架设及调整

接触线架设及调整施工包括安装放线小车、接触线嵌入汇流排、终端处理。

（1）安装放线小车要求

①接触线架设前应检查配盘是否正确，在第一个悬挂点两端，用锚固线夹固定汇流排，使其在放线时不能滑动。将接触线牵引至作业平台上，牵引过程接触线不得扭面。

②在接触线两凹槽内均匀涂抹导电油脂，接触线穿入放线小车固定在汇流排上，注意导线工作面向下，不得翻转。调整放线小车，将接触线从汇流排终端完整嵌入。接触线放线示意见图 8-45。

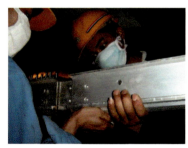

图 8-44　中间接头安装　　　　图 8-45　接触线放线

（2）接触线嵌入汇流排要求

①汇流排终端部分应人工匀力推放嵌入，平直部分可将放线小车固定于前端牵引支架上，架线作业车应匀速前进带动，行进速度不超过 5km/h。

②接触线嵌入时，前方设自动注油器涂抹导电油脂，一个控制放线小车，放线小车后方再设两人仔细检查接触线两边嵌入状况，如发现嵌入不到位时，及时松开放线小车的控制绳并停车，重新将接触线完整嵌入汇流排。

③接触线应可靠嵌入汇流排，在锚段内应无接头。接触线在汇流排终端外应留有余长 100～150mm，宜沿汇流排终端方向向上弯曲，端头处理平整光洁，汇流排终端紧固螺栓应符合产品技术文件要求。

7）附加导线架设及调整

附加导线主要包括架空地线、回流线。架设及调整施工包括：附属装置安装、附加导线架设、附加导线安装。

（1）附属装置安装要求

①附属装置主要包括肩架、下锚底座、下锚吊柱安装，其安装位置应满足设计要求，安装牢固可靠，紧固件齐全。

②附属装置应在附加导线架设前安装到位。肩架、下锚底座安装应水平端正，下锚吊柱应保持垂直安装。

（2）附加导线架设要求

①起锚端应严格按设计技术文件要求，并做好起锚端连接，架设前稍带一点张力，车组平缓起动，拉起地线后以 5km/h 速度匀速行驶。架设应平缓，不能出现大的折角（设计要求不大于 6°），地线不得与其他建筑物及设备发生摩擦。

②附加导线架设时，在各悬挂点或肩架处挂设放线滑轮，使附加导线距离安装点保持在 400mm 范围内。将附加导线放于放线滑轮上，保证其顺线路无障碍自由滑动。

③附加导线架设至落锚点前平稳停车，并通知沿线巡视人员汇报全线检查情况。确认所架设的附加导线不受障碍物影响后开始紧线，弛度应符合设计要求，其施工允许偏差为 2.5‰～5‰，并进行终端下锚制作，下锚处调整螺栓两端伸出长度应一致，受力均匀，有不小于 30mm 的调整余量。

（3）附加导线安装要求

①附加导线架设完成后，应将附加导线逐点导入设计要求安装位置，螺栓紧固力矩应符合设计要求。

②每锚段附加导线安装固定到位后，检查所架设的线材是否有破损、扭曲、断股等现象。

8）接触悬挂调整

接触悬挂调整施工包括高度调整、拉出值调整、综合检查。

（1）高度调整施工要求

①接触线高度应符合设计要求，列车设计速度为 120km/h 及以下时，接触线高度施工允许偏差为 ±3mm，相邻悬挂点的相对高度不宜大于所在跨距值的 1‰，接触线的坡度变化应不大于 1‰。列车设计速度为 120～160km/h 时，接触线高度施工允许偏差为 ±2mm，相邻悬挂点的相对高度不大于跨距值的 0.5‰，接触线的坡度变化应不大于 0.8‰；列车设计速度大于 200km/h 时，接触线高度施工允许偏差为 ±1mm，相邻悬挂点的相对高度不大于跨距值的 0.5‰，接触线的坡度变化应不大于 0.5‰，且不应出现负弛度。

②锚段关节处，两支接触线在关节中间悬挂点处应等高，允许偏差不超过 1mm，转换悬挂点处非工作支不得低于工作支，非工作支宜高出 1～3mm。

③道岔处,在受电弓同时接触两支接触线范围内,两支接触线应等高,渡线比正线高0~2mm。

(2)拉出值调整要求

①悬挂点的拉出值应符合设计要求,当列车设计速度 160km/h 及以下时,施工允许偏差为±10mm;当列车设计速度大于 160km/h 时,拉出值的施工允许偏差为±5mm。

②悬挂点处的拉出值一般以设计拉出值为参考,以汇流排整体布置顺滑为原则。

③道岔及关节处悬挂点的拉出值施工允许偏差应符合设计规定,并应满足电气绝缘距离要求。

④受电弓通过锚段关节、道岔、分段绝缘器时应平顺,无打弓现象。

(3)综合检查要求

①综合检查施工包括绝缘距离检查、汇流排上方影响物检查、锚栓外露及防腐检查。

②绝缘距离检查:刚性悬挂所有带电体距接地体的绝缘距离应满足设计及相关规范要求。

③汇流排上方影响物检查:调整过程应同时检查汇流排上方是否存在异物,当调整时无法处理情况,施工人员应记录问题交技术协调处理。

④锚栓外露及防腐检查:悬挂调整(图8-46)完毕后经复查可进行锚栓切割作业,锚栓切割后,锚栓最外侧螺母后螺杆的外露长度应满足设计要求,并做好防腐措施。

图 8-46　接触悬挂调整

9)中心锚结安装

中心锚结安装施工包括测量定位、中心锚结安装。

(1)测量定位要求

①中心锚结型式及安装位置应符合设计要求。

②中心锚结底座或吊柱中心偏离汇流排中心距离应满足设计要求。

(2)中心锚结安装要求

①中心锚结型式及安装位置应符合设计文件要求,并应处于汇流排中心线的正上方。

图 8-47 中心锚结

②中心锚结两端绝缘子受力应均匀,且不得使中心锚结点处悬挂点出现负弛度。螺栓紧固力矩应符合设计要求。

③直线上中心锚结底座中心位于汇流排中心线正上方,曲线上中心锚结底座中心位于中心锚结线夹处汇流排中心线延长线的正上方,中心锚结底座安装位置施工允许偏差不大于±30mm。

④中心锚结绝缘子的带电侧裙边至接地体、接地侧裙边至带电体绝缘距离应符合相关规范中的规定。中心锚结示意见图 8-47。

10)电连接安装

电连接安装施工包括电连接线预制、电连接安装。

(1)电连接线预制要求

①电连接线的材质、规格型号、数量应符合设计要求。

②电连接线端子压接应良好,握紧力不小于 6.9kN,绞线不应有松股和断股现象,电缆应无损伤。

(2)电连接安装要求

①电连接的安装形式、位置应符合设计要求,在任何情况下均应满足带电距离要求。

②电连接安装前应清洁汇流排及线夹的接触面,不应有灰尘、脏物。

③汇流排电连接线夹与汇流排的接触面、与铜铝过渡线夹的接触面应涂抹电力复合脂。

④电连接线应预留因温度变化而产生的位移长度。

⑤电连接线夹安装应端正牢固,螺栓紧固力矩应符合设计要求。

11)接地安装

接地安装施工包括接地跳线、架空地线引下线、隔离开关接地、汇流排接地线夹安装。

(1)接地跳线安装要求

①支持装置底座应按设计要求接地,安装形式应符合设计要求,并应预留因温度变化而产生的位移长度;沿隧道壁敷设时,与隧道壁密贴并应固定牢固,固定卡间距符合设计要求;在电缆支架上敷设时应绑扎稳固。底座接地跳线安装示意见图 8-48。

②接地跳线应无松散、断股现象,采用本线绑扎。

图 8-48 底座接地跳线安装

(2)隔离开关接地安装要求

①隔离开关底座应按设计要求接地,其安装位置和连接方式应符合设计要求,连接牢

固可靠。

②沿隧道壁敷设时,隔离开关与隧道壁密贴并应固定牢固,固定卡间距符合设计要求;在电缆支架上敷设时,隔离开关应绑扎稳固。

(3)架空地线引下线安装要求

①架空地线引下线接至变电所接地母排,其安装位置和连接方式应符合设计要求,连接牢固可靠。

②沿隧道壁敷设时,与隧道壁密贴并应固定牢固,固定卡间距符合设计要求;在电缆支架上敷设时应绑扎稳固。

(4)汇流排接地线夹安装要求

①汇流排接地挂环安装位置符合设计要求,安装牢固,连接可靠,螺栓紧固力矩应符合设计要求。

②接地挂环与汇流排连接处的接触面应清洁,均匀涂抹薄层电力复合脂。

12)设备安装及调整

接触网设备施工安装及调整主要包括汇流排膨胀接头、分段绝缘器、刚柔过渡装置、隔离开关。

(1)汇流排膨胀接头的安装要求

①汇流排膨胀接头安装位置应符合设计要求,膨胀接头两端接触线高度和拉出值应符合设计和产品技术要求,膨胀元件与汇流排连接应呈直线状态,膨胀元件不应受外力弯曲。

②汇流排膨胀接头的安装间隙应符合设计安装曲线的规定。

③汇流排膨胀接头安装(图8-49)应符合产品技术要求,膨胀元件与受电弓接触部分与轨面平行,受电弓双向通过时均应平顺无打弓现象。

图8-49 膨胀接头安装

(2)分段绝缘器的安装要求

①将要安装分段绝缘器的汇流排与轨面保持平行,连接分段绝缘器两端的两段汇流排必须处于同一直线。

②在有分段绝缘器的锚段,汇流排从一侧安装,至分段绝缘器安装位置时,根据悬挂

间跨距及分段绝缘器长度，预制加工汇流排，保证分段绝缘器居中安装。

③分段绝缘器安装完成后，在其前后两个悬挂点两端应刚性固定汇流排，防止后续接触线架设时，汇流排出现偏移。

④分段绝缘器中点应设置在受电弓的中心位置上（即拉出值为 0mm），偏离受电弓中心线最大不应超过 50mm。

⑤分段绝缘器距相邻刚性悬挂定位点的距离符合设计要求，允许偏差应为±50mm。

⑥分段绝缘器紧固件应齐全，连接牢固可靠，紧固力矩应符合产品要求。

⑦分段绝缘器与接触线连接处应平滑，与受电弓接触部分与轨面平行，车辆双向行驶均不应打弓。

⑧分段绝缘器带电体距接地体或不同供电分区带电体、不同供电分区运行车辆受电弓的距离符合设计和产品技术要求。

⑨分段绝缘器绝缘件表面清洁，整体安装美观。分段绝缘器安装示意见图 8-50。

图 8-50　分段绝缘器安装

（3）刚柔过渡装置的安装要求

①刚柔过渡装置安装处悬挂点位置应符合设计要求。

②刚柔过渡装置安装前，检查隧道净空、限界、隧道口断面里程、隧道结构等是否与设计图纸不符的情况。

③测量悬挂点处隧道净空数据，测算柔性下锚位置，用激光测量仪准确定位，并在隧道顶部做好标记。

④刚柔过渡装置安装处，两端的刚性和柔性悬挂点的接触线应等高，拉出值布置应呈一条直线，保证刚柔过渡元件处接触线平滑过渡。

⑤刚柔过渡装置调整应满足"接触悬挂调整"相关规定。

⑥刚柔过渡装置所有螺栓紧固力矩应按产品要求紧固。

（4）隔离开关的安装要求

①隔离开关的安装位置应符合设计要求，不得侵入设备限界，任何情况下隔离开关触头带电部分至接地体的距离不应小于设计要求。隔离开关安装示意见图 8-51。

②底座应水平安装，三台并联安装的隔离开关底座应处于同一水平面；隔离开关本体及操作机构应安装稳固，操作连杆应动作灵活，角度应符合产品技术要求，操作机构安装位置应便于操作。

③开关应分、合灵活，准确可靠，角度符合设计和产品技术要求；触头接触良好，无回弹现象。

④电动隔离开关的电源和控制回路接线正确，在允许电压波动范围内能正确、可靠动作；有连锁要求的开关，连锁关系准确可靠；现场手动操作应和遥控电动操作动作一致；机构的分、合闸指示与开关的实际分、合位置一致。带接地刀闸的手动隔离开关，接地刀闸的分、合与开关主触头间的机械闭锁关系应准确可靠。

⑤隔离开关的上网电缆连接正确、规整，电缆上网点与汇流排悬挂点距离应满足设计要求，与汇流排连接处电缆应预留汇流排位移长度，电缆应固定牢靠。

⑥接线端子与隔离开关连接、与电连接线夹连接的接触面应涂导电复合脂。

图 8-51　隔离开关安装

13）标志牌安装

标识牌安装施工主要包括号码牌、警示牌、预告牌、隔离开关编号的安装。

①号码牌安装要求：号码牌的颜色、规格及安装位置应符合设计要求，底漆应均匀，字迹清晰、字体美观醒目，便于瞭望。

②警示牌安装要求："高压危险"标志牌应设于电气设备处,设置高度距地面 1.6～2.0m；标志牌面采用反光材料，使用白底黑字、黑框、红闪电，字迹清晰、醒目。

③预告牌安装要求："接触网终点"预告牌表面应采用反光材料，使用白底、黑框、黑字，字迹清晰、醒目；设置位置符合设计要求，安装牢固可靠。

④隔离开关编号安装要求：隔离开关编号与施工图一致，设置位置及规格符合设计要求，字迹清晰。

14）冷滑试验

冷滑试验技术要求包括：①检测接触线高度与拉出值是否符合设计值。②接触线坡度变化应平稳，接触线的接触面顺直，不应存在硬点、硬弯。③关节处两接触线接触面应与受电弓保持平行，不应发生偏磨现象。④受电弓通过线岔、关节、分段绝缘器时往返转换应平滑接触，无脱弓或刮弓现象。⑤电连接最低点与受电弓的垂直距离应符合设计规定。⑥带电体距固定接地体的空气绝缘间隙应符合设计和相关规范的规定。⑦冷滑试验完毕后应组织人员对缺陷问题进行整改，并检查确认。

15）热滑试验

热滑试验的技术要求包括：①热滑试验列车以不同速度等级进行往返热滑，检验接触网设备在动荷载作用下的几何尺寸、结构是否牢固、可靠，能否满足设计标准。②检测列车的受电弓运行状态，包括火花或拉弧位置、受流状态等是否满足设计和规范要求。③检验接触网系统和回流系统回路是否连通和顺畅。④检查接触网接触线线面是否平滑，接触线高度、拉出值是否有无突变。⑤检查接触网汇流排中间接头、道岔、锚段关节、中心锚结、电连接、接地等主要部件的安装状态是否有碰弓、脱弓或刮弓的现象，是否有无出现严重的硬点、火花或拉弧现象。⑥检查列车的受电弓跟随性是否良好，检查受电弓在分段绝缘器、绝缘锚段关节处是否对电客车有失电现象。

8.3.2 验收要求

1）锚栓施工

（1）主控项目

①锚栓的规格型号应符合设计要求。

检验数量：全部检查。检验方法：观察、测量检查；查阅设计文件。

②锚栓埋设位置、深度、垂直度、间距应符合设计要求，埋设前应对埋设孔进行清洁。

检验数量：全部检查。检验方法：观察、测量检查；查阅设计文件。

③锚栓锚固后应进行拉拔试验，抗拔力不应小于设计文件要求值。

检验数量：全部检查。检验方法：观察、测量检查，查阅锚栓拉拔力测试记录。

④化学锚栓填充剂在有效期范围内。

检验数量：全部检查。检验方法：查阅锚栓化学填充剂产品批号。

⑤锚栓位置应避开隧道盾构片的接缝处、漏水点等地带，废弃孔洞应采用水泥填实。

检验数量：全部检查。检验方法：观察。

（2）一般项目

①锚栓螺纹及镀锌层完好，螺纹外露部分应涂油防腐。化学锚栓孔填充密实，表面光洁平整，不得有裂纹。

检验数量：全部检查。检验方法：观察、测量检查。

②锚栓的施工允许偏差应符合表 8-2 的规定。

检验数量：全部检查。检验方法：观察、测量检查。

锚栓位置施工允许偏差 表8-2

项目	允许偏差	备注
后扩底锚栓深度	±2mm	—
化学锚固螺栓深度	+5mm −3mm	—
成组锚栓中心垂直线路方向	±20mm	—
成组锚栓个体相对间距	±2mm	不超出安装孔范围
成组锚栓横向布置其轴线应与线路中心线垂直，纵向布置其轴线应与线路中心线平行，其偏斜度	≤3°	—
锚栓对隧道拱壁切线的垂直度或铅垂度	≤1°	锚栓顺线路方向铅垂度应以汇流排在线夹内有间隙为原则

2）支持装置安装

（1）主控项目

①接触网零部件运达现场应进行检查，其质量应符合《电气化铁路接触网零部件技术条件》（TB/T 2073—2020）等相关标准的规定。

检验数量：全部检查。检查方法：观察、测量检查，查阅产品质量证明文件。

②绝缘子运达现场应进行检查，其质量应符合设计和产品技术要求，绝缘电阻试验应符合《电气装置安装工程 电气设备交接试验标准》（GB 50150—2016）的相关规定。且外观质量符合下列规定：

a. 瓷绝缘子瓷釉表面光滑、清洁，无裂纹、缺釉、斑点、气泡等缺陷，瓷釉剥落总面积不大于 $30mm^2$；金属构件镀锌良好，无锈蚀。

b. 硅橡胶绝缘子金属连接件与芯棒连接可靠，密封良好，硅橡胶伞裙完整无破损。

检验数量：全部检查。检验方法：观察、测量检查；查阅绝缘电阻抽样试验记录和产品质量证明文件。

③支持装置安装应符合的规定包括：

a. 支持装置型号应符合设计文件要求，安装应平整、稳固，螺栓露出长度应满足设计要求；紧固件应齐全，紧固力矩应符合设计文件和产品技术要求。

b. 垂直悬吊式支持装置安装时，悬吊安装底座应水平安装，悬吊槽钢、绝缘横撑应与安装地点的轨平面平行，与线路中心线垂直，允许偏差不大于3°；悬垂吊柱及T形头螺栓应铅垂安装，允许偏差应不大于1°，汇流排定位线夹与绝缘子安装稳固，汇流排在汇流排定位线夹内应能自由伸缩、不卡滞。

c. 当采用水平悬臂式支持装置安装时，腕臂、定位线夹连接板应与安装地点的轨平面平行，与线路中心线垂直，允许偏差不大于3°；吊柱安装垂直面应满足设计要求，允许偏差应不大于1°。

检验数量：全部检查。检验方法：观察、测量检查，用力矩扳手检测。

（2）一般项目

①支持装置各受力构件无变形，镀锌层完整，螺纹部分应作防腐处理。

检验数量：全部检查。检验方法：观察、测量检查。

②绝缘子安装端正、牢固可靠。

检验数量：全部检查。检验方法：观察、测量检查。

3）汇流排及附件安装

（1）主控项目

①汇流排及附件的规格型号应符合设计文件及产品技术要求，且外观质量应符合下列规定：

a. 汇流排表面光洁、无变形、无腐蚀、无污迹。

b. 螺栓、垫圈等配件齐全，规格相符，螺栓螺纹完好。

检验数量：全部检查。检验方法：观察、测量检查；查阅设计文件和产品质量证明文件。

②汇流排间连接的接触面清洁，汇流排连接缝两端夹持接触线的齿槽连接处平顺光滑，列车设计速度120km/h及以下时，不平顺度不应大于0.3mm，列车设计速度120km/h以上时，不平顺度不应大于0.1mm；汇流排连接端缝平均宽度不应大于1mm，紧固件齐全，螺栓紧固力矩应符合产品技术要求。

检验数量：全部检查。检验方法：观察、测量检查，用力矩扳手检测。

③汇流排中间接头和汇流排上安装的零部件距邻近悬挂点汇流排线夹边缘的距离应符合设计文件要求，应保证汇流排能自由伸缩，不卡滞。

检验数量：全部检查。检验方法：观察、测量检查。

④锚段长度应符合设计文件要求，平均温度时汇流排终端至相邻悬挂点的距离应符合设计文件要求，允许偏差应为0～+200mm。

检验数量：全部检查。检验方法：观察、测量检查。

⑤汇流排定位线夹规格尺寸符合设计要求，表面无裂纹、缺损，垂直悬吊安装时紧固件内衬尼龙垫齐全、无松动，可旋转部分无阻现象，垂直悬吊安装时留有因温度变化汇流排产生位移而需要的间隙。

检验数量：全部检查。检验方法：观察、测量检查，查阅施工图。

（2）一般项目

①汇流排中轴线应垂直于所处的轨道平面，偏斜应不大于1°。

检验数量：全部检查。检验方法：观察、测量检查。

②防护罩安装位置应符合设计要求，安装稳固，无老化现象。

检验数量：全部检查。检验方法：观察、测量检查。

4）接触线架设及调整

（1）主控项目

①接触线的规格型号应符合设计要求，其质量应符合设计和产品技术要求。

检验数量：全部检查。检验方法：观察、测量检查；查阅设计文件和产品质量证明文件。

②接触线应嵌入汇流排内，接触线与汇流排的接触面应涂有薄层电力复合脂，接触线应无接头、无硬弯。

检验数量：全部检查。检验方法：观察、测量检查。

（2）一般项目

接触线在锚段末端汇流排外余长应符合设计要求，宜沿汇流排终端方向向上弯曲；汇流排终端紧固螺栓应按产品力矩要求紧固。

检验数量：全部检查。检验方法：观察、测量检查。

5）附加导线架设及调整

（1）主控项目

①附加导线及其所用金具的规格型号符合设计及产品技术要求。

检验数量：全部检查。检验方法：观察、测量检查，查阅设计文件和产品质量证明文件。

②附加导线的弛度应符合设计要求，其施工允许偏差应为−2.5%～+5%。

检验数量：全部检查。检验方法：观察、测量检查；查阅设计文件。

（2）一般项目

①附加导线底座应水平安装，底座、地线线夹和安装在附加导线上的电连接线夹的螺栓紧固力矩应符合规范要求；附加导线下锚处调整螺栓长度处于许可范围内，并有不少于30mm的调节余量。

检验数量：全部检查。检验方法：观察、测量检查。

②线夹安装端正，线夹内配件齐全，安装正确。

检验数量：全部检查。检验方法：观察、测量检查。

6）接触悬挂调整

（1）主控项目

①接触线距轨面的高度应符合下列规定：

a.悬挂点处接触线高度应符合设计要求，当列车设计速度小于120km/h时，接触线高度施工允许偏差为±3mm，相邻悬挂点的相对高度不宜大于所在跨距值的1‰，接触线的坡度变化应不大于1‰。当列车设计速度为120～160km/h时，接触线高度施工允许偏差为±2mm，相邻悬挂点的相对高度不大于跨距值的0.5‰，接触线的坡度变化应不大于0.8‰；当列车运行速度大于200km/h时，接触线高度的施工允许偏差为±1mm，相邻悬挂点的相对高度不大于跨距值的0.5‰，接触线的坡度变化应不大于0.5‰，且不应出现负弛度。

b.锚段关节处，两支接触线在关节中间悬挂点处应等高，允许偏差不超过1mm，转换悬挂点处非工作支不得低于工作支，非工作支宜高出1～3mm。

c.道岔处，在受电弓同时接触两支接触线范围内，两支接触线应等高，非工作支宜高出1～3mm；悬挂点的拉出值应符合设计要求，施工允许偏差应为±10mm。

检验数量：单位全部检查。检验方法：观察、测量检查。

②接触线拉出值的布置应符合下列规定：

a.悬挂点的拉出值应符合设计要求，当列车设计速度为160km/h及以下时，施工允许偏差为±10mm；当列车设计速度大于160km/h时，拉出值施工允许偏差为±5mm。

b.一般悬挂点处的拉出值以设计拉出值为参考，以汇流排整体布置顺滑为原则。

检验数量：全部检查。检验方法：观察、测量检查；查阅设计文件。

（2）一般项目

接触线在锚段末端汇流排外余长为100~150mm，宜沿汇流排终端方向向上弯曲；汇流排终端紧固螺栓应按产品力矩要求紧固。

检验数量：全部检查。检验方法：观察、测量检查。

7）中心锚结安装

（1）主控项目

①中心锚结绝缘子（棒）型号及其质量应符合设计和产品技术要求。

检验数量：全部检查。检验方法：观察、测量检查；查阅设计文件和产品质量证明文件。

②中心锚结形式及安装位置符合设计要求，并应处于汇流排中心线的正上方，中心锚结底座安装位置的施工允许偏差不大于±30mm。

检验数量：全部检查。检验方法：观察、测量检查。

③中心锚结绝缘子（棒）的带电端至接地体，接地端至带电体（汇流排）距离应满足设计要求。

检验数量：全部检查。检验方法：观察、测量检查。

（2）一般项目

①中心锚结绝缘子（棒）及拉杆、拉线受力应均匀，与汇流排的夹角宜为30°~45°，并符合设计文件要求。

检验数量：全部检查。检验方法：观察、测量检查。

②中心锚结与汇流排固定牢固，螺栓紧固力矩符合设计和产品技术要求，调整螺栓处于可调状态。

检验数量：全部检查。检验方法：观察、测量检查。

8）电连接安装

（1）主控项目

①电连接线及线夹的材质、规格型号、数量应符合设计和产品技术要求。

检验数量：全部检查。检验方法：观察、测量检查；查阅设计文件和产品质量证明文件。

②电连接的安装形式、位置应符合设计要求，在任何情况下均应满足带电距离要求；电连接线应预留因温度变化而产生的位移长度。

检验数量：全部检查。检验方法：观察、测量检查。

③电连接线与线夹接触良好，接触面应涂导电复合脂，电连接线夹安装应端正牢固，

螺栓紧固力矩应符合设计要求。

检验数量：全部检查。检验方法：观察、力矩扳手检测。

（2）一般项目

①电连接线与接线端子压接应良好，握紧力应符合设计要求，绞线不应有松股和断股现象，电缆应无损伤。

检验数量：全部检查。检验方法：观察、测量检查。

②电缆在建筑物上的固定应符合设计要求，安装牢固，排列整齐、美观，标志清晰。

检验数量：全部检查。检验方法：观察、测量检查。

9）接地安装

（1）主控项目

①接地线所用材质、截面、线夹规格型号应符合设计和产品技术要求。

检验数量：全部检查。检验方法：观察、测量检查；查阅设计文件和产品质量证明文件。

②支持装置底座、设备底座等均应按设计要求接地。架空地线引下线接至变电所接地母排，其安装位置和连接方式应符合设计要求，连接牢固可靠。

检验数量：全部检查。检验方法：观察检查；查阅设计文件。

③接地线安装形式应符合设计要求，并应预留因温度变化而产生的位移长度；沿隧道壁敷设时，接地线与隧道壁密贴并应固定牢固，固定卡间距符合设计要求；在电缆支架上敷设时应绑扎稳固。

检验数量：全部检查。检验方法：观察、测量检查；查阅设计文件。

④汇流排接地挂环安装位置符合设计要求，安装牢固、连接可靠。

检验数量：全部检查。检验方法：观察、测量检查；查阅设计文件。

（2）一般项目

①接地线接续规范、线夹端正、布线美观。

检验数量：全部检查。检验方法：观察检查。

②接地挂环与汇流排连接处的接触面应清洁，均匀涂抹薄层电力复合脂。

检验数量：全部检查。检验方法：观察检查。

10）设备安装及调整

（1）主控项目

①汇流排膨胀接头安装及调整应符合下列规定：

a.汇流排膨胀接头的规格型号应符合设计要求，其质量应符合设计和产品技术要求。

检验数量：全部检查。检验方法：观察、测量检查；查阅设计文件和产品质量证明文件。

b.汇流排膨胀接头安装位置应符合设计要求，膨胀元件两端接触线高度和拉出值应符合设计和产品技术要求，膨胀元件与汇流排连接应呈直线状态，膨胀元件不应受外力弯曲。

检验数量：全部检查。检验方法：观察、测量检查。

c. 汇流排膨胀接头的安装间隙应符合设计安装曲线的规定。

检验数量：全部检查。检验方法：观察、测量检查。

d. 汇流排膨胀接头安装应符合产品技术要求，膨胀元件与受电弓接触部分与轨面平行，受电弓双向通过时均应平顺，无打弓现象。

检验数量：全部检查。检验方法：观察、测量检查，模拟冷滑检测。

②分段绝缘器安装及调整应符合下列规定：

a. 分段绝缘器运达现场时应对其进行检查，其质量应符合设计文件和产品技术要求。

b. 分段绝缘器安装位置、安装方式应符合设计和产品技术要求。

c. 分段绝缘器紧固件应齐全，连接牢固可靠。分段绝缘器与接触线连接处应平滑，与受电弓接触部分与轨面平行，车辆双向行驶均不应打弓。

d. 分段绝缘器带电体距接地体或不同供电分区带电体、不同供电分区运行车辆受电弓的距离符合设计和产品技术要求。

检验数量：全部检查。检验方法：观察、测量检查；查阅设计文件和产品技术文件。

③隔离开关安装及调整应符合下列规定：

a. 隔离开关的规格及其质量应符合设计和产品技术要求。

b. 隔离开关的安装位置应符合设计要求，不得侵入设备限界，任何情况下隔离开关触头带电部分至接地体的距离应不小于设计要求。

c. 隔离开关应分合灵活、准确可靠，角度符合设计和产品技术要求；触头接触良好，无回弹现象。

d. 电动隔离开关的电源和控制回路接线正确，在允许电压波动范围内能正确、可靠动作；有连锁要求的开关，连锁关系准确可靠；现场手动操作应和遥控电动操作动作一致；机构的分、合闸指示与开关的实际分、合位置一致。带接地刀闸的手动隔离开关，接地刀闸的分、合与开关主触头间的机械闭锁关系应准确可靠。

e. 隔离开关的馈线电缆连接正确、规整，电缆上网点距汇流排悬挂点距离应满足设计要求。隔离开关与汇流排连接处电缆应预留汇流排位移长度，电缆应固定牢靠。

检验数量：全检查。检验方法：观察、测量、操作检查；查阅设计文件和产品技术文件。

④刚柔过渡装置安装及调整应符合下列规定：

a. 刚柔过渡内锚段关节安装应符合"接触悬挂调整"的相关规定。

b. 刚柔过渡装置安装处，两端的刚性和柔性悬挂点的接触线应等高，拉出值布置应呈一条直线，保证刚柔过渡元件处接触线平滑过渡。

c. 刚柔过渡装置所有螺栓应按产品紧固力矩要求紧固。

d. 防护罩对刚柔过渡装置覆盖应完全，防护罩安装稳固，性能满足设计要求。

检验数量：全部检查。检验方法：观察、测量检查。

（2）一般项目

①分段绝缘器距相邻定位点的距离应符合设计要求。

检验数量：全部检查。检验方法：观察、测量检查。

②分段绝缘器绝缘件表面清洁，整体安装美观。

检验数量：全部检查。检验方法：观察、测量检查。

③接线端子与隔离开关连接接触面应涂导电复合脂。

检验数量：全部检查。检验方法：观察检查。

④隔离开关底座应安装水平，三台并联安装的隔离开关底座应处于同一水平面；隔离开关本体及操作机构应安装稳固，操作连杆应动作灵活，角度应符合产品技术要求，操作机构安装位置应便于操作。

检验数量：全部检查。检验方法：观察、测量、操作检查。

11）标志牌安装

（1）主控项目

①"高压危险"标志牌应设于电气设备处，设置高度距地面为1.6～2.0m；标志牌面采用反光材料，采用白底黑字、黑框、红闪电，字迹清晰、醒目。

检验数量：全部检查。检验方法：观察、测量检查。

②"接触网终点"预告牌表面应采用反光材料，采用白底、黑框、黑字，字迹清晰、醒目；设置位置符合设计要求，安装牢固可靠。

检验数量：全部检查。检验方法：观察、测量检查。

③隔离开关编号与施工图一致，设置位置及规格符合设计要求，字迹清晰。

检验数量：全部检查。检验方法：观察、测量检查。

（2）一般项目

号码牌的颜色、规格及安装位置应符合设计要求，底漆应均匀，字迹清晰、字体美观醒目，便于瞭望。

检验数量：全部检查。检验方法：观察、测量检查。

12）冷滑试验

①冷滑试验应在线路限界检查后进行，受电弓与接触线接触良好，无脱弓现象；拉出值不大于设计要求的最大值；锚段关节、膨胀接头、道岔处、分段绝缘器、中心锚结线夹、电连接线夹、刚柔过渡段等处无碰弓、刮弓现象，且无明显硬点。

检验数量：全部检查。检验方法：观察、测量检查、冷滑车检验。分三次进行：正线第一次往返车速为5～15km/h；第二次往返车速为25～30km/h；第三次往返车速为检测车最高车速60km/h。

②送电开通区段接触网绝缘应良好，绝缘电阻试验应按供电分段进行，绝缘电阻值应满足设计要求。接触网送电后，确认各供电臂供电回路连接正确，始、终端均应有电。

检验数量：全部检查。检验方法：施工单位用兆欧表测试，用验电器验电；监理单位见证试验。

13）热滑试验

①接触网动态检测指标应符合下列要求：

a. 接触网几何参数，包括接触线高度、接触线坡度、拉出值、接触线相互位置（锚段关节、道岔等断面），应符合设计要求或相关技术标准的规定。

b. 接触线平顺性指标考核硬点（垂直加速度），应符合表8-3规定。

接触线平顺性检测标准 表8-3

速度等级（km/h）	$v \leqslant 120$	$120 < v \leqslant 160$	$160 < v \leqslant 250$
硬点（m/s²）	<196	<392	<490

②动态检测分别按设计低、中、高速进行，具备条件情况下应按照设计速度进行检测。应通过车顶安装的一系列检测设备对接触网的动态拉出值、导线高度、受电弓滑板和接触线之间的接触状况及弓网燃弧率进行检测。接触网动态检测结果应满足本标准及设计文件要求。

③送电后，试验车以正常速度运行时，接触网应无明显火花和拉弧现象。

检验数量：全部检查。检验方法：观察、测量检查。

8.4　接触轨施工与验收要求

接触轨施工主要包括下列项目：施工准备、定位测量、绝缘底座安装、接触轨安装、防护罩安装、端部弯头安装、普通接头安装、防爬器安装、锚结用防爬器安装、膨胀接头安装、电连接安装、地线安装及供电电缆安装。

8.4.1　施工技术要求

1）定位测量

①测量前应对起测点进行复核，确保起测点的正确性。

②使用钢卷尺进行测量，严禁使用皮卷尺。

③曲线区段沿曲线外轨进行测量。

④测量中定位点如遇到道床伸缩缝或其他障碍物时，可做适当调整，调整范围不大于0.3m，最大跨距不超过5m。

⑤膨胀接头处、端部弯头处绝缘支架定位点按照技术要求测定标记。

⑥制作出各种模板，并标出中心线。测量时画出底座中心线位置，用模板测出锚栓孔的位置。

（1）纵向测量

①以车站中心标、道岔岔心标或图纸公里标为测量起点开始测量。

②根据设计技术要求（端部弯头距第一绝缘支架的距离，在不同的地区、不同的温度、直线区段与曲线区段都不一样）测定出第一个支架定位点的位置，用粉笔在钢轨轨腹上做好标记，并注明锚段和绝缘底座定位编号。

③按照设计规定的跨距值，沿钢轨依次测量并标记各支架位置的纵向标记和支架编号。曲线区段沿曲线外侧钢轨进行测量。

④一个锚段测量完后，对此锚段的长度进行复核。

⑤作业人员用白油漆在钢轨轨腰处做出纵向标记及支架编号。

（2）横向测量

①将接触轨测量仪放到钢轨上的纵向测量标记处，并将其垂直于轨道中心线的位置。

②测出绝缘支架底座锚固螺栓孔位的中心位置，在道床上标记出该中心点，记为"X"。同时，在测量仪上读出数据，记录该处道床或轨枕平面距轨面的高度。

③在曲线区段利用测量仪、水平尺和钢卷尺测出轨道外轨超高，并纪录该值。

④用测量模板定位标记处锚栓孔的位置。

⑤用油画笔将红油漆标记孔位位置，并在道床上标明该定位的超高、型号等相关数据。

⑥横向测量时，绝缘支架的模板中心线应垂直线路中心线，螺栓孔间距的施工误差为±2mm。

2）绝缘底座安装

（1）钻孔

①在道床上钻孔时绝缘支撑的间距应符合设计规定，允许偏差为±0.3m，调整后的跨距不得大于设计允许值。

②作业人员检查核对各类数据无误后，准备好冲击钻、钻头和钻孔模板。

③以施工测量时标记在道床上的"X"标记用模板核查孔位。使用钢筋探测仪探测钻孔范围内是否有钢筋，以便避开钢筋。

④先用模板在孔位上钻出3~5mm的凹槽，取下模板，一人持冲击电钻钻孔，并保持钻头垂直于安装平面，一人持吹尘器将尘屑吹向无人侧。

⑤达到钻孔深度后，钻头长度标记抵住道床或轨枕平面，以钻头加粗部分为支点进行环状旋转，对钻孔底部进行锥形扩削，形成柱锥钻孔。

⑥钻完孔后，检查孔深、孔距等尺寸并做好钻孔记录。

（2）安装螺栓

①安装螺栓前先用清孔毛刷、清孔气囊清除孔内杂物。

②根据线路状况（直线区段、曲线区段）选用后切底锚段，将其放入孔中，使用专用工具安装。将锚栓膨胀套管推低至低于混凝土表面1~2mm，露出蓝色标记，即表示锚栓已安装到位。

（3）锚栓拉力测试

①在待测螺栓上安装好测试仪。

②转件加大拉力至规定测试值，并保持 3～5min，如无异常，即可通过测试，做好测试记录。

③如螺栓被拉出，应分析找出原因，并对同一作业批次的螺栓全部测试。

（4）安装整体绝缘支架

①根据测量记录及曲线外轨超高数据，选择相应类型的绝缘底座。安装前，对将要安装的各零部件先进行检查，并依据图纸核实型号。在底座与混凝土平板或轨枕之间垫楔子的方法将底座调至与轨平面平行。整体绝缘支架底座安装示意见图 8-52。

②根据线路状况（直线区段、曲线区段）选用整体绝缘支架。将装配好的整体绝缘支架，逐点对号按照设计要求进行安装。整体绝缘支架安装正确、牢固，配件齐全。

③采用接触轨综合测量仪、水平尺以及钢卷尺相结合调整绝缘支架的铅垂中心线与轨面垂直，并将侧面限界调至设计值。高度调整则需要调整绝缘支架与固定连接螺栓的位置。

3）接触轨安装

（1）安装

安装接触轨前应进行外观检查。在接触轨装卸作业中应遵守的规定包括：①接触轨应采用长度大于 1/3 轨长的横梁配用两根以上吊带进行吊运。②吊带必须采用尼龙等柔性材质，不得使用钢丝绳或钢带。③使用叉车装接触轨时，必须采用有效措施防止因轨的端部发生摆动而引起的损坏。④接触轨堆放场地平整，堆垛应用支垫物，支撑点不得少于四个，多层叠放时各层支垫物位置在同一垂直线上，各层支撑点在同一平面上。接触轨安装示意见图 8-53。

图 8-52　整体绝缘支架底座安装

图 8-53　接触轨安装

（2）预制接触轨

①切割接触轨、钻孔。加工制作长度小于 15m 的接触轨时，首先在接触轨专用制作平台上使用切割机，根据所需要的长度切割接触轨。切割机垂直于接触轨纵向中心线，切割后的切割面要保证与接触轨纵向中心线呈 90°，符合接触轨截面尺寸偏差要求。切割完成后，使用接触轨钻孔工具进行钻孔。切割、钻孔后的余渣应清除干净，并用角磨机和锉刀将切割平面及孔洞周边的毛刺清除，然后进行试对接，对接应密贴，无错位偏斜现象，满足接触轨安装标准。

②当线路的曲线半径大于或等于 100m 时，钢铝复合轨可以直接弯曲安装；当线路的曲线半径小于 100m 时，钢铝复合轨则需要加工预弯。

4）防护罩安装

防护罩的作用是避免检修人员无意碰到带电的设备、防止杂物及冰雪落在接触轨上。一般采用玻璃纤维增强树脂材料的防护罩，这种防护罩机械性能较好，并在高温下具备自熄、无毒、无烟和耐火的性能。防护罩按安装位置可分为接触轨（支架间）防护罩、绝缘支架防护罩、电连接接头防护罩、中心锚结防护罩等。接触轨防护罩见图 8-54。

图 8-54　接触轨防护罩

（1）安装流程

①对接触轨及绝缘支架等进行清洁，保证设备的整洁。

②加工防护罩：按照支架间的实际跨距所需防护罩的长度进行切割加工。

③安装防护罩支撑卡块：防护罩支撑卡块按照 500mm 的间距安装在接触轨上。

④安装防护罩：先安装接触轨防护罩，然后安装端部弯头防护罩、电连接接头防护罩、绝缘支架防护罩、中锚防护罩和膨胀接头防护罩。

⑤检查：检查安装的防护罩和防护罩支撑卡块是否安装匹配、防护罩有无损坏等。

（2）技术要求

①防护罩要严格按照设计要求尺寸进行加工，加工后的切口要打磨光滑。

②防护罩选配应符合设计要求，确保防护罩已完全卡住防护罩卡块。

③防护罩的间隔及固定方式应符合设计要求。

④防护罩搭接长度应符合设计规定，安装后的防护罩间应无缝隙。

⑤防护罩应将接触轨端部弯头罩住，外留长度符合设计要求。

5）端部弯头安装

（1）安装步骤

①安装接触轨时，首先从本锚段接触轨两端开始安装，即首先安装两端的端部弯头，然后由两端端部弯头向中心锚结逐根安装。

②清理接触轨和端部弯头安装端面的污物，修正端面上的毛刺，检查端面与轨面的垂直度，垂直度允许偏差±1°，最后在端面涂上一层极薄的导电油脂。

③使用 C 型夹具和两块质地软硬适中的模板,上下夹持住接触轨和端部弯头,使其两部分的对接保持在同一平面上,接头处无高低差。

④将端部弯头抬起慢慢放于绝缘支架的固定颚上,另外,将接触轨扣件卡爪装上,并用力矩扳手稍紧固,再调整端部弯头与最近的绝缘支架的距离,使其符合设计要求。然后上紧接触轨卡爪螺丝,并用临时锚固夹具在绝缘支架处将端部弯头卡住,防止在接触轨安装过程中顺线路发生移位。

⑤将配件表面用钢丝刷打磨清理干净,并在端部弯头的连接面上涂导电油脂。

(2)技术要求

①安装端部弯头时测量端部弯头端部到支架的距离、支架到支架的距离是否符合设计标准(不同地区、不同温度、直线区段和曲线区段都不一样)。

②接触轨端部弯头端部与相邻走行轨顶平面的高度应进行核实。

6)普通接头安装

普通接头用于连接固定相邻的两接触轨并传导电流。安装技术要求包括:

①检查接触轨接缝部位是否安装平齐,不允许有高低落差或扭转现象,安装精度为 0.5mm。

②使用打孔机和专用固定夹具,在需要安装端部弯头的接触轨一端进行打孔。

③将已安装到位的接触轨末端与要对接的接触轨首段清理干净,并涂上导电油脂。

④用钢丝刷将表面打磨并清理干净,并在连接表面涂导电油脂。

⑤安装普通接头,用鱼尾板及螺栓将接触轨端头紧密连接起来。要确保接触轨的对接牢固可靠,螺栓紧固力矩按照要求执行。普通接头安装示意见图 8-55。

⑥将连接接头处多余的导电油脂擦干净,并清理现场。

图 8-55 普通接头安装

7)防爬器安装

防爬器安装技术要求包括:

①根据平面布置,确定防爬器的安装位置,根据安装图选择零件。

②使用打孔机打孔。

③将所有配合体表面用钢丝刷打磨清理干净,并在防爬器本体的连接表面上涂导电油脂。

④将防爬器安装到接触轨的轨腹处,并按照要求力矩进行紧固。

⑤检查接触表面,将多余的油脂擦干净,安装完成后清理现场。

8）锚结用防爬器安装

锚结用防爬器安装技术要求包括：

①根据平面布置,确定防爬器的安装位置,根据安装图选择零件。

②使用打孔机打孔。

③将防爬器安装到接触轨的轨腹处,双耳接线板一定要安装在支架侧,并按照要求力矩进行紧固。

④混凝土基础顶部上连接中锚采用 V 形拉线。

⑤调整中锚两端拉线使其张力相等。

⑥检查安装情况,将多余的油脂擦干净,安装完成后清理现场。

9）膨胀接头安装

膨胀接头安装技术要求包括：

①用温度计测出安装接触轨时的温度,通过施工温度间隙表查出两个锚段的间隙值。

②用专用工具将膨胀接头装置的滑轨拉开,调整间隙值至符合施工温度的大小。伸缩预留值允许偏差为±5mm,并将其固定,安装过程中保证间隙不变。

③预装配膨胀接头装置,在锚固夹板两侧面均匀涂抹活动型导电膏。紧固螺栓时,用力矩扳手交替紧固,并符合相应力矩要求。安装完毕,用红油漆分别在螺栓与螺母连接处做上标记。

④在膨胀接头两侧的接触轨端头处,放置两块高度相等的木块,木块上放置一块平木板,与已安装到位的接触轨的高度相等。

⑤抬起膨胀接头组件,把组件放置于平板上,并推送到位。

⑥膨胀接头与相邻接触轨之间的连接符合普通接头的技术要求。

⑦靠近膨胀接头处的防护罩要按实际需要长度切割。

⑧膨胀接头应安装在两个支架装置的中间部位,膨胀接头的每一端距支架装置的距离应相等,且不小于 400mm。膨胀接头安装示意见图 8-56。

图 8-56　膨胀接头安装

10）电连接安装

接触轨的电连接是用供电电缆通过电连接用中间接头将断口处两接触轨进行良好的电

气连接。电连接用的中间接头与普通中间接头有所不同，它由两片铝合金零件组件，除了具有普通接头的作用外，还为电连接的安装提供了接线板，是供电电缆与接触轨实现电气连通的零件。电连接用中间接头安装在接触轨的任何位置，电连接板用来连接供电电缆端子。

（1）电连接用中间接头安装要求

①将电连接中间接头安装到接触轨的轨腹处，要确保接线板在线路外侧。电连接一般设在距离端部弯头端部 3500mm 处。

②使用打孔机在选定部位打孔。

③将所有配合体表面用钢丝刷打磨清理干净，并在防爬器本体的连接表面上涂导电油脂。

④按照要求力矩进行紧固。

⑤检查安装情况，将多余的油脂擦干净，安装完成后清理现场。

（2）预制电连接电缆安装要求

①根据现场两个电连接接头的距离计算连接电缆的长度。

②电连接电缆的型号、材质、根数应符合设计要求。

③根据技术要求裁剪软电缆，截面要整齐。

④将电缆穿入铜铝过渡线夹内进行压接，压接应符合安装要求。

（3）安装电连接

按照电连接装配图的要求，将铜铝过渡线夹过渡到接线板上，接触面均涂导电油脂。电连接电缆布置美观、合理，弯曲满足相关要求，螺栓紧固力矩应符合设计要求。

（4）技术要求

①电缆接线板的位置至端部弯头的距离为 3500mm。

②电缆两端接头与铜铝过渡线夹连接前，先用胶带缠绕再用电工工具剥制，不能划伤电缆导体外表面。

③安装电缆时应考虑因温度变化而产生的预留长度。

④电连接所有安装接触面均应涂导电油脂。

⑤电连接与接触轨连接牢固可靠；电缆导体穿入端子压线孔应符合相关规范要求；电缆排列整齐、固定牢靠。

11）地线安装

接触轨供电系统设独立的接地线，所有不带电金属部分均与接地线连接，再用电缆与牵引变电所内接地网相连，构成接触轨供电系统的接地保护回路。接地线一般采用扁铜板或铝板在绝缘支架底座上安装。接地扁铝板钻孔示意见图 8-57。

①计算接地扁铜板或铝板需要钻孔的位置，进行钻孔预制；在扁铜板或铝板回牵引变电所处，测量绝缘支架至变电所所需电缆长度并进行接线端子的压接预制。接触轨断口间

的接地线电缆测量、预制安装方法与前者相同。

②所有不带电金属底座均应于接地线可靠连接，接地线连接无断点、无遗漏。接地线采用扁铜或扁铝，与不带电金属底座连接的孔位按现场实测钻孔，接地线接头搭接长度符合设计要求，连接牢固可靠。

③接地线与牵引变电所接地网可靠连接，连接符合设计规定。

④电缆布置规整、弯曲半径符合要求，电缆中间无接头，电缆与接线端子压接牢固。

图 8-57　接地扁铝板钻孔

12）供电电缆安装

供电电缆在接触轨上的安装采用接线板连接方式，为了保证接触轨投入运行后连接处能够持续通过大电流，要将接线板和接触轨焊接，然后通过铜铝过渡线夹将供电电缆和连接板连接固定。

（1）连接板在接触轨上的焊接

①焊接接触轨和接线板前，用打磨机打磨接触轨焊接处，保证焊面无油、无污、平整、光亮。

②将连接板及焊接模具与接触轨可靠固定，扣紧模具把手。

③把焊接金属放入模具内，把引燃剂撒在焊剂及模具边缘。

④盖上模具盖子，并点燃引燃剂，待金属凝固后打开模具。

⑤焊接接线板牢固后，用钢丝刷对焊接处进行焊渣清理，然后在焊接处涂防锈漆和防腐漆。

（2）电缆在连接板上的安装

①接线端子和连接板连接之前，先对接线端子进行镀锡处理，再用液化气喷枪对锡罐进行加热，至固体锡完全融化，然后将接线端子浸入锡罐进行热镀，再用细砂纸轻轻抹擦，以保证镀锡层平滑。

②安装接线端子和接线板，并按照要求力矩进行紧固。

（3）测量接触轨的绝缘电阻及泄漏电流

当安装完毕一段接触轨后，要测量本段接触轨的绝缘电阻及泄漏电流，检查是否满足规范要求。

8.4.2 验收要求

1）绝缘支撑装置

（1）主控项目

①底座、绝缘支架或绝缘子及连接零配件进场时，应对其规格型号、外观进行检查，其质量应符合设计要求和产品技术条件规定。

检验数量：施工单位、监理单位检验全部产品的合格证、质量证明文件，施工单位对全部产品、监理单位对20%的产品进行外观检验。检验方法：检查产品合格证、质量证明文件和进行外观检验。

②绝缘支架或绝缘子的电气性能、机械性能应符合设计要求。

检验数量：施工单位、监理单位检验全部产品，施工单位按每批次数量的10%测量绝缘电阻，监理单位见证检验。检验方法：查阅产品出厂合格证和试验报告，目测、绝缘电阻测试。

③底座安装位置应符合设计要求，底座与道床或轨枕的连接应牢固。绝缘支架或绝缘子与底座连接牢固，螺栓紧固力矩符合设计规定和产品说明书要求。

检验数量：施工单位检验全部产品，监理单位按施工单位检验数量的10%进行平行检验或按检验数量的20%进行见证检验。检验方法：观察、测量、用力矩扳手检查。

（2）一般项目

绝缘支撑装置在线路的水平方向和铅垂方向的调节孔宜居中安装，调节范围应符合设计要求，以满足安装调整要求。

检验数量：施工单位检验全部产品。检验方法：观察、测量检查。

2）接触轨及附件

①接触轨及附件运达现场应进行检查，质量应符合设计规定和产品技术条件要求。

检验数量：施工单位、监理单位检验全部产品的合格证、质量证明文件、检测试验报告，施工单位对全部产品、监理单位对20%的产品进行外观检验。检验方法：检查产品合格证、质量证明文件、检测试验报告和进行外观检验。

②接触轨设置长度及断电区的布置应符合设计要求。

检验数量：施工单位、监理单位全部检查。检验方法：对照设计文件检查，观察、测量检查。

③端部弯头的安装应符合下列规定：端部弯头的安装位置与折弯坡度符合设计要求。端部弯头在绝缘支撑处应伸缩自由，预留伸缩围符合设计要求。

检验数量：施工单位检验全部产品，监理单位按施工单位检验数量的10%进行平行检验或按检验数量的20%进行见证检验。检验方法：观察、测量检查。

④接触轨接头的安装应符合下列规定：中间接头与接触轨相连接的接触面均应清洁，并应涂抹导电油脂；中间接头与接触轨轨腹连接密贴，紧固件安装齐全，紧固力矩符合设计要求。接触轨接头处授流面连接应平顺。中间接头端面距相邻的绝缘支撑的距离应符合设计要求。

检验数量：施工单位检验全部产品，监理单位按施工单位检验数量的10%进行平行检验或按检验数量的20%进行见证检验。检验方法：观察、测量、力矩扳手测量检查。

⑤膨胀接头的安装应符合下列规定：膨胀接头的安装位置应符合设计要求。膨胀接头的间隙应按设计要求预留，预留值施工偏差为±15mm。

检验数量：施工单位检验全部产品，监理单位按施工单位检验数量的10%进行平行检验或按检验数量的20%进行见证检验。检验方法：观察、测量检查。

⑥接触轨中心锚结的安装应符合下列规定：锚结的安装位置及固定应符合设计要求。锚结的安装应与膨胀接头的间隙设置保持一致。

检验数量：施工单位检验全部产品，监理单位按施工单位检验数量的10%平行检验或20%见证检验。检验方法：观察、测量检查。

⑦接触轨敷设道线段应顺道，曲线段应圆顺、无硬弯。接触轨安装允许偏差应符合表8-4的规定。

检验数量：施工单位检验全部产品。监理单位按施工单位检验数量的10%进行平行检验或按检验数量的20%进行见证检验，曲线段控制点全部检验。检验方法：观察、测量检查。

接触轨安装允许偏差 表8-4

序号	项目	允许偏差（mm）
1	接触轨中轴线至走行轨顶面连线中垂线（或相邻走行轨侧的距离）	≤±5
2	接触轨授流面至走行轨顶面的垂直距离	≤±5
3	接触轨授流面在两相邻绝缘支撑处的相对高差	一般条件下≤3，困难条件下≤5

3）防护罩

（1）主控项目

①防护罩进场时，应对其规格型号、材质、强度、外观进行检验，其质量应符合设计要求和产品技术条件规定。

检验数量：施工单位、监理单位检验全部产品的合格证、质量证明文件、检测试验报告，施工单位对全部产品、监理单位对20%的产品进行外观检验。检验方法：检查产品合格证、质量证明文件、检测试验报告和进行外观检验。

②防护罩安装后应满足限界要求。

检验数量：施工单位、监理单位每1000m检查100m的防护罩安装情况。检验方法：观察、测量检查。

（2）一般项目

防护罩安装应符合下列规定：防护罩的选配应符合设计要求。防护罩的安装应牢靠、平顺。防护罩支撑的间隔及固定应符合设计要求。防护罩搭接应紧密牢固，搭接长度应符合设计规定，安装后的防护罩应连续无空隙。防护罩应将接触轨端部弯头罩住，外留长度符合设计要求。防护罩上警示标识的设置应符合设计要求。

检验数量：施工单位检验全部产品。检验方法：观察、测量检查。

4）电连接

（1）主控项目

①电缆、线夹运达现场应对其规格型号、电压等级、材质、数量、外观进行检验，其质量应设计规定和产品技术条件要求。

检验数量：施工单位、监理单位检验全部产品的合格证、质量证明文件，施工单位对全部产品、监理单位对20%的产品进行外观检验。检验方法：检查产品合格证、质量证明文件和进行外观检验。

②电缆的敷设路径、连接接触轨的位置及连接方式应符合设计要求。电缆应布线美观、安装稳固、外观无损伤。

检验数量：施工单位、监理单位检验全部产品。检验方法：观察、测量检查。

（2）一般项目

电连接的安装应符合下列要求：电缆接线板的设置及其至相邻绝缘支撑的距离应符合设计要求。电缆在电缆接线板上固定时应按设计要求采取铜铝过渡措施。电缆在电缆接线板上安装时应预留因温度变化而产生的位移长度。电连接所有安装接触面均应清洁、涂抹导电油脂。电连接与接触轨连接牢固可靠，电缆排列整齐、固定牢固，标志牌字迹清晰、挂装牢靠。

检验数量：施工单位检验全部产品。检验方法：观察、测量检查。

5）接地线

（1）主控项目

①线材运达现场应进行检验，其规格型号、材质应符合设计要求和产品技术条件要求。

检验数量：施工单位、监理单位检查全部产品的质量证明书，施工单位对全部产品、监理单位对20%的产品进行外观检验。检验方法：检查质量证明书和进行外观检验。

②全线所有不带电金属底座均应与接地线可靠连接，连接符合设计要求。

检验数量：施工单位检验全部产品，监理单位按施工单位检验数量的10%进行平行检验或按检验数量20%进行见证检验。检验方法：观察检查。

③接地线与牵引变电所接地网可靠连接，连接符合设计规定。

检验数量：施工单位检验全部产品，监理单位对全部产品进行见证检验。检验方法：观察检查。

（2）一般项目

接地线接头搭接长度符合设计要求，连接牢固可靠。

检验数量：施工单位全部检验。检验方法：观察检查。

6）隔离开关

（1）主控项目

①隔离开关运达现场应进行检验，其质量应符合设计规定和产品技术条件要求。

检验数量：施工单位、监理单位检验全部产品的质量证明书，施工单位对全部产品、监理单位对20%的产品进行外观检验。检验方法：检验质量证明书和进行外观检验。

②隔离开关型号、安装位置及各部件安装尺寸应符合设计要求。

检验数量：施工单位检验全部产品，监理单位按施工单位检验数量的10%进行平行检验或按检验数量的20%进行见证检验。检验方法：观察、测量检查。

③隔离开关绝缘性能应符合设计要求。电动隔离开关的电源和控制回路接线正确，在允许电压波动范围内能正确、可靠动作。隔离开关机械联锁应正确可靠。分、合闸指示与开关的实际状态一致。

检验数量：施工单位检验全部产品，监理单位按施工单位检验数量的10%进行平行检验或按检验数量的20%进行见证检验。检验方法：观察、电气交接检查。

④操作传动操作应轻便灵活，隔离开关应分合顺利可靠，分、合位置正确，触头接触良好。

检验数量：施工单位检验全部产品，监理单位按施工单位检验数量的10%进行平行检验或按检验数量的20%进行见证检验。检验方法：观察、操作检查。

⑤隔离开关安装后，在任何情况下带电体对地的最小净距均应满足带电距离要求。

检验数量：施工单位检验全部产品。检验方法：观察、测量检查。

（2）一般项目

①开关底座安装应水平、牢固。并列三联隔离开关的底座应在同一垂道高度上安装水平、牢固。隔离开关与底座连接应牢固。

检验数量：施工单位检验全部产品。检验方法：观察、测量检查。

②隔离开关引线连接正确牢固，布线规整。

检验数量：施工单位检验全部产品。检验方法：观察检查。

7）避雷器

（1）主控项目

①避雷器运达现场应进行检验，其质量应符合设计规定和产品技术条件要求。

检验数量：施工单位、监理单位检验全部产品的质量证明书，施工单位对全部产品、监理单位对 20%的产品进行外观检验。检验方法：检验质量证明书和进行外观检验。

②避雷器安装位置、规格型号、引线方式应符合设计要求，引线连接正确牢固，并预留因温度影响的变化长度。

检验数量：施工单位检验全部产品，监理单位按施工单位检验数量的 10%进行平行检验或按检验数量的 20%进行见证检验。检验方法：观察、测量检查。

③避雷器的接地电阻值应不大于 10Ω。

检验数量：施工单位检验全部产品，监理单位对全部产品进行见证检验。检验方法：观察、测量检查。

（2）一般项目

避雷器应竖直安装，支架水平，连接牢固可靠。

检验数量：施工单位检验全部产品。检验方法：观察、测量检查。

8）冷滑试验及送电开通

①冷滑试验应在线路限界检查后进行。常速冷滑时受电靴在接触轨授流面上滑行应平顺，无碰靴、刮靴现象。

检验数量：施工单位、监理单位检验全部产品。检验方法：观察、冷滑车检查。

②开通区段接触轨系统应绝缘良好。接触轨系统送电后，各供电臂始、末端应确保有电。

检验数量：施工单位、监理单位检验全部供电臂。检验方法：用 2500V 或 1000V 兆欧表测试，用验电器验电。

8.5　回流与接地系统施工与验收要求

8.5.1　施工技术要求

电缆敷设前应进行现场勘测，便于确定准确的电缆长度，电缆终端应采用热塑终端头，并做好防水处理。安装敷设时，电缆最小允许弯曲半径应大于 6D（D 为电缆直径）。电缆敷设完成后使用沥青麻丝对电缆埋管、保护套管的管口以及相关孔洞进行封堵。

工程施工应重点检查钢轨接缝处、道岔与辙岔连接处等设置有连接电缆的地点，确保连接电缆可靠连接，并测量其接头电阻值，正线左、右线进行均、回流电缆敷设时，应注意避让线路中间的信号应答器以及集水井，间距不小于 5m。固定电缆时，不应在轨枕及预制道床板上打孔，固定电缆所使用的电缆卡子等附件应采用非金属性材料。工程施工应遵守相关施工及验收规范，具体参照现行《电气装置安装工程 电缆线路施工及验收标准》（GB 50168—2018）。

1）轨道

（1）轨道电气连通

轨道专业应确保正线轨道的电气连通。钢轨接头电阻应小于 3m 长的回流钢轨阻值，以减少回流电阻。若采用短钢轨，用鱼尾板螺栓连接，则两根钢轨之间必须增加一根绝缘铜电缆；电化线路中的道岔与辙岔的连接部位应设置铜引线，铜引线与钢轨间应可靠连接，接头电阻不应超过 1m 长完整钢轨的电阻值；上下行隧道区间联络通道处，利用该通道设置上下行均流电缆。高架区间无联络通道，一般每隔 500m 左右设置一处上下行钢轨间均流电缆。

（2）钢轨采用绝缘法安装

在轨道与混凝土轨枕之间，在紧固螺栓、道钉与混凝土轨枕之间及扣件与混凝土轨枕之间采取绝缘措施，加强轨道对道床绝缘，以减少钢轨泄漏电流；道岔采用绝缘扣件。道岔转辙装置的控制电缆的金属外铠装与道岔本体之间应具有绝缘措施。

（3）道床结构钢筋

整体道床和浮制板道床内结构钢筋通过焊接连成一体，每段整体道床和浮制板道床内的纵向钢筋如有搭接，必须进行搭接焊，焊接长度不小于 30mm。沿整体道床和浮制板道床纵向每隔 5m 用一根横向钢筋与所有的排流网纵向钢筋焊接。每段整体道床或浮制板道床两端第一排横向钢筋应与所有纵向钢筋焊接，并在道床的左右两侧引出连接端子，连接端子采用埋入式端子，道床沉降缝两侧的连接端子通过铜芯电缆连接，使全线道床排流网电气连续。

直流牵引供电系统将整体道床和浮制板道床内的纵向结构钢筋作为排流网，被选作排流网的结构钢筋应均匀分布，以增加杂散电流收集效果，在左、右线整体道床内上层各选择两根纵向钢筋（排流条）与结构段内所有内表层横向钢筋焊接。在有牵引变电所的车站，整体道床或浮制板道床内排流网钢筋应引出排流端子，用于与牵引变电所内的排流柜连接。排流端子可以利用靠近牵引变电所的伸缩缝连接端子。

2）隧道、地下车站

城市轨道交通主体结构的防水层必须具有良好的防水性能和电气绝缘性能。在车站、隧道内应设有畅通的排水措施，避免有积水现象。

在直流牵引供电系统中，利用隧道、地下车站结构钢筋的可靠电气连接，形成自然接地体，并对其进行监测。

（1）车站结构钢筋要求

车站的底板、中板、顶板横向结构钢筋应电气连续，若有搭接，应进行搭接焊，并和车站边墙的竖筋相焊接。车站纵向钢筋应电气连续，若有搭接，应进行搭接焊。车站内每隔 5m 选用底板、中板、顶板内表层的一根横向钢筋和所有纵向钢筋焊接；车站中间变形缝两侧设置连接端子，连接端子采用埋入式端子。连接端子通过铜芯电缆连接，将变形缝两侧的车站结构钢筋连成一个电气整体。

（2）明挖隧道结构钢筋要求

明挖隧道每个结构段内的内层横向钢筋应电气连续，若有搭接，应进行搭接焊。每个结构段内的内层纵向钢筋应电气连续，若有搭接，应进行搭接焊。区间内每隔5m将内表层横向钢筋圈与所有的内表层纵向钢筋焊接。明挖隧道变形缝两侧第一排横向结构钢筋应和所有的与之相交的纵向结构钢筋焊接，并在侧墙上引出连接端子，连接端子采用防盗埋入式端子，两侧的连接端子通过铜芯电缆连接，将变形缝两侧的隧道结构钢筋连成一个电气整体。

（3）矿山法隧道结构钢筋要求

矿山法隧道结构钢筋的要求同明挖隧道结构钢筋的要求。

（4）盾构隧道结构钢筋要求

盾构隧道采用隔离法对盾构管片结构钢筋进行保护，各管片之间要求互相绝缘，不应有电气连接。

（5）高架区间桥梁结构钢筋要求

高架区间桥梁钢筋按要求焊接形成电气贯通的钢筋网，预留杂散电流的监测条件。高架桥梁底座基础与桥墩之间采用绝缘底座安装，以保证电气绝缘。

（6）车站设备要去

车站动力照明低压配电系统接地型式采用低压配电系统（TN-S），车站屏蔽门应绝缘安装，门体用电缆与钢轨相连接。

3）电缆及金属管线

金属管线与钢轨不应有电气连接，敷设在隧道中的电缆、水管等金属管线结构不得与地下水流、积水、潮湿墙壁、土壤及含盐沉积物等发生接触。由外界引入城市轨道交通内部或由内部引出至外部的金属管线均应进行绝缘处理后方可引入或引出，所有通向外部的金属给排水管，必须装有绝缘法兰（或绝缘短管），穿越道床的给排水管宜采用绝缘管。若采用金属管道，金属管道的表面应进行加绝缘层处理，金属管道应尽量和道床垂直，并且在穿越部位的两侧加绝缘法兰，其安装部位应便于检查和维护。金属给排水管道在车站内用电缆和接地母排相连。

4）通信

通信电缆应与道床结构钢筋及钢轨无任何电气连接，沿线电话箱的接地与接地扁钢连接。

5）信号

信号设备外壳不应与钢轨有电气上的连接。信号箱等设备的外壳接地与接地扁钢连接。信号专业在设计信号系统时，还应考虑以下因素：①在牵引变电所处，钢轨要与负回流电缆连接；②车站、区间上下行钢轨间的均流电缆要和上下行钢轨连接。两根钢轨间的均流电缆要与钢轨连接。

6）屏蔽门

站台设屏蔽门时，站台底部沿站台边缘应设绝缘层，屏蔽门与车站结构钢筋应电气隔离，屏蔽门门框与钢轨单点电气连接。

7）车辆基地

车辆基地需设置轨道绝缘结，根据接触轨分段情况设牵引回路回流，使牵引电流就近回流，车辆基地内线路密集区段，加设均流电缆。车库内轨道间根据规模大小设均流电缆，为保护人身安全，检修库内钢轨应接地，并设置单独回流。给排水管宜采用绝缘性能好的塑料管，如采用金属管道，则应对管道进行绝缘处理。进出停车场的给排水管在进出停车场的部位设置绝缘法兰或绝缘短管，与城市管网在电气上隔离。

8.5.2 验收要求

城市轨道交通回流与接地设备的施工安装与杂散电流监测与防护设备的施工验收应符合相关国家标准规定。此外，隐蔽工程的验收应在建设施工过程中分阶段进行，各阶段的检验记录数据可作为验收依据归档保存，验收合格的工程项目，应进行技术文件的整理、检查和报送，并应符合《城市轨道交通工程档案整理标准》（CJJ/T 180—2012）等相关标准规范的规定。验收不合格的工程项目，应查明原因，择期再次进行验收，直至合格。

第 9 章

运 维 技 术

9.1 接触网(轨)设备检修

接触网(轨)的运行与维修,坚持"预防为主、修养并重"的方针,按照"周期检测、状态维修、寿命管理"的原则,遵循精细化、机械化、集约化的检修方式,依靠科技进步,积极采用接触网(轨)自动化检测手段和机械化维修手段,提升接触网(轨)维修技术参数的精准度,不断提高接触网(轨)运行品质和安全可靠性。

9.1.1 维修策略

接触网(轨)设备维修分为小修和大修两种修程,必要时可对设备采取针对性的专项修和更新改造。接触网(轨)设备根据各线路的不同具体情况和特点,可实行差异化维修策略。

接触网(轨)设备按设备单元对行车安全、消防安全、人身安全影响程度,分为A、B、C类。对不同类型的维修单元,采用不同的维修策略:A类设备采取周期检测和计划性维修策略;B类设备采取定期检测及状态维护保养,加深小修,评估后采取大修策略;C类设备采取故障修、评估后专项修策略。接触网(轨)系统主要实行计划检修的维修体制。

(1)专项修

专项修是指当某一类型设备,经检查、检测不能达到相应标准或不能满足相应技术规范、产品规格书或达到国家规范或行业等提出明确寿命、报废等标准,或同类设备批量出现的故障、缺陷等情况,对该类型设备进行特定的、针对性的专项维修工作。专项修是根据设备质量状态进行提前判断,从而开展的针对性检修工作,为预防类维修工作。专项修不单独列出,根据试验、评估、故障、部分设备特殊时间规定等结果,形成分析评估报告,经批准后实施。

(2)差异化维修

差异化维修策略只适用于小修及以下修程,故障修、接触网巡视及检测不实行差异化维修策略。

根据线路系数、设备复杂系数、设备自动化系数、设备维修系数以及调节因子定义设备维修指数,并结合维修实践和经验,以及设备的运行规律等,将维修指数划分若干区段(维修梯度),见表9-1,并对各区段制定相应的维修策略。维修指数计算公式为:

$$M = \gamma \cdot \lambda \cdot \beta \cdot \eta \cdot K \tag{9-1}$$

式中:γ——线路系数,是设备所处线路(如广州地铁1号线、2号线等)的量化系数,从低到高,取值范围为1~9。线路系数主要影响因素为行车密度、悬挂类型、线路运行速度、设备安装位置。

λ——设备复杂系数,是设备在所处系统(线路γ)中的维修复杂程度和难易程度量化系数,从低到高,取值范围从1～9。可从维修的时长、投入的人力、物力等方面进行分类和评估。

β——设备自动化系数,是设备所拥有的监控、监测、检测等现代化手段和方法实现设备管理的程度的量化系数,从低到高,取值范围从1～9。

η——设备修复系数,是设备不良状态(如故障)恢复到良好状态的复杂程度和难易程度量化系数,从低到高,取值范围从1～9。可从故障修复时间、投入的人力与物力、设备的冗余情况等方面进行分类和评估。

K——调节因子,是上述四类因素未能涵盖的特殊因素(如特殊的运行环境、特定的运行区段等)的影响程度,如没有特殊因素影响,取值为1。可根据具体不同情况确定K的取值。

维修梯度 表9-1

序号	M值	维修周期
1档	[0,80]	三年检
2档	(80,160]	两年检
3档	(160,320]	一年检
4档	(320,640]	半年检
5档	(640,1280]	季检
6档	(1280,2560]	月检
7档	2560以上	周检

(3)更新改造

为提高接触网(轨)设备性能、生产的安全性和可靠性、延长设备使用年限、增加生产能力、满足节能环保与节能降耗等要求,达到提高经济和社会效益的目的,采用新的、先进的设备或工艺对现有的设备或工艺进行替换和改造。

更新改造包括系统性更新改造和非系统性更新改造。更新改造启动条件见表9-2。系统性更新改造包括:达到年限的系统性更新改造、延长线导致的系统性更新改造、接触网(轨)系统性更新改造,以线路、车辆段或停车场为单位实施。柔性架空接触网和刚性架空接触网整体设备寿命一般为20～25年,接触轨整体设备寿命一般为50年,APM接触轨整体设备寿命一般为30年。

非系统性更新改造包括:实施范围未达到系统性更新改造级别的项目,如由于可靠性、技术性能落后或未能达到运营管理或服务要求,采取的局部系统、关键部件的更新改造,通过改造实现性能提升。接触网(轨)关键部件寿命周期规定应参照设备技术规格书、产品说明书和检验检测报告等。非系统性更新改造关键部件见表9-3。

更新改造启动条件表 表 9-2

项目类型	系统性更新		非系统性更新				专项修
关键字	组合1	组合2	组合1	组合2	组合3	组合4	
启动原因 — 状态不良	✓		✓	✓			✓
启动原因 — 年限/耗损	✓	✓	✓		✓	✓	
启动原因 — 需求改变		✓			✓		
启动原因 — 淘汰/停产				✓	✓		
设备范围 — 整系统	✓	✓					
设备范围 — 部件			✓	✓	✓	✓	✓
实施形式 — 照旧换新							✓
实施形式 — 功能升级换型	✓	✓	✓	✓	✓	✓	
项目规模 — 全线	✓	✓	✓				
项目规模 — 部分站				✓	✓	✓	✓
维修单元实例	接触网系统级		接触网关键部件				

非系统性更新改造关键部件表 表 9-3

序号	接触网	关键部件
1	柔性架空接触网	支柱及基础
2		接触悬挂
3		支持定位装置
4		分段绝缘器
5		隔离开关
6		避雷器
7	刚性架空接触网	接触悬挂
8		支持定位装置
9		分段绝缘器
10		隔离开关
11		膨胀元件
12	接触轨	接触轨及附件
13		支撑装置
14		端部弯头
15		隔离开关
16		膨胀接头
17	APM 接触轨	接触轨及附件
18		膨胀接头
19		铜触头
20		轨旁开关

续上表

序号	接触网	关键部件
21	杂散电流监测系统	传感器、转接器
22		监测装置
23		上位机
24		单向导通

接触网更新改造应严格执行运营线路施工及安全管理实施细则和行车组织规则的各项规定。接触网更新应选用耐腐蚀、抗疲劳、高强度、轻型化的产品,积极采用新技术、新设备和新材料。针对各线、运行速度、运行环境、弓架次、锈蚀和磨耗等实际情况,以及原建设标准的不同,经过专家现场调查评估、技术鉴定,可适当调整更新改造周期、项目和范围。接触网更新改造应严格执行运营线路施工及安全管理实施细则和行车组织规则的各项规定。

9.1.2 检测与分析诊断

检测是指利用仪器、设备或人工等方式,对接触网(轨)进行检查测量,掌握设备质量及运行状态的过程,包含监测、静态与动态检测、巡视检查、零部件检验四部分。检测后必须进行分析诊断,并以此作为后续工作的依据。

1)监测

监测是对接触网(轨)外观、零部件状态、主导电回路、绝缘状况、外部环境和弓网/靴轨配合等运行状态进行监视测量的过程,分为移动视频监测和定点监测两种方式。移动视频监测是指利用安装在检测车辆、机车上的监测设备对接触网(轨)进行外观检查;定点监测是指利用安装在接触网(轨)关键处所、特殊地点的监测设备,监测列车通过时接触网(轨)或受电弓/靴状态,接触网(轨)设备绝缘状态、温度、位移变化,以及外部环境是否存在异常。

2)静态与动态检测

静态检测是指利用运行检测车辆在接触网(轨)静止状态下进行非接触式测量,或人工使用仪器、工具测量接触网(轨)技术状态。

动态检测是指利用弓网、靴轨综合检测装置、车载接触网(轨)运行状态检测装置等手段,测量接触网(轨)技术状态及弓网、靴轨接触取流状态。动态检测每月2次,工作的内容至少应包括:接触网(轨)动态几何参数检测:接触线高度、拉出值、相邻悬挂点高差、接触线坡度;接触轨工作高度、接触轨偏移值。弓网/靴轨受流动态参数检测:燃弧、接触力、硬点等。检测接触悬挂、定位装置的稳定状态。确定是否有侵入接触网(轨)限界或妨碍列车运行的障碍或异物。

3)巡视检查

接触网(轨)巡视具体形式分为步巡、登乘和热滑(接触轨不含热滑)。接触网(轨)

设备的巡视工作,应由安全等级不低于三级的接触网(轨)工进行。地面段在遇有大风、大雨、大雾、高温、低温、潮湿、台风、冰雪等恶劣天气时,要适当增加巡视次数。对巡视检查过程中发现的危及安全的缺陷,要及时处理。

接触网(轨)设备巡视检查时间不能超过以下规定:周期为1周的不能超过2天,周期为1个月的不能超过10天,周期为3个月的不能超过20天。接触网(轨)设备监测必要时,可不定方式、不定周期地开展相关工作。

非常规监测是指在特殊情况下所进行的状态检查。一般用于接触网(轨)发生故障后或在自然灾害(暴风、洪水、火灾、极限温度等)出现后对相应接触网(轨)设备的状态变化、损伤、损坏情况进行检查。非常规监测的范围和手段根据检查的目的确定。

(1)柔性架空接触网巡视检查

①步巡

正线及车辆段接触网设备每月步巡2次。步巡工作的主要内容包括:观察有无异物侵入限界、妨碍受电弓运行;观察各种线索有无烧伤、断股等现象,零部件有无损坏、松脱、过热变色等现象,库内悬挂点是否异常等现象,绝缘部件有无闪络放电等现象。观察上网电缆、负回流电缆、接地电缆等的连接状况,有无外力损坏,绑扎是否牢固。观察有无因塌方、落物、其他施工作业等危及接触网供电和行车安全的现象。观察补偿装置的动作情况。观察避雷器的动作情况。检查测防端子、单向导通装置及杂散电流监测系统工作情况。观察隧道内渗漏水等情况,有无影响供电设备。观察接触网终端标等标志的状态;对存在的问题作好记录并及时处理。

②登乘

乘坐列车对正线接触网设备的运行状况进行每周1次的巡视检查。登乘工作的主要内容包括:观察接触悬挂、支撑装置和定位装置的状态;观察有无危及接触网供电和行车安全的情况;对存在的问题作好记录并及时处理。

③热滑

利用安装在列车上的摄像设备对正线(含转换轨和出入段线)弓网运行状况进行每季度1次的检查分析,必要时可对车辆段接触网设备采取热滑。热滑工作的主要内容包括:观察接触线硬点及受电弓拉弧情况;观察定位拉出值是否正常;观察接触悬挂、定位装置的稳定状态;观察有无危及接触网供电和行车安全的情况;观察弓网关系和受电弓取流情况;对存在的问题作好记录并及时处理。

(2)刚性架空接触网巡视检查

①步巡

刚性架空接触网设备步巡周期为每月1次。步巡工作的主要内容包括:观察有无其他异物侵入限界、妨碍受电弓运行;观察各零部件有无烧伤和损坏;绝缘部件有无破损和闪络;观察有无过热变色和闪络放电现象等;观察有无因塌方、落物、其他施工作业等损伤接触网危及供电和行车安全的现象，观察隧道内渗漏水等情况，有无影响供电设备；观察电缆有无外力损坏，绑扎是否牢固；检查测防端子、回流、均流电缆及接触电缆的连接情况；观察接触网终端标等标志的状态。作好记录，对存在的问题，要及时上报并作整改。

②登乘

乘坐列车对正线接触网设备的运行状况进行每周1次的巡视检查。登乘工作的主要内容为观察接触悬挂及其支撑装置和定位装置的状态。

③热滑

利用安装在列车上的摄像设备对正线（含转换轨和出入段线）弓网运行状况进行每季度1次的检查分析。必要时可对车辆段接触网设备采取热滑。热滑工作的主要内容包括：观察接触线硬点及受电弓拉弧情况；观察定位拉出值是否正常；观察接触悬挂、定位装置的稳定状态；观察有无危及接触网供电和行车安全的情况；观察弓网关系和受电弓取流情况；对存在的问题作好记录并及时处理。

（3）接触轨巡视检查

①步巡

接触轨设备每月步巡2次，若属郊区接触轨线路，则接触轨设备步巡按每月1次执行。步巡主要内容包括：观察有无侵入限界、妨碍电动车组运行的障碍；各零部件等有无烧伤和损坏；绝缘部件有无破损和闪络；均、回流、接续电缆及接地线的连接是否良好；有无其他危及行车和供电安全的现象；高架段避雷器及其附属电缆状态；检查测防端子、单向导通装置及杂散电流监测系统工作情况；观察隧道内渗漏水等情况，有无影响供电设备；接触轨防护罩有无翘起或塌陷的情况；对存在的问题作好记录并及时处理。

②登乘

乘坐列车对接触轨设备的运行状况进行每周1次的巡视检查。登乘工作的主要内容包括：观察接触轨及其支撑装置和防护罩的状态；观察测防端子及杂散电流监测系统设备工作状态；观察露天段避雷器及其附属电缆状态；观察均、回流、接续电缆及接地线的状态。

（4）APM接触轨巡视检查

①步巡

正线及车辆段APM接触轨设备每周步巡1次。步巡工作的主要内容包括：观察有无其他异物侵入限界、妨碍集电靴运行；观察各零部件有无烧伤和损坏；绝缘部件有无破损和闪络；观察有无过热变色和闪络放电现象等；观察有无因塌方、落物、其他施工作业等损伤接触轨危及供电和行车安全的现象，观察隧道内渗漏水等情况，有无影响供电设备；观察电缆有无外力损坏，绑扎是否牢固；轨旁开关面板各种指示灯是否正常；做好记录，对存在的问题，要及时上报并作整改。

②登乘

乘坐列车对正线接触轨设备的运行状况进行每天至少1次的巡视检查。登乘工作的主要内容包括：观察接触轨及其附属设备的状态；对巡视检查过程中发现的危及安全的缺陷，要及时处理。

（5）可视化接地装置及附属设备巡检

①中央管理层

中央管理层（工作站、键盘、鼠标、显示器、打印机、服务器）每月巡检2次。巡检主要内容包括：外观检查，确认设备存在并且完整；检查操作系统运行情况；检查应用软件运行情况；检查与主时钟同步；检查当前CPU占用率；检查鼠标、键盘功能；对服务器内的报警信息进行检查和确认（包括系统设备及接口设备报警信息）；接触网电压检查，后台界面显示接触网电压在正常范围内。

②站级管理层

站级管理层（含站级通信柜）每月巡检2次。巡检主要内容包括：外观检查，确认设备存在并且完整；设备外表面清洁。

4）零部件检验

零部件检验是指对拆卸送检的接触网（轨）零部件进行外观检查、补充特殊试验等，确认其质量状态的过程。零部件性能下降、状态劣化，判定即将或基本达到寿命时，应进行更换。

当接触网（轨）零部件接近预期寿命，或日常检查发现存在质量隐患、无法确认其能否在预期寿命周期内安全运行时，应对该批零部件进行抽样质量检验。

当零部件满足下列情况之一时，应根据分析结果进行专项或抽样质量检验。

①发现同一处所或部位重复发生磨损、裂纹、腐蚀、烧损等异常现象。

②特殊环境（大风、严寒、沿海、潮湿、隧道、周边有严重污染源等）区段检查发现接触网（轨）零部件状态劣化，表面腐蚀或磨损明显，需确认其是否能够继续安全使用。

③检测发现接触网（轨）参数与初始参数对比变化较大，经分析确认其与连接的零部件性能关联性较大。

④区段内接触网（轨）零部件脱落、裂损、烧伤等故障多发。

⑤需要检验判断确认零部件运行状态或预期残余寿命。

零部件检验应由获得国家计量认证和实验室认可的专业检验机构进行，并出具检验报告。零部件检验结果应纳入分析诊断和质量鉴定报告，作为接触网（轨）设备维修的依据。

根据检测结果，对设备的运行状态用标准值、警示值和限界值三种量值来界定：

①标准值为标准状态目标值，一般根据设计值确定。

②警示值为运行状态提示值，一般根据设备技术条件允许偏差确定。

③限界值为运行状态安全临界值，一般根据计算或运行实践确定。

④标准状态是设备最佳运行状态，一般根据施工允许偏差确定。

根据设备运行状态值，设备缺陷分为静态设备缺陷与动态检测缺陷两级。静态设备缺陷等级划分为两级，一级缺陷：达到或超出限界值；二级缺陷：达到或超出警示值且在限界值以内。动态检测缺陷等级划分则根据相关运营单位网轨检测技术标准进行。

9.1.3　修程修制

接触网（轨）的检修分为小修和大修二种修程，为贯彻"预防为主、修养并重"的方针，使检修具有针对性，必须按规定周期对接触网（轨）进行监测。

1）小修

小修为维持性修理，主要是集中处理定期检测后发现的缺陷，测量、调整接触网（轨）参数；清扫绝缘部件、螺栓涂油；对磨损的接触线、锈蚀承力索、馈电线及架空地线进行整修、补强或局部更换，更换或整修损坏的零部件，以保持接触网（轨）的正常工作状态，满足供电要求。

接触网（轨）专业设备小修检修周期为：半年检、年检、两年检、三年检、五年检。设备小修项目实际检修时间不能超过以下规定：半年检的项目不能超过 1 个月；年检的项目不能超过 2 个月；两年检的项目不能超过 3 个月；三年检的项目不能超过 6 个月；五年检的项目不能超过 12 个月。

针对特殊线路和区段，可对检修方式、检修周期和工作内容做适当调整，但须经技术和生产等归口管理部门审批同意。

（1）接触网（轨）通用设备小修

以隔离开关为例对接触网（轨）通用设备小修进行举例说明。

隔离开关设备类型为 A 类，检修方式为计划修，检修周期为半年，主要检修工作内容如下：①检查有接地装置的开关主刀闸与接地刀闸的机械联锁须正确可靠、接触良好。②隔离开关的触头接触面应平整、光洁无损伤，并涂以导电介质。③隔离开关操作机构应完好无损并加锁，转动部分注润滑油，操作时平稳正确无卡阻和冲击。④隔离开关上网电缆的长度应保证当接触悬挂受温度变化偏移时有一定的活动余量并不得侵入限界。⑤检查支持绝缘子应清洁无破损和放电痕迹，瓷釉不得剥落。⑥新安装的隔离开关在投入运行前应做交流耐压试验，运行中每年用 2500V 的兆欧表测量一次绝缘电阻，与前一次测量结果相比不应有显著降低。⑦隔离开关合闸时闸刀要水平，其中心线应与静触头的中心线相吻合。

（2）柔性架空接触网设备小修

分别以接触线和承力索为例对柔性架空接触网设备小修进行举例说明。

接触线设备类型为 A 类，检修方式为计划修，检修周期为年检，主要检修工作内容如下：①测量接触线导高、拉出值、数据符合要求。②检查接触线补强和接头个数是否符合要求。③检查接触线外观，无损伤、硬点。④检查测量接触线磨耗是否符合要求。

承力索设备类型为 A 类，检修方式为计划修，检修周期为年检，主要检修工作内容如下：①检查测量承力索位置是否符合要求。②承力索接头补强数量是否合要求。③检查承力索跨中部位、电连接线夹处及附近、钩头鞍子处、接头处和吊弦线夹等处无断股情况。④检查承力索有无锈蚀、腐蚀和磨损情况，若有则需按要求进行处理。

（3）刚性架空接触网设备小修

分别以悬挂定位装置和汇流排及其附件为例对刚性架空接触网设备小修进行举例说明。

悬挂定位装置设备类型为A类，检修方式为计划修，检修周期为年检，主要检修工作内容如下：①检查支持定位装置外观，紧固件齐全、构件无变形、螺纹及镀锌层完好、调节余量满足要求，锚栓、底座等填充密实，电气绝缘距离满足要求。②检查支持定位装置各零部件安装情况，安装稳固可靠，且符合安装技术要求。③检查支持结构的带电体距接地体的静态绝缘距离。

汇流排及其附件设备类型为A类，检修方式为计划修，检修周期为年检，主要检修工作内容如下：①检查汇流排外观情况，无裂纹、无扭曲变形，无明显转折角，表面光滑，无破损。②检查汇流排安装情况，横断面中轴线垂直情况、齿槽连接处平顺光滑情况、平面缝隙宽度满足要求，紧固件齐全、紧固力矩是否符合要求。③检查汇流排终端到相邻悬挂点的距离是否满足要求。④检查防护罩（若有防护罩）安装是否牢固、稳定，不能有变形和老化现象。

（4）接触轨设备小修

分别以接触轨及其附件和膨胀接头为例对刚性架空接触网设备小修进行举例说明。

接触轨及其附件设备类型为A类，检修方式为计划修，检修周期为年检（郊区线路为两年检），主要检修工作内容如下：①测量接触轨工作高度、偏移值参数是否符合要求。②检查接触轨鱼尾板连接处是否平滑顺畅，连接缝隙是否密贴。③检查接触轨紧固件是否齐全，力矩是否符合要求，是否牢固可靠。

膨胀接头设备类型为A类，检修方式为计划修，检修周期为年检，主要检修工作内容如下：①检查膨胀接头锚固夹板两侧面导电膏涂抹是否均匀，锚固夹板侧面与左右滑轨侧面是否紧密相贴，组成膨胀接头的三块轨覆不锈钢带面是否平齐。②检查膨胀接头补偿间隙，补偿间隙α值应是否符合设计规定。③检查膨胀接头与接触轨的连接是否平顺，有无硬弯。④检查膨胀接头的各螺栓紧固力矩是否符合设计要求。

（5）APM接触轨设备小修

以绝缘支架及接触轨为例对刚性架空接触网设备小修进行举例说明。

绝缘支架设备类型为A类，检修方式为计划修，检修周期为年检（郊区线路为两年检），主要检修工作内容如下：①清扫绝缘支架，对绝缘支架进行全面检查，绝缘支架应边缘整齐，表面光滑，没有气孔或裂痕等缺陷。当出现裂纹时应及时更换。②绝缘支架与导向轨间的连接用M12螺栓焊接牢固，平垫圈、弹性垫圈齐全，螺栓按力矩要求进行紧固。③新安装的绝缘支架接触轨支撑部位需要进行润滑处理。

接触轨设备类型为A类，检修方式为计划修，检修周期为年检（郊区线路为两年检），主要检修工作内容如下：①检查接触轨表面应光滑，无损伤、无裂纹、无毛刺、无扭曲变形、无腐蚀等缺陷。②接触轨沿线路中心线安装，与底部导向轨绝缘安装，绝缘支架中心线距离轨道中心线误差符合要求；曲线段的导向轨与接触轨均适应运行道的设计，保证车辆能够顺利通过。③接触轨在特殊位置断开长度不大于 5m，每两个供电分区之间设置非桥接的绝缘过渡段，过渡段的长度为 40~45m。

2）大修

大修为恢复性的彻底修理，主要是通过更换整锚段接触网（轨）和附加导线的方法，达到改善接触网（轨）的技术状况、增强供电能力、适应运营发展的要求。特殊情况下，可以对接触网（轨）局部进行大修，大修更换的设备、零部件等要符合新建工程的技术标准。

原则上以锚段为单元进行大修，也可按设备类型和大修单元进行，或几个大修单元合并大修。大修标准按设备状态和大修周期作为判断标准，状态标志优于大修周期。

接触网大修需选用耐腐蚀、抗疲劳、高强度、轻型化的零部件和金具，主要受力件不得使用可锻铸铁件。应采用新技术、新设备和新材料，使用先进的施工工法和工艺，解决影响供电和运营安全中存在的问题。

接触网大修应根据接触网设备运行年限或设备实际状态，确定接触网大修项目和范围。在大修周期到达前两年，应提前对相关大修单元的接触网设备进行评估，根据评估结果确定是否启动大修工作。在接触网大修立项时，为便于后续工作的开展，应提前对相关大修单元的接触网设备编制大修方案，方案应包含以下内容：主要技术要求、主要工程量、概算等。

大修后的接触网必须与列车速度、线路质量相匹配，大修后的接触网要达到新建工程的技术标准，至少要保证一个大修期内的正常运行。

（1）柔性架空接触网设备大修

①基本大修单元范围划分

柔性架空接触网大修单元：接触悬挂、支撑及定位装置、支柱及基础、复合材料有机绝缘部件，均以一个自然锚段为一个大修单元范围。隔离开关以一个牵引变电所所有的隔离开关为大修单元范围；避雷设备以一个车辆段所有避雷设备为大修单元范围，正线避雷设备以一个供电分区所有避雷设备为大修单元范围；支柱以每根为大修单元范围；电缆（含上网及网上）以一个自然锚段为一个大修单元范围。

②柔性架空接触网大修举例说明

分别以隔离开关和分段绝缘器为例对柔性架空接触网设备大修进行举例说明。

隔离开关设备类型为 A 类，大修周期为 15 年，大修状态标志如下：主刀闸磨损严重或达到使用寿命；主绝缘部件破损老化严重；操作机构二次电气零部件老化严重；机械部件锈蚀严重或失效。

若同时出现三个及以上大修状态标志时，启动隔离开关大修工作。隔离开关大修内容为对隔离开关刀闸进行大修以及对操作机构进行大修。

分段绝缘器设备类型为A类，大修周期为10年（390万弓架次），大修状态标志如下：分段绝缘器主绝缘有烧伤痕迹或裂缝、绝缘测试不符要求；导流板烧伤严重或磨损超过规定要求；连接部件失效。

若分段绝缘器有明确规定的使用寿命，则按出厂规定使用年限执行。若只出现导流板不符合要求则进行小修及以下维修或更新。同时出现两个以上大修状态标志时，启动分段绝缘器大修工作。分段绝缘器大修工作为对分段绝缘器进行整体大修。

（2）刚性架空接触网设备大修

①基本大修单元范围划分

刚性架空接触网大修单元：接触悬挂、膨胀元件、支撑、定位装置、复合材料有机绝缘部件，均以一个供电分区作为一个大修单元。刚性架空接触网的隔离开关、避雷设备、支柱、电缆的基本大修单元范围划分同柔性架空接触网基本大修单元范围。

②刚性架空接触网大修举例说明

分别以膨胀元件和杂散电流监测系统为例对刚性架空接触网设备大修进行举例说明。

隔离开关设备类型为A类，大修周期为25年（790万弓架次），大修状态标志如下：中间主夹板有裂纹；主夹板弯曲变形已无法恢复；导流铜带锈蚀严重；线槽及线夹板夹持力下降，无法固定接触线；线夹及本体大面积电弧烧伤。

若膨胀元件有明确规定的使用寿命，则按出厂规定使用年限执行。同时出现三个以上大修状态标志时，启动膨胀接头大修工作。膨胀接头大修工作为对膨胀元件整体大修或更新。

杂散电流监测系统设备类型为B类，大修周期为15年，大修状态标志包括：参比电极电位漂移较大、不稳定，本体破裂、失效；监测传感器、转接器、终端处理器电路老化，信号采样失真，故障频发；箱体严重锈蚀、变形、密封失效、开裂；产品备件停产，损坏件修复成本大于新品置换成本。

若杂散电流监测系统最近两年时间内设备故障率≥20%则开展大修，或同时出现两个以上大修状态标志启动大修工作。杂散电流监测系统大修工作为整体更换参比电极或整体更换传感器、转接器、终端处理器、箱体。

（3）接触轨设备大修

①基本大修单元范围划分

接触轨大修单元：接触轨及附件、端部弯头、膨胀接头、支撑装置、接地线、防护罩、集电靴防护盖板，均以一个供电分区为一个大修单元范围。

隔离开关以一个牵引变电所所有的开关为大修单元范围；正线避雷设备以一个供电分

区所有避雷设备为大修单元范围；电缆以一个供电分区为一个大修单元范围。

②接触轨大修举例说明

分别以接触轨及附件和支撑装置为例对接触轨设备大修进行举例说明。

接触轨及附件设备类型为 A 类，大修周期为 30～50 年，大修状态标志包括：接触轨本体或钢带普遍出现磨损、锈蚀、损伤、裂纹、扭曲及其他缺陷时，不能满足电力机车的正常取流，或不能满足规定的机械性能以及电气性能；中心锚结普遍出现老化变色，大面积锈蚀及其他缺陷，不能满足规定的机械性能以及电气性能；特殊中心锚结绝缘棒电气性能普遍下降，绝缘测试结果明显不能满足要求，或不能满足规定的机械性能以及电气性能。

对于采用有机绝缘棒下锚的特殊中心锚结，其大修周期可参考有机绝缘部件大修周期（10 年），在经过状态评估、设备鉴定之后，提前开展大修。在集电靴年通过 70 万次，或接触轨使用寿命大于 30 年时，在设备寿命期限内至少有一个大修周期。

接触轨及附件大修工作内容为对整供电分区或批量对接触轨及附件和中心锚结开展大修。

支撑装置设备类型为 A 类，隧道内大修周期为 30～45 年，隧道外大修周期为 10～15 年，大修状态标志包括：支撑装置普遍老化，绝缘性能下降，绝缘测试结果比对技术规格书要求有明显下降；支撑装置本体普遍出现裂纹、变形、断裂及严重脏污腐蚀等其他缺陷；支撑卡抓托架普遍出现裂纹、变形、断裂及严重脏污腐蚀等其他缺陷；支撑底座普遍出现腐蚀、锈蚀、严重老化变形等缺陷。

在设备使用寿命内应至少有一个大修周期。当出现以上至少一个大修状态标志时，启动支撑装置大修工作；接触轨大修工作为对整供电分区或批量对支撑装置开展大修；批量对底座、埋入杆件及附属零部件开展大修，重建或修复基础。

（4）APM 接触轨设备大修

APM 接触轨系统分别以全线的接触轨、绝缘支架、轨旁开关为基本大修单元范围；轨旁隔离开关以一个牵引变电所所有的开关为大修单元范围；电缆以一个供电分区为一个大修单元范围。APM 接触轨大修单元、周期、状态标志见表 9-4。

APM 接触轨大修单元、周期、状态标志　　　表 9-4

序号	大修单元	设备分类	大修周期	状态标志	备注
1	接触轨	A 类	30 年	①钢带磨耗达到规定限度，平均磨耗达到 60%； ②接触轨出现损伤、锈蚀、裂纹、扭曲及其他缺陷	接触轨包含分段绝缘接头、中间接头、膨胀接头、导向轨电缆夹、快速端部接头等装置
2	绝缘支架	A 类	30 年	①绝缘支架老化，绝缘性能下降，绝缘测试结果不符合要求； ②绝缘支架受潮，污染严重，无法维修； ③绝缘支架出现裂纹、变形、断裂； ④绝缘支架固定螺栓断裂，脱焊	出现一个状态标志，启动其对应的大修工作

续上表

序号	大修单元	设备分类	大修周期	状态标志	备注
3	轨旁开关	A类	15年	①轨旁开关箱主要部件老化，机械或电气绝缘性能严重下降； ②轨旁开关箱主要部件内部或外部发生短路等电气故障，造成箱内主要设备电气故障损坏； ③轨旁开关箱主要部件受水浸、受潮、腐蚀、污染、高温、震动等影响损坏； ④轨旁开关一次电缆（包括进线及上网电缆）老化，绝缘下降，或出现电气故障，电缆击穿等	轨旁开关包含断路器、电动操作机构、一次电缆接线，二次控制回路接线； 同时出现三个或三个以上状态标志启动大修工作

3）故障修

故障修是对导致接触网（轨）功能障碍的故障立即进行修复，或采取临时替代措施的维修。故障修是一种须立即投入施工的，无事先计划的维修方式。故障修范围包括：材质缺陷、安装缺陷、运营事故、异物影响、天气影响、由其他部门进行工作引起的损坏、其他原因或不明原因对接触网（轨）设备的损坏。

4）技术指标

接触网（轨）在自然环境中应满足可靠性、安全性的要求，有足够的机械、电气强度和安全性的要求。应能满足设计的速度目标值且满足系统载流量的要求。接触网（轨）各部位螺栓紧固力矩符合零部件规定要求。接触网（轨）与受电弓/靴在接触点载流量、材质、几何参数、动态性能等方面应相匹配，接口条件满足相关标准规范。接触网任何设备不得侵入动态包络线范围内。受电弓动态包络线是指运行中的受电弓在最大抬升及摆动时可能达到的最大轮廓线。受电弓动态包络线应符合下列规定：动态抬升量为25mm（线岔始触区为500mm），横向摆动量在直线区段为80mm，在曲线区段为120mm。接触网（轨）带电体部分和结构体、接地体、车体之间的净距在任何困难情况下都应满足表2-1和表2-2的规定。

（1）小修技术指标要求

接触网（轨）设备进行小修后，应满足相关的技术指标要求。

①隔离开关

a. 隔离开关应接触良好，转动灵活，引线截面积与隔离开关的额定电流以及所连接的接触网（轨）当量截面相适应，引线不得有接头。

b. 有接地装置的开关主刀闸与接地刀闸的机械联锁须正确可靠、接触良好。

c. 隔离开关的触头接触面应平整、光洁无损伤，并涂以导电介质。

d. 隔离开关的分闸角度及合闸状态应符合产品的技术要求。

e. 隔离开关操作机构应完好无损并加锁，转动部分注润滑油，操作时平稳正确无卡阻和冲击。

f. 隔离开关上网电缆的长度应保证当接触悬挂受温度变化偏移时有一定的活动余量并不得侵入限界。

g. 支持绝缘子应清洁无破损和放电痕迹，瓷釉不得剥落。

h. 新安装的隔离开关在投入运行前应做交流耐压试验，运行中每年用2500V的兆欧表测量一次绝缘电阻,与前一次测量结果相比不应有显著降低。

i. 隔离开关的技术状态应符合产品说明书或设计的相关要求。

j. 隔离开关合闸时闸刀要水平,其中心线应与静触头的中心线相吻合。

②接触线

a. 接触线高度

标准值:设计值;标准状态:标准值±15mm;警示值:标准值±20mm;限界值:标准值±30mm。

b. 接触线拉出值

标准值:设计值;标准状态:标准值±30mm;警示值:直线区段拉出值≤±250mm,曲线区段拉出值≤±300mm;限界值:直线区段拉出值≤±300mm,曲线区段拉出值≤±350mm。

c. 接触线坡度

标准值:设计值;标准状态:坡度≤5‰;警示值:坡度≤8‰;限界值:坡度≤12‰。

d. 接触线偏角

标准值:设计值;标准状态:偏角≤10°;警示值:偏角≤12°;限界值:同警示值。

e. 双接触线链形悬挂两接触线之间的水平间隙符合要求,其所在的平面要与轨平面平行,以保证受电弓良好地取流且接触线磨耗均匀。

f. 接触线磨耗和损伤后不能满足规定的机械强度安全系数或不能满足该线通过的最大电流时,则应更换。

g. 接触线补强和接头要求

标准值:0个;标准状态:同标准值;警示值:2个;限界值:4个。

h. 接触线磨耗重点测量位置:接头线夹两侧、定位点、其他可能磨耗严重的点。

i. 接触线磨耗全面测量位置:电连接线夹两侧、定位线夹两侧,各种接头线夹处接触线磨耗、跨中接触线磨耗和其他可能磨耗严重的点。

j. 接触线磨耗和损伤按表 9-5 规定整修或更换。

接触线磨耗和损伤表　　　　表 9-5

磨损类别	磨损百分比	整修方法
局部磨耗和损伤	25% < S < 33%	当安全系数小于 2.2 或允许通过的电流不能满足要求时加补强线
	S > 33%	安全系数小于 2.0 时应局部切断后做接头
平均磨耗	S > 25%	整个锚段大修更换

注:1. 接触线的线型为 120mm²、150mm² 接触线;
　　2. S 为接触线磨损百分比。

③承力索

a. 承力索位置

标准状态:同标准值。

警示值：地面线路在直线地段的承力索在两接触线中心线的位置允许误差不超过±50mm；在曲线地段的承力索在两接触线中心线的位置允许向曲线内侧偏移不超过30mm，但不得偏向曲线外侧。隧道内线路在直线区段的承力索在两接触线中心线的位置允许误差不超过±8mm；在曲线地段的承力索在两接触线中心线的位置允许向曲线内侧偏移不超过5mm。

限界值：地面线路在直线地段的承力索在两接触线中心线的位置允许误差不超过±75mm，曲线地段承力索在两接触线中心线的位置允许向曲线内侧偏移不超过50mm，但不得偏向曲线外侧。隧道内线路，同警示值。

b.承力索补强和断股要求

标准值：0个；标准状态：同标准值；警示值：4个；限界值：4个。

c.承力索跨中部位、电连接线夹处及附近、钩头鞍子处、接头处和吊弦线夹等处无断股情况。

d.承力索无锈蚀、腐蚀和磨损情况，若有须按要求进行处理。

④汇流排及附件

a.汇流排表面不允许有裂纹，不得扭曲变形，无明显转折角，表面光滑，无破损。

b.汇流排横断面中轴线应垂直于所在处的轨道平面，确保接触线无偏磨。

c.连接件的接触面清洁，汇流排连接缝两端夹持接触线的齿槽连接处平顺光滑，不平顺度不超过0.3mm。汇流排连接端缝夹持导线侧需密贴，汇流排上平面缝隙的平均宽度不超过2mm，紧固件齐全，螺栓紧固力矩应符合产品说明书或设计要求。

d.汇流排终端到相邻悬挂点的距离

标准值：1800mm；标准状态：设计值±50mm；警示值：1700～2000mm；限界值：1700～2000mm。

e.汇流排防护罩安装要牢固、稳定，不能有变形和老化现象。

⑤悬挂定位装置

a.埋入杆件的螺纹及镀锌层完好，化学锚固螺栓孔填充密实；底座填充密实，表面光滑平整，无裂缝。

b.支持装置各紧固件齐全，安装稳固可靠，浇筑水泥部分不得有松动和辐射性裂纹。

c.槽钢底座应水平安装，悬吊槽钢、绝缘横撑与安装地点的轨道平面平行。

d.悬垂吊柱及T形头螺栓顺线路方向铅垂度偏差应以保证汇流排伸缩为原则。

e.槽钢底座、悬吊槽钢、绝缘横撑、悬垂吊柱、T形头螺栓等构件无变形，镀锌层完整，应有不少于15mm的调节余量（净空限制地段除外），所有外露螺栓长度应保证满足电气绝缘距离。

f.槽钢底座与混凝土的接触面上应涂隧道内防腐漆。T形头螺栓的头部长边应垂直于安装槽道方向。

g. 支持结构的带电体距混凝土及金属结构的固定接地体的静态绝缘距离应满足带电体至接地端的距离要求。

⑥接触轨及附件

a. 接触轨工作高度

标准值：设计值；标准状态：标准值±5mm；警示值：标准值±8mm；限界值：标准值±16mm。

b. 接触轨偏移值

标准值：设计值；标准状态：标准值±5mm；警示值：标准值±9mm；限界值：标准值±17mm。

c. 接触轨钢带的连接应平滑顺畅，接触轨的连接缝隙应密贴。

d. 接触轨紧固件齐全，安装牢固可靠。

e. 接触轨检修时，严禁硬拉、硬扯或敲击绝缘支架。

f. 正线接触轨受流面在两相邻绝缘支架处相对高差不得大于 2.5mm，困难条件下不大于 5mm。

g. 连接螺栓紧固力矩满足设计要求及厂家使用说明书，如无特殊力矩要求，按现行国家标准执行。

h. 接触轨的各电气接触面涂抹的电力复合脂应均匀。

i. 各镀锌螺栓无变形，镀锌层和螺纹完好。

j. 接触轨磨耗重点测量位置：端部弯头、膨胀接头、其他可能磨耗严重的点。

k. 接触轨磨耗全面测量位置：接触轨普通接头、各定位点。

⑦膨胀接头

a. 膨胀接头应安装在两个支架装置的中心部位，膨胀接头的每一端与支架装置的距离应相等，且不小于 400mm。

b. 膨胀接头锚固夹板两侧面均匀涂抹导电膏，锚固夹板侧面与左右滑轨侧面紧密相贴，组成膨胀接头的三块轨覆不锈钢带面应平齐。

c. 膨胀接头补偿间隙在安装调整时应与接触轨温度相适应，补偿间隙α值应符合设计规定（参照膨胀接头安装曲线图）。

d. 膨胀接头与接触轨的连接应平顺，无硬弯。

e. 膨胀接头的各螺栓紧固力矩符合设计要求，要保证膨胀接头在温度变化的情况下能伸缩自如，无卡滞现象。

f. 电连接应无烧伤现象，表面清洁。

⑧绝缘支架

a. 清扫绝缘支架，对绝缘支架进行全面检查，绝缘支架应边缘整齐，表面光滑，没有气孔或裂痕等缺陷。当出现裂纹时，应及时更换。

b. 绝缘支架与导向轨间用 M12 螺栓焊接牢固,平垫圈、弹性垫圈齐全,螺栓紧固力矩 35N·m。

c. 一般绝缘支架的安装间隔不大于 5.3m。

d. 在快速端部接头采用 T 形绝缘支架安装。

e. 对新安装的绝缘支架的接触轨支撑部位进行润滑处理。

⑨APM 接触轨

a. APM 接触轨应表面光滑,无损伤、无裂纹、无毛刺、无扭曲变形、无腐蚀等缺陷。

b. APM 接触轨沿线路中心线安装,与底部导向轨绝缘安装,绝缘支架中心线距离轨道中心线误差不超过±3mm;曲线区段的导向轨与接触轨均适应运行道的设计,保证车辆能够顺利通过。

c. APM 接触轨在特殊位置断开长度不超过 5m,每两个供电分区之间设置非桥接的绝缘过渡段,过渡段的长度为 40m~45m。

（2）大修技术指标要求

接触网（轨）设备进行大修后,应满足相关的技术指标要求。

①隔离开关

a. 隔离开关应满足线路进行电气、机械分段的要求,其安装应符合安装说明书要求,刀闸载流量满足远期最大负荷的使用要求,刀闸触头设计合理,坚固耐用,动作灵活,便于检修和调整。

b. 操作机构宜采用最成熟的技术,动作准确、安全、可靠;电机及零部件宜采用主流、高质量的品牌产品;产品设计紧凑,布局合理,便于日常维护、故障查找及快速安装拆卸。隔离开关安装符合规范、布置美观,易于日常维护保养,其电气性能及机械性能应不低于原线路标准。

②分段绝缘器

分段绝缘器应满足线路电气和机械性能的要求,具有较高的安全性、稳定性、可调性。

③膨胀元件

a. 膨胀元件应满足刚性架空接触网大载流、高强度、轻型化的要求,除应满足接触网基本的电气及机械性能外,还应具有结构先进、性能可靠、调整方便的特点,并保证列车通过时过渡平滑,无硬点、冲击及拉弧现象。

b. 膨胀元件温度补偿量的选取应满足所在地的环境要求,并保证在温度发生变化时能够准确动作,无卡滞、变形。

c. 膨胀元件本体载流量要保证安装后能够达到或高于相邻汇流排的载流量。

④杂散电流监测系统

a. 参比电极宜选用最新、最可靠产品,电位稳定,免维护。

b. 传感器及后台处理设备应性能稳定、采样及计算准确、传输迅速、故障率低、维护及拆卸方便；产品具有较好的防潮性能。

⑤接触轨及附件

接触轨的电压等级、材质、结构等应满足线路要求，电气性能及机械性能应不低于原线路标准。

⑥支撑装置

支撑装置具备良好的防腐、防松性能，便于安装拆卸，紧固件力矩满足技术规格书要求，电气性能及机械性能应不低于原线路标准。

⑦APM 接触轨

APM 接触轨选用合适的工艺，能够满足供电轨机械性能和电气性能的要求；APM 接触轨表面应光滑、无毛刺、耐腐蚀，不得出现裂纹、损伤等缺陷，能够满足供电轨授流的要求。

⑧绝缘支架

绝缘支架应有良好的机械及绝缘性能，能够为接触轨提供支撑及绝缘。

9.2　弓网/靴轨检测

9.2.1　检测内容

弓网/靴轨检测通过智能化手段，量化弓网/靴轨动态指标，实时获取受电弓/集电靴运行状态，评价弓网/靴轨运行安全性和可靠性，为架空接触网/接触轨的日常维护提供真实准确的数据参考，保证弓网/靴轨系统受流稳定可靠，对整个牵引供电系统的稳定可靠运行具有重要的意义。

弓网/靴轨检测主要实现以下功能：

（1）动态几何参数检测

通过车顶/车底安装的图像采集系统，经千兆以太网传送到车内处理主机系统，最终通过图像预处理、图像识别、图像特征提取及分析并结合车体振动偏移补偿，准确测量架空接触网（轨）检测几何参数，即接触线拉出值、导高和定位点间高差，以及接触轨中轴线距轨道中心的水平距离、接触轨授流面距轨平面垂直距离等几何参数。

（2）受电弓/受电靴加速度（硬点）检测

采用加速度传感器，对受电弓/受电靴运行过程中顺线路方向及铅垂方向振动加速度进行同时测量。

（3）燃弧检测

采用紫外光电检测技术，通过检测弓网/轨靴燃弧紫外特征光，实现燃弧在线检测，记录燃弧发生地点和次数，统计分析燃弧时间和燃弧率。

（4）动态接触力测量

在受电弓弓头/受电靴碳滑板位置串联安装力传感器，测试弓网/靴轨动态接触力数据，计算弓网动态接触力平均值和标准偏差。也可采用间接测量方法对动态接触力进行测量，比如图像处理、贴应变片、位移传感器等方式。

（5）电流/电压测量

通过霍尔电压传感器和霍尔电流传感器测量输出相应信息，经采集模块采集后，传输至检测工控机系统进行分析处理，得到受电弓/受电靴电压和电流数值

（6）高清成像

通过高清工业相机对接触线、定位器、接触轨防护罩和绝缘支架实时成像，保证图像清晰度高，通过图像预处理、图像识别，可清晰分辨接触线磨耗，定位器坡度，接触轨防护罩磨损、移位、塌陷，绝缘支架裂纹、形变以及底座螺母松动或脱落等缺陷信息。

（7）检测定位

通过读取车辆乘客信息系统（PIS）通信端口的速度里程信息，结合线路信息及数据库定位技术，实现精确定位架空接触网/接触轨故障点。

（8）检测数据存储评估

检测评估系统设置于地面工作站服务器上，主要功能是存储检测数据，形成数据库，并对各个检测数据进行评估。各个检测项目可根据要求设置具体的量化评估指标，结合各个检测项目数据，系统评价弓网/靴轨状态，输出各项评估指标与结果。

（9）历史数据回放

对检测数据事后回放，方便故障查找。

9.2.2 检测指标

交通运输部办公厅印发的《城市轨道交通初期运营前安全评估技术规范第1部分：地铁和轻轨》（交办运〔2019〕83号）对弓网关系测试指标进行了规定。接触线拉出值、导高和定位点间高差等接触网几何参数应符合设计要求；燃弧次数应小于1次/160m，燃弧率应小于5%，一次燃弧最大时间应小于100ms；受电弓垂向加速度应小于490m/s²（50g）。

对于DC1.5kV制式，弓网动态接触力F_m测试结果应满足以下评判标准：平均接触力的最大值（N）：$F_{m,max} < 0.00097v^2 + 140$；平均接触力的最小值（N）：$F_{m,min} > 0.00112v^2 + 70$；标准偏差（N）：$\sigma \leqslant 0.3 \times F_{m,max}$。

对于交流25kV制式，弓网动态接触力测试结果应满足以下评判标准：平均接触力的最大值（N）：$F_{m,max} < 0.00047v^2 + 90$；平均接触力的最小值（N）：$F_{m,min} > 0.00047v^2 + 60$；

标准偏差（N）：$\sigma \leqslant 0.3 \times F_{m,max}$。

《轨道交通 受流系统 受电弓与接触网相互作用准则》(TB/T 3271—2011)及《Railway applications. Fixed installations and rolling stock. Criteria to achieve technical compatibility between pantographs and overhead contact line》(BS EN 50367: 2020)对弓网动态相互作用性能进行了更详细的规定。弓网动态接触力应符合表 9-6 的规定，隧道内，当交流供电制式下列车运行速度超过 300km/h 以及直流供电制式下列车运行速度超过 250km/h 时，对 F_m 的限值公式将不再适用。

弓网动态接触力特征值范围　　表 9-6

供电制式	AC		DC1.5kV		DC3kV	
v (km/h)	$v \leqslant 200$	$v > 200$	$v \leqslant 200$	$v > 200$	$v \leqslant 200$	$v > 200$
$F_{m,max}$ (N)	$0.00047v^2 + 90$	$0.00097v^2 + 70$	$0.00097v^2 + 140$	$0.00228v^2 + 90$	$0.00097v^2 + 110$	
$F_{m,max}$ (N) 横截面 < 55m² 隧道内	$0.00047(1.25v)^2 + 90$	$0.00097(1.25v)^2 + 70$	$0.00097(1.25v)^2 + 140$	$0.00228(1.25v)^2 + 90$	$0.00097(1.25v)^2 + 110$	
$F_{m,min}$ (N)	$0.00047v^2 + 60$		$0.00112v^2 + 70$		$0.00072v^2 + 90$	
σ_{max} (N)	$0.3F_m$					

最高运行速度下，持续时间大于 5ms 的燃弧率 NQ 应满足表 9-7 的规定。

弓网燃弧指标　　表 9-7

速度	AC		DC	
	$v < 250$km/h	$v \geqslant 250$km/h	$v \leqslant 160$km/h	$v > 160$km/h
NQ (%)	$\leqslant 0.1$	$\leqslant 0.2$	$\leqslant 0.1$	$\leqslant 0.2$

不同供电制式下平均接触力取值范围见图 9-1～图 9-3。隧道内平均接触力最大值范围见图 9-4。

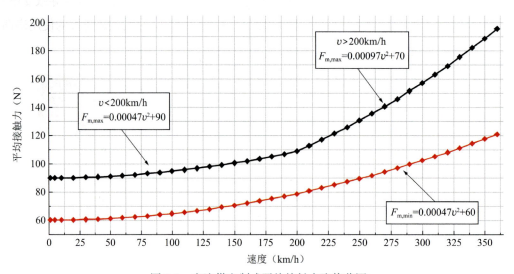

图 9-1　交流供电制式平均接触力取值范围

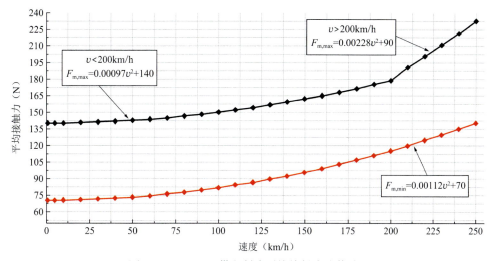

图 9-2　DC1.5kV 供电制式平均接触力取值范围

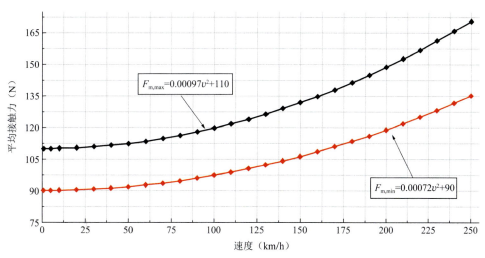

图 9-3　DC3kV 供电制式平均接触力取值范围

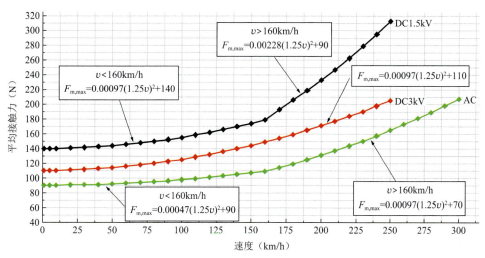

图 9-4　隧道内平均接触力最大值范围

弓网动态接触力的仿真值或测量值不应超过表 9-8 给出的范围，平均接触力加上三倍标准应小于表 9-8 所列最大值，平均接触力减去三倍标准偏差应是正值。

弓网动态接触力取值范围　　　　表 9-8

供电制式	速度（km/h）	接触力最大值（N）	接触力最小值（N）
AC	≤200	300	0
	200＜v≤320	350	0
	＞320	400	0
DC	≤200	300	0
	＞200	400	0

相关测试评价标准中，对靴轨测试内容未做相关说明，靴轨动态相互作用性能参照弓网测试标准进行评价。

9.2.3　检测关键技术

1）动态几何参数检测

（1）架空接触网

架空接触网几何参数测量子系统由安装在车顶的几何参数检测模块、接触线磨耗测量模块以及安装在车底的车体振动测量模块组成，完成对刚/柔性架空接触网导高、拉出值、接触线磨耗、接触线坡度、定位器坡度、双支接触线的垂直高差和水平间距、锚段关节位置识别等测量。

①接触线几何参数测量

用于测量接触线空间几何位置的机器视觉激光光切 3D 测量组件主要由线激光器和高速工业数字相机等组成（图 9-5）。高速工业数字相机和作为光源的激光器安装于车顶，激光向上投射到接触线上，高速工业数字相机倾斜一定的角度向上拍摄光条在接触线上的畸变图像（图 9-6、图 9-7）。

图 9-5　基于光切 3D 技术的接触线几何参数测量

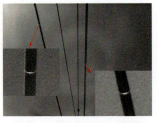

图 9-6　基于光切 3D 技术的架空柔性架空接触网接触线畸变成像

图 9-7　基于光切 3D 技术的架空刚性架空接触网接触线畸变成像

图 9-7 中，随着接触线的高低左右空间位置的不同，激光线打在接触线上所形成的畸变曲线（红色圆圈位置）在图像中的位置也不同。利用专业的图像处理算法，找出接触线底部在图像中的像素坐标，然后通过一系列的坐标计算，得到接触线在实际空间中的几何

位置，即导高和拉出值。在采用双支接触线的区段，比如锚段关节和线岔区段，可分别计算出两支接触线各自的导高和拉出值，并进一步计算出两支接触线的间距及高差。

②接触线磨耗测量

为了实现对接触线底面的高清成像，采用三组高清工业相机并列成像来提高对接触线底面的成像分辨率，以实现对接触线磨耗的高精度测量。

根据接触线磨耗底面外形轮廓，利用圆拟合算法计算出接触线圆心位置h和半径R，从而得出接触线残存高度值（或磨损掉的高度值），计算示意如图9-8所示。

③定位点位置、定位器坡度、跨距测量

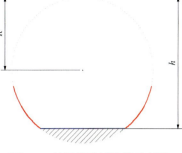

图9-8 接触线磨耗计算示意图

检测装置通过柔性/刚性架空接触网定位点位置时，在测量组件相机上的成像与跨中存在较大差异，定位点处成像与跨中位置处相比，刚性架空接触网定位点处的成像不仅包含汇流排截面，还包含在绝缘子、横担上的成像（图9-9）；柔性架空接触网定位点处的成像不仅包含接触线底部截面，还包含定位器的成像（图9-10）。利用图像识别技术，即可精确确定定位点位置。检测出定位点位置后，根据两定位点之间的走行距离即可计算出跨距。接触线导高变化率通过两相邻定位点处接触线导高之差除以跨距即可得出。

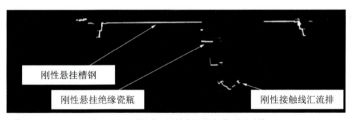

图9-9 刚性架空接触网定位点图像

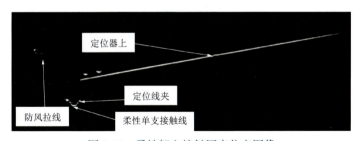

图9-10 柔性架空接触网定位点图像

通过对定位器成像信息进行分析，搜索得到定位器图像块的图像坐标，计算出激光线在定位器上的成像的每个像素位置处的实际空间三维坐标，综合补偿测量模块得到的补偿数值，即得到定位器坡度。架空接触网几何参数检测装置见图9-11。

（2）接触轨

接触轨几何参数检测模块主要由图像采集模块、偏移补偿模块、融合处理模块三个部分组成。接触轨几何参数检测系统示意如图9-12所示。

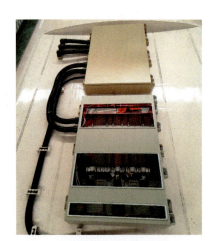

图 9-11 架空接触网几何参数检测装置　　图 9-12 接触轨几何参数检测系统示意图

首先采用激光摄像传感器拍摄接触轨激光轮廓图像，然后利用工业以太网将图像信号从车底传输到车内的处理主机，最后基于图像滤波、去噪及特征提取算法并结合车体振动偏移补偿，准确测量得到接触轨检测几何参数（图 9-13）。

图 9-13 接触轨几何参数检测装置

图像采集模块在接触轨几何参数检测过程中，处理主机采集的 2D 传感器图像，经过图像处理、图像识别与空间转换后，获得接触轨目标点相对 2D 传感器的水平位置和垂直位置，通过传感器安装参数与动态补偿技术，进而转换为接触轨中心距离轨道中心水平距离和接触轨授流面与轨平面的垂直距离。

融合处理模块接收图像采集模块、偏移补偿模块、综合定位模块所测量的数据，进行数据处理分析，实现实时在线检测功能，并最终进行显示、存储，以及打印报表等功能。

（3）车体振动补偿

车体振动补偿模块安装于车体底部（图 9-14），用于精确获取车体相对于钢轨水平和垂直方向偏移值，对几何参数检测结果进行补偿运算，保证接触网几何参数测量的准确性。

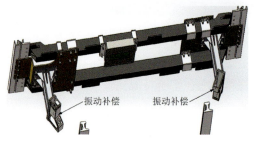

图 9-14 车体振动补偿

2）硬点检测

硬点监测装置采用加速度传感器，同时测量受电弓/受电靴运行过程中沿轨行方向、轨面垂直方向的振动加速度。受电弓硬点检测加速度传感器通常安装于滑板下方，如图9-15所示；受电靴硬点检测加速度传感器通常安装于摆臂上或靴头滑板托架正下方，如图9-16所示。

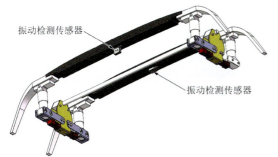

图 9-15 受电弓硬点检测装置

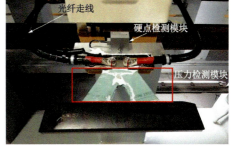

图 9-16 受电靴硬点检测装置

3）燃弧检测

燃弧检测模块由紫外燃弧测量传感器、燃弧抓拍相机及补光单元组成（图9-17、图9-18），可测量燃弧次数、燃弧持续时间以及燃弧率。燃弧传感器能高效地捕捉燃弧发出的特定谱段的紫外光，并滤除多余的杂散光。当燃弧传感器检测到有燃弧产生时，则触发燃弧抓拍相机和补光灯组，抓拍燃弧图像。

图 9-17 弓网燃弧检测装置

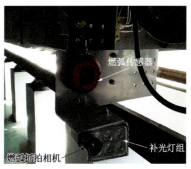

图 9-18 靴轨燃弧检测装置

4）动态接触力测量

弓网接触压力力学模型如图9-19所示，弓网接触力F_c可根据气动力F_a、惯性力F_i以及内力F_b计算得到，$F_c = F_a + F_i + F_b$。根据空气动力学原理，气动力F_a是一个与速度平方成正比的参数，比例系数取经验值0.00097。内力F_b的测量方法分为接触式测量与非接触式测量。接触式测量通过压力传感器直接测量；非接触式测量可采用图像处理、粘贴应变片、位移传感器等方式间接测量。惯性力F_i通过弓头/靴头加速度以及弓头/靴头等效质量，并结合牛顿第二定律计算获得。

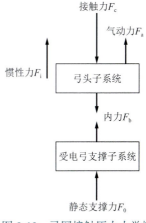

图 9-19 弓网接触压力力学模型

靴轨动态接触力测量可不考虑受电靴气动力影响。

（1）接触式测量

接触式测量是最常用于测量内力的方式，弓网系统通过受电弓滑板和弓头支架间串接4个压力传感器的方式直接测量，如图9-20所示；靴轨系统通过受电靴滑板与滑板托架间串接2个压力传感器的方式直接测量，如图9-21所示。

图 9-20　受电弓弓头压力传感器安装

图 9-21　受电靴压力传感器安装

接触式测量通常会对受电弓/受电靴部分结构进行更改以便于安装压力传感器，改变了受电弓弓头/受电靴滑板部分的质量，应计算其产生的惯性力，并对接触力进行修正。

（2）非接触式测量

①图像处理

利用安装在受电弓前后的相机，分别对受电弓弓头和支撑连接结构（即受电弓闭口夹角）的位移进行测量，即可得到一定时间t内的位移x_1和x_2，则弓头的相对位移为$x = x_1 - x_2$。受电弓弓头与其支撑结构之间通过弹性阻尼连接，因此可以通过对弓头及其支撑结构的相对位移x进行监控，利用弓头支撑结构的弹性系数k和阻尼系数c，通过以下公式可以得到内力F_b：

$$F_b = kx + cx' + C_0 \tag{9-2}$$

对位移x求二阶导数可以得到弓头的加速度a，则可根据牛顿第二定律求出弓头惯性力。

②粘贴应变片

采用应变片对集电靴悬臂的形变进行量化测量，对测量值进行静态标定计算并创建数据库。在动态过程中依据数据库动态计算实时接触力。应变片小巧轻薄，采用粘贴的方式和受电靴悬臂结合在一起，不给受电靴增加额外的质量（图9-22、图9-23）。

③位移传感器

受电靴靴头加速度和接触力均基于靴头摆动范围，可通过位移传感器测量靴头摆动位移，结合牛顿第二定律及相关公式可计算出动态接触力。

$$a_{\text{shoe}} = \frac{\text{MO}_{\text{shoe}}}{(\Delta t)^2} \tag{9-3}$$

$$F_{\text{shoe}} = m_{\text{shoe}} \times a_{\text{shoe}} \tag{9-4}$$

式中：a_{shoe}——受电靴靴头加速度（m/s²）；

MO_{shoe}——受电靴靴头摆动位移（m）；

Δt——时间间隔（s）；

F_{shoe}——受电靴靴头接触力（N）；

m_{shoe}——受电靴靴头质量（kg）。

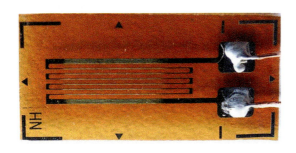

图 9-22 应变片

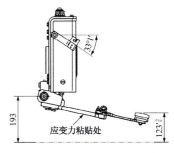

图 9-23 应变片安装示意图（尺寸单位：mm）

位移传感器底部的探针需与受电靴悬臂直接接触，测量受电靴运行过程中靴头实时位移值（图 9-24）。

图 9-24 位移传感器安装

5）高清成像

高清监控录像主要功能是对弓网/靴轨关系进行实时监控并结合定位信息记录成录像文件，为后续的维护提供重要的视频依据。弓网及靴轨视频监控如图 9-25～图 9-28 所示。

6）检测定位

检测定位采用光电编码器、多功能车辆总线（MVB）机车信号、射频识别技术（RFID）电子标签以及定位点、锚段识别辅助定位相结合的方式实现检测综合定位精度的提升，技术示意如图 9-29 所示。

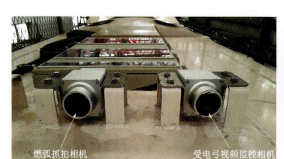

图 9-25　弓网视频监控

图 9-26　架空接触网高清成像

注：区域 1：定位信息显示；区域 2：弓头监控画面；区域 3：弓尾监控画面。

图 9-27　靴轨视频监控

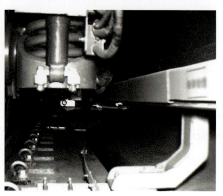

图 9-28　接触轨高清成像

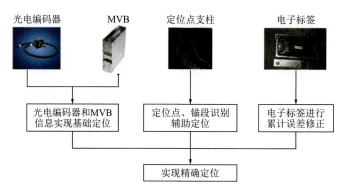

图 9-29　检测综合精确定位技术示意图

定位模块采集并解析 MVB 机车信号中速度、里程和光电编码器的距离脉冲信息，并通过网络方式传输到中心处理计算机进行基础定位；利用定位点及锚段辅助识别技术，并结合线路基础信息实现进一步精确定位；机车运行过程中由于车轮打滑、车辆在轨道间蛇形蠕动、连续曲线等多种因素导致基础定位数据产生累计误差，因此引入 RFID 电子标签综合定位技术，实现精准定位。

RFID 电子标签定位由线路中关键点或等间距安装的电子标签以及机车上安装的电子标签阅读器（图 9-30）共同完成。当机车运行到电子标签位置，电子标签阅读器获取电子标签所存储的定位信息，从而校正基础定位的累计误差，实现精准定位。

图 9-30　电子标签阅读器

9.2.4　应用示范

1）架空接触网

以广州地铁 8 号线首通段万胜围—琶洲区间（万琶区间）为例，示范架空接触网弓网系统检测应用。

（1）接触网动态几何参数

接触线导高、拉出值检测可以以几何参数检测报表、波形曲线图（图 9-31）及拉出值分布图（图 9-32）的形式展示。定位点间坡度通过定位点导高值结合相邻定位点之间的跨距计算得到，该值可以反映整个锚段内接触线的平滑程度。

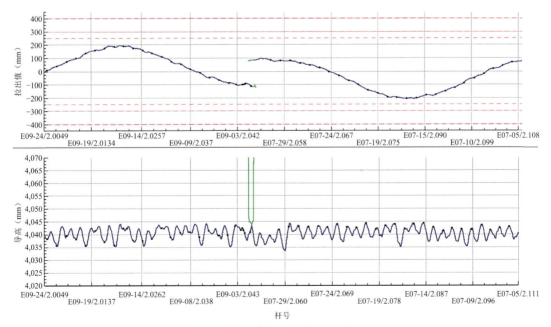

图 9-31　几何参数波形曲线（节选）

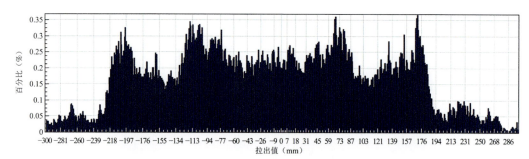

图 9-32　拉出值分布图

列车在自动运行模式（ATO）下（最高速度 80km/h），接触网动态几何参数测试数据见表 9-9～表 9-11。接触线动态拉出值分布在 –321～214mm 之间，均小于 400mm；接触线动态导高值上行分布在 4041～4056mm 之间，下行分布在 4041～4059mm 之间，均大于 4040mm；接触线动态定位点高差最大值为 7mm，导线坡度为 0.97‰，小于所在跨距值的 1‰。接触网动态几何参数均满足设计要求。

接触线拉出值测试数据　　　　　　　　　　　　　　　　　表 9-9

序号	里程	锚段号	定位号	测量值（mm）	设计值（mm）	结论
1	DK15+887.58	Z23	Z23-11	–321（最大值）	400	合格
2	DK13+700.51	Y19	Y19-9	213（最大值）	400	合格

接触线导高测试数据　　　　　　　　　　　　　　　　　表 9-10

序号	里程	锚段号	定位号	测量值（mm）	设计值（mm）	结论
1	DK13+627	Y19	Y19-2	4041（最小值）	≥4040	合格
2	DK15+31	Z19	Z19-4	4041（最小值）	≥4040	合格

接触线坡度测试数据　　　　　　　　　　　　　　　　　表 9-11

序号	锚段号	定位号	跨距（m）	最大高差（mm）	导线坡度（‰）	标准值（‰）	结论
1	Y19	Y19-4	7.2	7mm	0.97	≤1	合格
2	Z19	Z19-21	8	5mm	0.63	≤1	合格

（2）接触线磨耗

接触线磨耗检测可以由数据报表（图 9-33）和波形曲线（图 9-34）的形式展示。接触线磨耗值同几何参数一同记录在检测报表内，报表包含接触线的磨损高度和定位等信息，全线的磨耗值同时通过曲线形式直观地展示。

经全线接触线磨耗参数数据采集分析，接触线磨耗比较均匀，但在个别区间存在磨损较大的情况，如图 9-35 所示，磨损较大的区间运维时应重点关注。

（3）定位器坡度

广州地铁 8 号线仅车场采用柔性架空接触网，为验证弓网检测系统定位器坡度检测精度，在试车线选取 4 个杆号共 7 个定位器进行坡度测量，对比人工采用激光测距仪测量值与弓网检测系统测量值，对比结果见表 9-12。

第9章 运维技术

站区名	杆号	行车公里标（km）	速度（km/h）	跨距（m）	拉出值（mm）	导高（mm）	磨损值（mm）
万胜围站台	E13-20	K1+887	1		−18	4035	
万胜围站台	E13-19	K1+893	12	6.5	9	4032	0.34
万胜围站台	E13-18	K1+897	18	8	50	4040	0.48
万胜围站台	E13-17	K1+899	25	8.1	93	4044	0.45
万胜围站台	E13-16	K1+899	27	6.8	122	4035	0.41
万胜围站台	E13-15	K1+903	31	8	153	4039	0.26
万胜围站台	E13-14	K1+905	35	7.9	163	4038	0.37
万胜围站台	E13-13	K1+905	36	6.9	173	4036	0.29
万胜围站台	E13-12	K1+909	38	8	172	4039	1.06
万胜围站台	E13-11	K1+911	39	8	163	4035	0.16
万胜围站台	E13-10	K1+911	41	6.8	149	4038	0.16
万胜围站台	E13-09	K1+914	42	7	110	4038	0.28
万胜围站台	E13-08	K1+916	43	7	62	4036	0.78
万胜围站台	E13-07	K1+918	44	6.9	40	4037	1.05
万胜围站台	E13-06	K1+914	46	7.2	7	4037	0.31
万胜围站台	E13-05	K1+921	47	6.1	−21	4041	0.23
万胜围站台	E13-04	K1+924	47	7	−53	4043	0.79
万胜围站台	E13-03	K1+926	48	7	−86	4041	0.22
万琶区间	E11-27	K1+922	48	4.7	−91	4046	1.24
万琶区间	E13-02	K1+925	48	1.1	−96	4046	0.16
万琶区间	E11-26	K1+927	50	0.9	−101	4045	0.16
万琶区间	E13-01	K1+929	50	1.1	−103	4043	0.17
万琶区间	E11-25	K1+934	50	5	−107	4043	0.22
万琶区间	E11-24	K1+932	51	5.9	92	4043	1.63

图 9-33 接触线磨耗报表（节选）

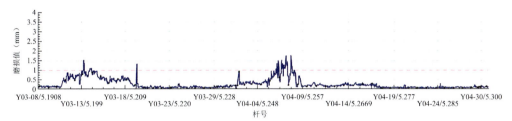

图 9-34 接触线磨耗曲线（节选）

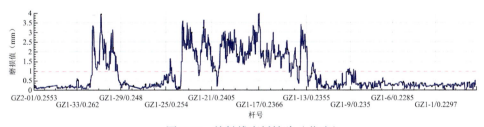

图 9-35 接触线磨耗缺陷（节选）

定位器坡度　　　　　　　　　　　　　　　　表 9-12

杆号	手测值（°）		程序值（°）		精度（°）	
	坡度1	坡度2	坡度1	坡度2	坡度1	坡度2
定位点 18	21.03	20.32	21.23	20.01	−0.20	0.31
定位点 17	21.03	21.80	21.45	21.60	−0.42	0.20
定位点 13	9.95		9.51		0.44	
定位点 12	12.50	10.12	12.60	10.40	−0.10	−0.28

（4）双支接触线水平距离及高差

广州地铁 8 号线出入线刚柔过渡处柔性架空接触网采用双支接触线授流。对双支接触线定位点处的导高及拉出值对应相减，可得双支接触线水平距离及高差（图 9-36）。经过数据统计和筛选，双支接触线工作支和非工作支导高和拉出值差值稳定，未出现偏移现象。

杆号	手测值（mm）						程序值（mm）						精度（mm）	
	导高1	导高2	高差	拉出值1	拉出值2	间距	导高1	导高2	高差	拉出值1	拉出值2	间距	高差	间距
定位点8--1工作支	5046.9	5048.9	51.9	149	190.4	389.4	5052.7	5054.6	52.8	142.6	184.3	385	−0.9	4.4
定位点8--1非工作支	5098.8	5099.4	45.9	−240.4	−194.2	259.7	5105.5	5106.9	45.4	−242.4	−196.3	257.1	0.5	2.6
定位点8--2工作支	5042.9	5043.9	50.5	146.5	186	384.6	5048.1	5049.5	52.3	143	180.9	380.6	−1.8	4
定位点8--2非工作支	5088.8	5087.5	43.6	−113.2	−61.2	247.2	5093.5	5093.7	44.2	−114.1	−62.8	243.7	−0.6	3.5

图 9-36 双支接触线高差（节选）

（5）弓网接触力

列车以 40km/h、60km/h 和 80km/h 的速度人工驾驶正反向运行模式下的弓网动态接触力曲线如图 9-37 所示。不同速度等级的上下行每跨弓网动态接触力平均值和标准偏差分别见表 9-13、表 9-14。

上行每跨弓网动态接触力平均值和标准偏差数据范围　　表 9-13

速度（km/h）	运行模式	接触力平均值（N）		标准偏差（N）	
		数据范围	标准值	数据范围	标准值
40 闭口	人工驾驶	[116.53,128.17]	(71.79,141.55)	[1.04,12.39]	≤42.46
60 闭口	人工驾驶	[112.58,129.62]	(74.03,143.39)	[1.58,16.99]	≤22.21
80 闭口	人工驾驶	[115.09,132.53]	(77.17,146.20)	[0.714,19.77]	≤143.86
40 开口	人工驾驶	[110.70,128.97]	(71.79,141.55)	[1.96,11.35]	≤42.46
60 开口	人工驾驶	[112.65,107.94]	(74.03,143.49)	[1.24,12.21]	≤22.21
80 开口	人工驾驶	[112.63,130.94]	(77.17,146.20)	[0.91,12.18]	≤143.86

注：受电弓上臂杆与下臂杆所形成角度指向与行车方向一致为闭口运行，否则为开口运行。

下行每跨弓网动态接触力平均值和标准偏差数据范围　　表 9-14

速度（km/h）	运行模式	接触力平均值（N）		标准偏差（N）	
		数据范围	标准值	数据范围	标准值
40 闭口	人工驾驶	[108.15,134.16]	(71.79,141.55)	[1.09,15.31]	≤42.46
60 闭口	人工驾驶	[110.20,126.40]	(74.03,143.39)	[0,10.32]	≤22.21
80 闭口	人工驾驶	[109.20,127.66]	(77.17,146.20)	[1.85,14.84]	≤143.86
40 开口	人工驾驶	[115.52,128.38]	(71.79,141.55)	[1.29,13.12]	≤42.46
60 开口	人工驾驶	[114.77,133.73]	(74.03,143.49)	[0.6,11.57]	≤22.21
80 开口	人工驾驶	[93.57,133.30]	(77.17,146.20)	[1.67,12.49]	≤143.86

由表 9-13 与表 9-14 可知，弓网动态接触力平均值分布在 93.57～134.16N 之间，弓网

接触力的标准偏差分布在 0～19.77N 之间，满足标准要求。

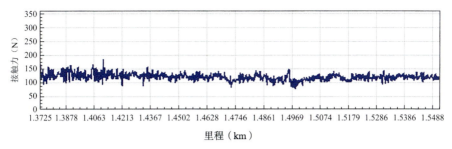

图 9-37　弓网动态接触力（节选）

（6）硬点

列车在 ATO（最高运行时速 80km）运行模式下，受电弓加速度曲线如图 9-38 所示，垂向加速度测试数据见表 9-15。

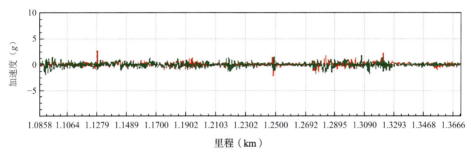

图 9-38　受电弓加速度曲线（节选）

受电弓垂向加速度测试数据　表 9-15

速度（km/h）	里程（km）	硬点最大值（m/s²）	备注
80	DK13+901.58	157.91	上行线闭口
80	DK15.568.36	114.84	下行线开口

受电弓垂向加速度最大值为 157.91m/s²，小于 490m/s²，满足标准要求。

（7）弓网燃弧

列车在 ATO（最高运行时速 80km）运行模式下，弓网燃弧时间测试数据见表 9-16。当燃弧传感器检测到有燃弧产生时，触发燃弧抓拍相机和补光灯组，抓拍弓网燃弧图像（图 9-39）。上下行线路弓网燃弧率分别为 0.07%、0.02%，均小于 5%；上下行线路每 160m 弓网燃弧次数为 0.34 次/0.12 次，均小于 1 次；上下行线路单次最大燃弧时间分别为 75ms、34ms，均小于 100ms。弓网燃弧满足标准要求。

燃弧时间测试数据　表 9-16

序号	公里标	区间	锚段号	最大燃弧时间	燃弧率	燃弧次数	备注
1	DK13+699	凤凰新村—华林寺	Y19	75ms	0.07%	0.34 次/160m	上行线闭口
2	DK15+235	华林寺—凤凰新村	Z19	34ms	0.02%	0.12 次/160m	下行线开口

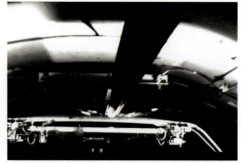

图 9-39　弓网燃弧

2）接触轨

以广州地铁 21 号线镇龙西—员村区间（镇员区间）为例，示范接触轨靴轨系统检测应用。

（1）接触轨动态几何参数

接触轨几何参数测量主要对接触轨工作面距轨平面距离及接触轨中心距轨道中心的距离进行测量。

接触轨工作面距轨平面距离在设计值 200mm 附近波动，如图 9-40 所示；接触轨中心距轨道中心距离在设计值 1550mm 附近波动，如图 9-41 所示。

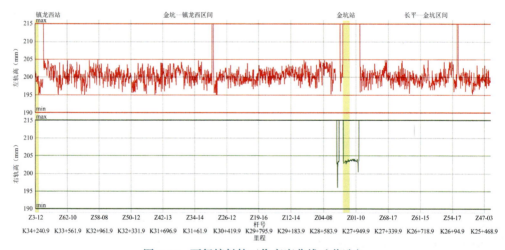

图 9-40　下行接触轨工作高度曲线（节选）

由接触轨动态几何参数统计表（表 9-17、表 9-18）可知，该区段接触轨动态几何参数均未超过评定标准，符合设计要求。

（2）靴轨燃弧

当燃弧传感器检测到有燃弧产生时，触发燃弧抓拍相机和补光灯组，抓拍靴轨燃弧图像（图 9-42）。

由靴轨燃弧统计（表 9-19、表 9-20）可知，全线靴轨燃弧均未超过评定标准，符合靴轨燃弧评定标准要求。

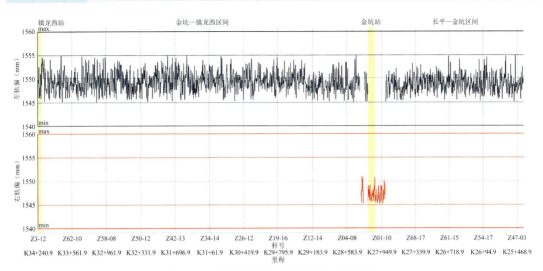

图 9-41　下行接触轨偏移值曲线（节选）

镇龙西—员村区间（下行）接触轨动态几何参数统计（单位：mm）　　表 9-17

项目	标准值	最大值	最大偏差	最小值	最小偏差	评定标准	结论
接触轨工作高度	200	204.8	+4.8	195.1	−4.9	±5	合格
接触轨偏移值	1550	1554.9	+4.9	1545.1	−4.9	±5	合格
定位点间高差			2.9			3	合格

员村—镇龙西区间（上行）接触轨动态几何参数统计（单位：mm）　　表 9-18

项目	标准值	最大值	最大偏差	最小值	最小偏差	评定标准	结论
接触轨工作高度	200	204.9	+4.9	195.0	−5	±5	合格
接触轨偏移值	1550	1555	+5	1545	−5	±5	合格
定位点间高差			3			3	合格

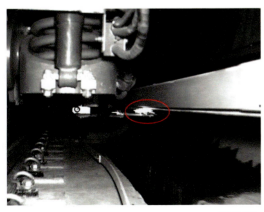 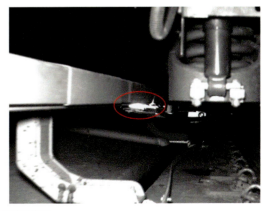

图 9-42　靴轨燃弧

镇龙西—员村区间（下行）靴轨燃弧统计 表 9-19

项目	评定标准	测试结果	结论
一次燃弧最大持续时间	<100ms	26ms	合格
燃弧次数	燃弧次数应<1次/160m，含端部弯头区域	燃弧次数为0次/160m，含端部弯头区域	合格
最大燃弧率	<0.1%	0.022%	合格
总燃弧率	<5%	0.003%	合格

员村—镇龙西区间（上行）靴轨燃弧统计 表 9-20

项目	评定标准	测试结果	结论
一次燃弧最大持续时间	<100ms	37ms	合格
燃弧次数	燃弧次数应<1次/160m（含端部弯头区域）	燃弧次数为0次/160m（含端部弯头区域）	合格
最大燃弧率	<0.1%	0.034%	合格
总燃弧率	<5%	0.008%	合格

（3）靴轨接触力

靴轨动态接触力在静态接触力 120N 上下波动，某些区段接触力为零，出现离线的现象（图 9-43），原因是端部弯头附近接触力变化幅度较大，靴轨受流质量较差。

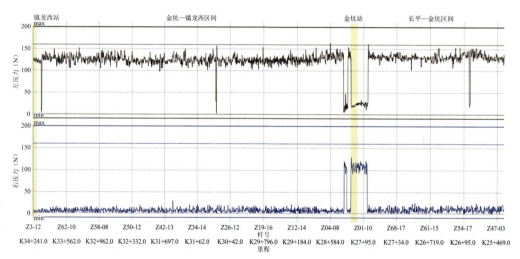

图 9-43 下行靴轨动态接触力曲线（节选）

由靴轨动态接触力统计（表 9-21、表 9-22）可知，全线靴轨动态接触力均未超过评定标准，符合靴轨动态接触力评定标准要求。

下行靴轨动态接触力统计（N） 表 9-21

项目	评定标准	测试结果	结论
平均接触力最大值	$F_{m,max} < 0.000228v^2 + 145$	135.6	合格
平均接触力最小值	$F_{m,min} > 115$	119.8	合格
标准差	$\sigma \leqslant 0.3F_{m,max} = 40.68$	30.8	合格

上行靴轨动态接触力统计（N） 表 9-22

项目	评定标准	测试结果	结论
平均接触力最大值	$F_{m,max} < 0.000228v^2 + 145$	130.3	合格
平均接触力最小值	$F_{m,min} > 115$	120.6	合格
标准差	$\sigma \leqslant 0.3F_{m,max} = 40.68$	31.8	合格

（4）硬点

硬点通常由于接触轨不平顺导致，受电靴运行过程中由加速度传感器检测出来。受电靴硬点曲线如图 9-44 所示。

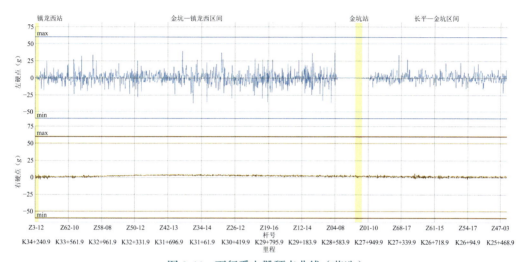

图 9-44 下行受电靴硬点曲线（节选）

经受电靴垂向加速度统计（表 9-23）可知，受电靴垂向加速度（硬点）均未超过评定标准，符合受电靴垂向加速度（硬点）评定标准要求。

受电靴垂向加速度统计 表 9-23

项目	评定标准	测试结果	结论
下行瞬时最大硬点	< 50g	36.2g	合格
下行瞬时最大硬点	< 50g	36.5g	合格

9.3 运维典型故障分析

9.3.1 架空接触网

（1）接触线及滑板不均匀磨耗

接触网运行维修中遇到较多的问题是滑板和接触线磨耗不均匀。刚性架空接触网接触线磨耗较严重区域一般出现在列车加速区段、绝缘锚段关节处。受电弓滑板使用一定时间，磨损面不规整，在距受电弓中心约 200mm 处有较深的凹槽。

接触线不均匀磨耗表现形式较多，主要表现为接触线呈现连续周期性波浪状磨损（波磨）以及偏磨。连续周期性波浪状磨损是指接触线与碳滑板接触面呈现出规律的波浪纹形状，波峰摩擦较光滑，波谷摩擦较粗糙，而正常接触线磨耗是呈现光滑的平面，如图9-45所示。接触线偏磨是指接触线磨损面左右不均匀，一侧磨耗较大，另一侧磨耗较小。

a) 波磨

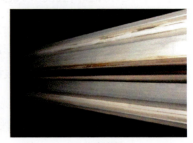
b) 正常磨耗

图9-45　波磨与正常磨耗对比

刚性架空接触网拉出值采用正弦波布置时，受电弓碳滑板存在不均匀磨耗的问题，碳滑板在距离中心点约200mm范围内各形成2个较深的凹槽，凹凸表面高差较大，如图9-46所示。

图9-46　碳滑板不均匀磨耗

受电弓滑板和刚性架空接触网接触线的磨耗与牵引电流、弓网接触力、材料配合以及空间几何关系四者密切相关。在牵引电流、材料、弓网接触力不变的情况下，滑板与接触线的磨耗由两者的空间几何关系决定；在牵引电流、材料、空间几何关系确定的情况下，滑板与接触线的磨耗由两者的接触力决定。

接触网局部磨耗严重影响弓网良好关系，降低弓网取流质量，增加运营风险。局部磨耗将导致受电弓碳滑板不能平顺地滑动摩擦，造成碳滑板不均匀磨耗，对弓网系统不利，容易引起弓网拉弧，严重时将导致中断供电，增加运营维护成本。

接触线局部磨耗可从接触网换线及换型、提高轮轨匹配关系、加强轨道维护、优化弓网匹配度、改善刚性架空接触网弹性、研发防卡滞线夹、优化拉出值布置等方面给出相应的预防措施。

（2）弓网燃弧

理想状态下，弓网之间的受流质量会保持良好，但是由于某些因素的影响，比如弓网系统的振动、接触线缺陷、滑板凹凸不平等问题，弓网接触则会产生异常。这时受电弓和接触网之间就会发生火花或电弧放电的现象，即弓网燃弧（图9-47）。

在实际的弓网滑动系统中，弓网燃弧现象的产生与接触网悬挂方式、外界环境、供电制式、列车运行状态以及弓网匹配等因素均有密切的关系。在不同的情况下，产生的弓网燃弧现象也不尽相同，对弓网系统设备的侵蚀程度也存在较大差异。

图9-47　弓网燃弧

结合现场的运行经验分析，弓网燃弧现象归纳为以下几种情况：弓网滑动接触中产生的燃弧现象；受电弓升降操作时产生的燃弧现象；受电弓经过电分段时产生的燃弧现象；滑板或接触线有异物时产生的燃弧现象；接触线表面不平顺或有明显硬点时产生的燃弧现象。

虽然燃弧现象在一定程度上有利于保持电力机车的电流连续性，但是弓网燃弧产生的危害给城市轨道交通的安全运营造成了一定的恶劣影响，主要体现在：造成列车运行的不稳定；造成滑板与接触线的严重侵蚀和异常磨损；产生高频电磁干扰。因此，城市轨道交通运营过程中找到燃弧发生率高的区段并及时维护，对保证行车及人身安全至关重要。

（3）定位点卡滞

定位线夹与汇流排之间留有一定间隙，以满足汇流排因温度变化而引起的顺线路方向位移变化，允许汇流排在线夹槽内滑动。但由于汇流排热胀冷缩和受电弓的惯性力始终朝同一方向，容易使定位线夹处出现卡滞，阻碍汇流排自由伸缩，特别是在急弯处与变坡处容易出现卡滞（图9-48）。

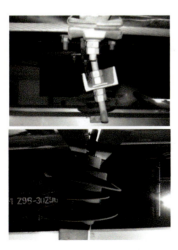 

图9-48　定位点卡滞

定位线夹处汇流排卡滞会造成绝缘子受力异常，汇流排损伤严重时造成底座开裂、绝缘子扭曲变形，进而影响接触网设备的安全运行，存在一定的安全隐患。通过优化接触网拉出值布置及采用安装防卡滞定位线夹（图9-49）等措施，可解决汇流排和定位线夹之间的卡滞问题。

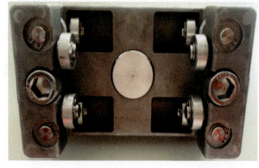 

图 9-49　防卡滞定位线夹

（4）接触线脱槽

接触线脱槽故障不是单一因素造成的，往往是多个环节的施工安装误差及问题累积造成的，汇流排切割后，断面上的棱边毛刺未清理以及汇流排对接安装、接缝调整时金属器件敲击造成的不平整，接触网架设过程中产生的硬弯以及汇流排钳口位置存在异物等问题，都可能在运营过程中随着时间的累积而引发接触线的脱槽，接触线脱槽如图9-50所示。

图 9-50　接触线脱槽

接触线脱槽附近接触网导高突变，不利于弓网动态受流。针对短距离接触线脱槽情况，可直接采用橡胶锤将接触线敲进汇流排。若接触线与汇流排之间出现杂物或者水垢时，为了对接触线与汇流排之间的杂物进行彻底清理，需将接触线移出汇流排，将汇流排内所有杂物和水垢进行清理，然后使用放线小车将接触线置于汇流排中。

9.3.2　DC1.5kV 接触轨

1）靴轨燃弧

靴轨受流系统的燃弧率远低于弓网受流系统。靴轨燃弧对靴轨系统的危害主要表现在电弧熔损，即电弧对接触材料的侵蚀而加剧的损耗。靴轨系统燃弧常见于接触轨端部弯头处，受电靴在脱离端部弯头的瞬间，由于存在开断电流和开断电压的原因，不可避免地会产生拉弧现象。

当受电靴每次经过相同的端部弯头位置时，在拉弧较为严重的情况下，可能烧伤接触轨钢带，产生麻点（图9-51）。在长时间的运营过程中，由于电弧引起的磨损导致钢带产生鱼鳞状的磨痕，整个钢带面坑洼不平，局部磨损严重甚至出现凹槽，同时也会导致受电靴碳滑板烧伤，严重影响靴轨受流质量，同时也会缩短端部弯头和受电靴碳滑板的使用寿命，增加设备维护工作量和维护成本。

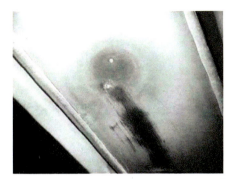 

图9-51　接触轨钢带烧伤及受电靴碳滑板烧伤

为减轻靴轨燃弧影响，设计阶段应充分考虑线路条件和列车取流的实际情况，尽可能地避免失电区的存在，确保列车能够连续、平稳地取流；日常运营过程中定期检查接触轨定位点的工作高度，并加强受电靴绝缘性能检查；恰当选取受电靴与接触轨的接触作用力，维持受电靴良好的跟随性，减少"离线"现象。

2）防护罩移位

防护罩移位是较为常见的故障，由于接触轨防护罩材质不同，在热胀冷缩作用下容易发生形变，此外，坡道过大、防护罩支撑卡失效等都可能造成接触轨防护罩移位。防护罩移位伴随着防护罩下搭、上翘、撞裂等现象的发生（图9-52、图9-53）。

图9-52　防护罩下搭　　　　　　　图9-53　防护罩上翘

防护罩的移位不仅增加了运营维护人员误触电伤亡和异物搭接接触轨形成短路的风险，而且其下搭上翘现象还极易与列车下部的附件碰撞，损坏防护罩或车体，带来安全隐患。

在实际运营中，常常采用以下方法解决防护罩移位问题：针对支架防护罩搭接量不足造成的移位现象,更换长度更长的支架防护罩;膨胀接头处防护罩搭接处加装绝缘螺栓;加装搭接防窜过渡的防护罩;采用锁固剂将防护罩支撑卡黏结于钢铝复合轨上,可彻底解决防护罩支撑卡的无序运动。

3)整体绝缘支架开裂

运营过程中,高架段接触轨中心锚结时常发生偏移,使中心锚结处的绝缘支架偏离铅垂面,如图9-54所示。据统计,中心锚结偏移后绝缘支架的破损达90%以上。

中心锚结绝缘支架偏移的原因主要是接触轨在温差变化时,产生的长度变化尚未在膨胀接头上滑动补偿时,中心锚结处绝缘支架的受力已经超出了最大荷载,从而导致中锚偏移、支架断裂,即膨胀接头初始滑动力过大。

普通定位处的绝缘支架也会出现托架、卡爪开裂、断裂的情况,如图9-55所示。据统计,普通定位绝缘支架开裂主要集中在大坡度、曲线段、碎石道床等位置。

 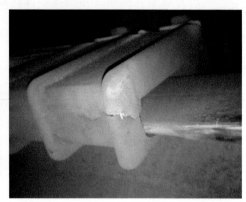

图9-54 中心锚结处绝缘支架偏移　　图9-55 普通定位处绝缘支架卡爪断裂

普通定位处的绝缘支架开裂的原因主要为:一方面,托架、卡爪卡轨的内边缘未安装滑动摩擦系数较小的滑轨,由于接触轨因温差变化的窜动,导致托架、卡爪卡轨的内边缘磨耗严重,当磨耗达到一定程度时,托架、卡爪的强度无法支撑接触轨的水平荷载、垂直荷载,导致托架、卡爪破损、开裂;另一方面,绝缘支架定位点卡滞,无法满足接触轨的自由伸缩要求,致使该支架位置受力异常。

对膨胀接头进行优化,减小其初始滑动力,能从根本上解决中心锚结处绝缘支架偏移的问题。日常维护中要留意绝缘支架托架、卡爪内边缘的磨耗情况,特别是碎石道床、大坡度、曲线段等特殊位置要加强检查,对于磨耗异常点要建立台账,定期跟踪。

4)失电区

接触轨的布置应满足"尽量少断轨,保证连续性"的要求,保证车辆受电靴的有效受流,原则上不能出现受流盲区。但是按照接触轨设置的技术要求以及为了匹配相关行车专业要求,道岔区域不可避免地会出现连续的接触轨断口,即可能产生无电区,造成列车单元失电。

以广州地铁 14 号线为例,列车六节编组,三节为一个供电单元,供电单元间的高压母线不贯通,列车受电靴布置情况如图 9-56 所示。根据接触轨本身特性、接触轨与车辆集电靴的配合关系及信号转折机的位置要求,道岔处接触轨的布置原则如下:①12 号道岔:接触轨布置到距离岔心 5m 处断开,从距离岔心 15.5m 处继续布置,断口长度为 10.5m。②9 号道岔:接触轨布置到距离岔心 3.5m 处断开,从距离岔心 13.5m 处继续布置,断口长度为 10m。

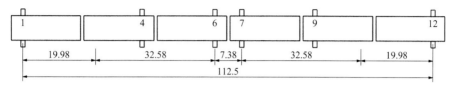

图 9-56　列车受电靴布置(尺寸单位:m)

如图 9-57 所示,l_1、l_3、l_5 分别表示接触轨断口长度,l_2、l_4 分别表示锚段实际长度。当受电靴 C2 离开 Y03 锚时,所在供电单元车全部集电靴均悬空导致单元车失电。列车继续前进,当该单元车集电靴重新与接触轨接触时,单元车重新得电。该过程列车行走的距离,即为失电区长度。若 A2 集电靴在单元车失电后最先重新得电,则失电区长度 L 为:

$$L = (32.58 + 19.98) - (l_2 + l_3 + l_4) \tag{9-5}$$

集电靴重新得电的顺序不一样,失电区长度的计算方法类似。

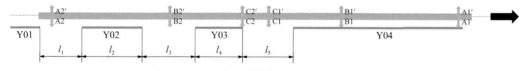

图 9-57　列车受电靴与接触轨相对位置示意图

列车出现单元失电的主要影响有以下方面:

(1)单元车中最后离开接触轨的集电靴分断单元车全部电流,容易产生打火拉弧现象。

(2)失电区过长或列车车速过慢时,单元车电压低于预警阈值,司机室出现列车欠压红点故障信号。

(3)当列车在失电区停止时,由于单元车欠压,列车无法使用 ATO 模式启动。

为了避免接触轨失电区的产生,接触轨设计阶段应充分核实断轨区域受电靴与接触轨的相对位置。若因线路条件导致产生失电区时,在有条件的情况下,可在线路上方加装架空接触网或者增加列车受电靴数量的方法进行解决。从管理角度上考量,应尽量减少和避免列车意外进入无电区的风险,如核实失电区域真实位置,并在线路侧标记出来,提醒行车人员保持一定的速度冲过该断口,切勿在这个区域内停车;同时制定相关应急预案以及列车在失电区域停车时的列车救援等措施。

9.3.3 AC600V 接触轨

1）绝缘支架裂纹

因接触轨长期受到集电靴施加的水平横向力作用，导致绝缘支架机械性疲劳，螺栓孔位置出现裂纹（图 9-58）。绝缘支架主要为接触轨提供支撑、固定作用，当绝缘支架出现破损断裂时，集电靴划过该处接触轨时可能出现接触轨晃动现象，导致靴轨关系不良，靴轨间隙放电等情况，影响列车正常取流。绝缘支架出现裂纹时，应及时更换。

2）接触轨授流面烧伤

（1）锚段中部

因接触轨授流面不平顺、靴轨系统振动、列车取大电流等因素影响下，导致靴轨关系不良，接触轨授流面局部出现麻点，且有拉弧、打火的痕迹，如图 9-59 所示。

图 9-58　绝缘支架裂纹

图 9-59　接触轨授流面烧伤

（2）分段绝缘器接头处

接触轨分段绝缘器用于保持相邻供电分区间的机械连接，相邻供电分区间的接触轨在分段绝缘器处以 13mm 断口的形式实现电气隔离。受电靴通过断口时，会与相邻供电分区的接触轨同时接触，供电分区间的电压差容易引起靴轨间拉弧打火现象，导致分段绝缘器接头处的接触轨授流面烧伤，如图 9-60 所示。

靴轨间出现打火拉弧不利于列车正常取流，可能触发列车"牵引故障"或"电极过载"报警，严重时会造成上级供电开关跳闸。

接触轨出现授流面烧伤时，应打磨接触轨授流面，视受损情况更换接触轨，同时按照检修规程和工艺要求，对接触轨设备现场参数进行调整、优化。

3）轨旁开关故障

轨旁开关故障主要分为塑壳断路器本体故障、二次回路附件故障两种情况，故障现象为轨旁开关整体或部分功能失效。轨旁开关塑壳断路器本体故障主要为储能机构失效不能储能、进出线端子损坏。二次回路附件故障主要原因为自身使用寿命原因或受外部环境影响，导致的附件失效。

轨旁开关塑壳断路器本体（图 9-61）故障将导致开关不能正常分、合闸；二次回路附件故障可能造成开关的部分功能（如远控、电动操作）无法实现或开关设备状态无法正常上传。轨旁开关故障时，应根据故障类型更换塑壳断路器本体或二次回路附件。

图 9-60　分段绝缘器接头烧伤

图 9-61　轨旁开关塑壳断路器本体

9.3.4　回流与接地

城市轨道交通工程投入试运营或运营后，需要对牵引回流进行监测分析。特别是对于直流牵引供电系统，应对杂散电流进行监测分析，保持杂散电流防护系统实时连续工作状态并自动保存监测数据，宜设置专人负责监测与排流装置的运行、维护与管理及监测数据的收集整理、统计分析，整理检验数据及实时监测数据工作报表；运营中应监测杂散电流相关参数并根据参数值变化情况采取相关措施进行有效控制，如当出现钢轨过渡电阻超限等情况时，需及时查明原因并采取相关措施处理，需要检查的项目包括：

（1）参比电极：检查参比电极安装处混凝土是否开裂损坏、传感器连接线是否紧固。

（2）传感器：检查传感器及指示灯工作是否正常、封装螺丝是否紧固、传感器和参比电极、钢轨、排流网等之间的连接线是否紧固。

（3）监测装置：检查监测装置工作是否正常、屏幕显示传感器和排流柜状态量是否正常。

（4）排流柜：检查排流柜工作是否正常、柜门开关及柜体表面状态指示灯与柜内检修照明灯是否正常、排流柜内部接线是否紧固。

（5）单向导通装置：检查单向导通装置工作是否正常；柜门开关及柜内检修照明灯是否正常、柜内温湿度感应器和加热装置是否工作正常、装置外观封闭是否正常。

（6）连接电缆：回流电缆、测量端子连接电缆、与传感器连接的电缆定期巡视，如有破损或接触不良需及时更换。

1）钢轨电位异常过高

目前，直流牵引供电的城市轨道交通系统普遍设置钢轨电位限制装置（OVPD），当钢轨电位过高时，钢轨电位限制装置短时合闸，钢轨直接接地，保障乘客安全；当钢轨电位异常持续过高，钢轨电位限制装置频繁短时合闸甚至永久合闸，杂散电流由钢轨电位限制装置直接泄漏入地,对杂散电流的防护十分不利。

由于直流牵引供电系统普遍采用钢轨回流、钢轨与大地绝缘安装形式,电流由钢轨回流且钢轨与大地存在过渡电阻,钢轨对地产生电位差。导致钢轨电位异常过高的主要原因是牵引负回流回路电阻过大,在已投运线路中,钢轨纵向电阻难以改变,但轨条之间的焊接过渡电阻随着运营年限增加导电性降低,同时,回流通路中回流电缆与钢轨的连接、道岔之间的连接、回流电缆与回流母排的连接以及回流母排与负极轨的连接等连接处容易出现回流不畅。因此,需加强回流系统特别是连接处巡视,及时排查连接处接触不良等现象,保障回流通路顺畅,降低钢轨电位。

2)杂散电流问题突出

对于直流牵引供电系统杂散电流防护,主要防护手段包括:

(1)加强钢轨对地绝缘,适用于设计、施工及运营阶段:降低轨道过渡电导,降低电流泄漏量,从而减少杂散电流,如走行轨下设置高绝缘性能的绝缘垫、走行轨对地保持一定间隙以及设置道床排水沟、对牵引回流环境清洁等,走行轨示意如图9-62所示。

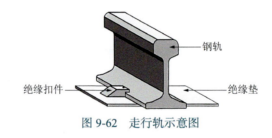

图9-62 走行轨示意图

目前,研究人员正在开展基于硅基绝缘纳米复合技术的钢轨扣件防护体系研发(图9-63),适用于设计、施工阶段。采用"双层物理绝缘结构+系统自排污"提升轨地绝缘值并提升扣件表面爬电距离及抗污性能,通过材料改性等措施提升轨距块、尼龙套管、绝缘套尼龙材料及绝缘垫板绝缘性能,并在结构方案设计及工艺上进行优化,如新产品螺栓套和防尘罩研发使用、铁垫板和调距扣板的接口尺寸优化、轨下垫板和板下垫板上表面涂疏水涂层等。研发绝缘扣件技术,能够进一步加强钢轨对地绝缘性能,从而减少杂散电流泄漏。

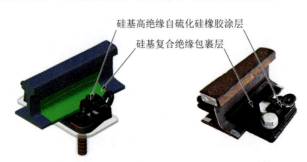

图9-63 硅基绝缘纳米复合技术钢轨扣件防护体系

(2)保持牵引回流通路顺畅,适用于设计、施工阶段:降低钢轨电阻,结合城市轨道交通高绝缘性混凝土增大杂散电流泄漏路径导电性能，减少电流泄漏量，从而减少杂散电流。牵引回流通路导电性能如图 9-64 所示。

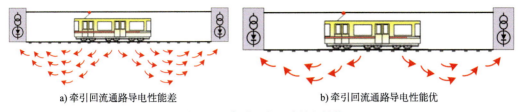

图 9-64　牵引回流通路导电性能

（3）牵引网采用双边供电模式，适用于设计阶段：平均牵引回流分布，降低钢轨方向横截面牵引回流，从而减少杂散电流。单边供电及双边供电牵引回流模式示意如图 9-65 所示。

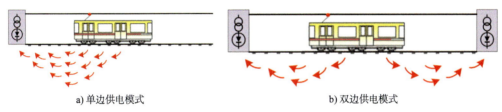

图 9-65　牵引网采用供电模式

（4）缩短牵引变电所间隔，适用于设计阶段：缩短牵引电流回流路径，降低电流泄漏量，从而减少杂散电流。不同牵引所间距对应的牵引回流分布示意如图 9-66 所示。

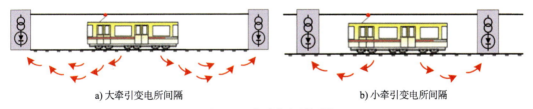

图 9-66　牵引变电所间隔

（5）增大排流网截面，适用于设计阶段：增大排流网横截面，有效降低排流网电阻，为杂散电流提供良好的排流导流环境，从而减少杂散电流对外泄漏。

为了避免因钢轨（走行轨）无法对地完全绝缘情况下利用钢轨（走行轨）回流，可采取专用回流轨回流系统，以解决杂散电流问题。在轨道中间或侧面通过绝缘支架安装专用于回流的回流轨，实现牵引回流系统与土建结构电气隔离，从而有效避免杂散电流问题，减少排流网敷设及杂散电流监测系统实施，但需要增加专用回流轨安装，投资成本相对较大。在国内，专用回流轨主要应用于轻轨和独轨线路上，目前，采用专用回流轨的投运线路有长沙磁浮快线、重庆轨道交通 2 号线（跨座式单轨）以及宁波轨道交通 4 号线等，在国外，采用专用回流轨的主要以庞巴迪的捷运系统体系较为突出。

参 考 文 献

[1] 吴积钦. 受电弓与接触网系统[M]. 成都：西南交通大学出版社, 2010.

[2] 于万聚. 高速电气化铁路接触网[M]. 成都：西南交通大学出版社, 2003.

[3] 董昭德, 李岚, 等. 接触网工程与设计[M]. 北京：科学出版社, 2014.

[4] 张桂林. 城市轨道交通接触网[M]. 成都：西南交通大学出版社, 2016.

[5] 董昭德. 接触网[M]. 北京：中国铁道出版社, 2010.

[6] 关金发. 受电弓与刚性接触网动力相互作用研究[D]. 成都：西南交通大学, 2016.

[7] 靳守杰. 城市域轨道交通供电系统新技术探讨[J]. 电气时代, 2018(07): 73-74.

[8] 李鲲鹏, 黄德亮, 关金发, 等. 集电靴与接触轨集电系统研究综述[J]. 都市快轨交通, 2018, 31(05): 92-100.

[9] 靳守杰, 李鲲鹏, 占栋, 等. 城市轨道交通靴轨关系的安全测试评估方法[J]. 西南交通大学学报, 2021, 56(05): 1029-1034.

[10] 靳守杰, 何治新. 广州市轨道交通接触网形式选择[J]. 都市快轨交通, 2010, 23(01): 11-14.

[11] 黄德亮, 赵勤, 李金华, 等. 城市轨道交通架空刚性悬挂技术的应用与改进[J]. 电气化铁道, 2010, 21(03): 28-30.

[12] 吴积钦. 受电弓——接触网系统电接触特性研究[D]. 成都：西南交通大学, 2009.